A DÚVIDA DE FLUSSER
filosofia e literatura

Gustavo Bernardo

A DÚVIDA DE FLUSSER

filosofia e literatura

Copyright © 2002 by Gustavo Bernardo

Todos os direitos reservados. Nenhuma parte desta edição pode ser utilizada ou reproduzida – em qualquer meio ou forma, seja mecânico ou eletrônico, fotocópia, gravação etc. – nem apropriada ou estocada em sistema de bancos de dados, sem a expressa autorização da editora.

Preparação: Beatriz de Freitas Moreira
Revisão: Nagib Zahr e Ana Maria Barbosa
Capa: Roberto Kazuo Yokota
Foto de capa e contracapa: Edith Flusser

Dados Internacionais de Catalogação na Publicação (CIP)
(Câmara Brasileira do Livro, SP, Brasil)

Bernardo, Gustavo
  A dúvida de Flusser : filosofia e literatura / Gustavo Bernardo. –
São Paulo : Globo, 2002.

  ISBN 85-250-3563-7

  1. Crença e dúvida 2. Filosofia 3. Flusser, Vilém, 1920-1991
4. Teoria literária I. Título

02-3706   CDD-121.5

Índice para catálogo sistemático:
1. Dúvida : Epistemologia : Filosofia 121.5

Direitos de edição em língua portuguesa para o Brasil
adquiridos por Editora Globo S. A.
Av. Jaguaré, 1485 – 05346-902 – São Paulo – SP
Tel.: 11 3362-2000 – E-mail: atendimento@edglobo.com.br
www.globolivros.com.br

Sumário

Agradecimentos 9
Prólogo 11

1 Homem 29
2 Ceticismo 57
3 Fenômeno 73
4 Suspensão 89
5 Ironia 107
6 Neblina 133
7 Funcionário 169
8 Pós 187
9 Língua 203
10 Poesia 225
11 Prece 243
12 Dúvida 275

Obras de Vilém Flusser 293
Sobre Vilém Flusser 296
Notas 297
Bibliografia 313

a meu avô
Gustavo Bernardo Krause,
in memoriam

Agradecimentos

São muitos, sobretudo a Edith Flusser; depois, a Rainer Guldin e Ricardo Mendes; e então a Alan Meyer, Andreas Ströhl, Arlindo Machado, Carlinda Nuñez, Celso Lafer, Cláudia Almeida, Cláudia Neiva, Dinah Flusser, Eva Batlièková, Gabriel Borba, Gisele de Carvalho, Heloísa Liberto, Irmgard Zepf, João Cezar de Castro Rocha, José Castello, José Luís Jobim, Klaus Sander, Leandro Konder, Louis Bec, Lúcia Santaella, Luiz Costa Lima, Manuel Antonio de Castro, Maria do Amparo Maleval, Maria Lília Leão, Marisa Lajolo, Martin Grossmann, Martin Pawley, Miguel Flusser, Milton Vargas, Nils Röller, Peonia Guedes, Regina Zilbermann, Renato Barrozo, Roberto Acízelo, Sílvia Regina Pinto, Vera Sant'anna, Walther Krause e Wolfgang Martin.

Prólogo

Vilém Flusser nasceu em Praga. Aos vinte anos, emigrou para São Paulo. Aos 52, voltou para a Europa. Morreu com 71 anos, na cidade natal. Entre os dois continentes, produziu extensa obra filosófica, escrevendo em alemão, português, inglês e francês. Essa obra tomou por objeto, muitas vezes, o texto literário, em particular de seus compatriotas (são pelo menos duas as suas pátrias) Franz Kafka e João Guimarães Rosa, desenvolvendo reflexão *sui generis* sobre a literatura.

    A dúvida de Flusser pretende relacionar a obra deste filósofo à teoria contemporânea da literatura, enfocada a partir dos seus dilemas. A base da reflexão de Flusser era epistemológica, na linha do que Antoine Compagnon mais tarde afirmaria: "A teoria da literatura, como toda epistemologia, é uma escola de relativismo, não de pluralismo, pois não é possível deixar de escolher".[1] Se a epistemologia é um estudo do próprio estudo, por dever de ofício explicita os dilemas do gesto de conhecer. Compagnon terá entendido que toda epistemologia seria uma escola de relativismo porque, ao estudar as relações de saber entre sujeitos e objetos, lida com diferentes pontos de vista, muitas vezes opostos entre si, mas de validade equivalente, o que a leva a perspectivações ininterruptas.

    No entanto, a aproximação à epistemologia e, portanto, a uma espécie de relativismo, deixa o pensador próximo ou do niilismo, por não mais conseguir qualificar e valorar o que estuda, ou do oportunismo expresso na acusação de pluralidade, quando melhor se mostra a perspectiva mais conveniente ao argumento do momento. Para escapar dos dois equívocos, a epistemologia precisa recorrer a doses moderadas de ceticismo e ironia. Tanto esta quanto aquele, reconhecendo a contingência de toda abordagem, ajudam a escolher e a não reificar a escolha. Se a teoria da literatura é uma epistemologia, ela estará estudando as condições de verdade, suspeitando por princípio da adequação entre a palavra e a coisa. Essa suspeita é, no nosso entender, o tema básico da teoria da literatura. Se estamos corretos, há risco de niilismo apocalíptico e de oportunismo pluralista, com os quais somos obrigados a dialogar. Se estamos corretos, as escolhas efetuadas por Vilém Flusser ajudarão a balizar nossas escolhas.

As escolhas do filósofo tcheco podem ser resumidas, por enquanto, na seguinte formulação: Flusser escolheu articular Husserl com Wittgenstein na circunstância brasileira. A escolha de *A dúvida de Flusser* pode ser resumida, por enquanto, do seguinte modo: escolhemos articular a dúvida metódica cartesiana, fundadora do pensamento moderno, à suspensão fenomenológica da crença, fundadora da suspeita contemporânea quanto aos limites do pensamento. Essa articulação leva a uma outra, entre a ficção e a filosofia, tão produtiva quanto problemática – produtiva porque um campo fecunda o outro e problemática porque os campos podem ficar indistintos. Entretanto, mesmo o caráter problemático da ligação entre filosofia e ficção se revela fecundo quando provoca discussões que, por sua vez, permitem vislumbrar perspectivas que antes não existiam. O conflito, no caso, interessa. Na verdade, a articulação entre os filósofos e a poesia sempre terá sido conflitiva – de Platão a Kant, os filósofos sempre ouviram o canto das Musas, mas muitos dentre eles censuraram a poesia e a ficção por forçarem a aceitação das aparências e se renderem às paixões.[2]

O filósofo é, por definição, amigo dos conceitos e amante da *orthotes*, ou seja, da concordância entre o conceito e a coisa, o que no extremo o leva a se considerar inimigo da poesia: a expulsão platônica dos poetas terá sido a forma dramática de postular a supremacia da ciência da verdade.[3] Keats, a esse respeito, disse: *What schocks the virtuous philosopher, delights the cama-*

leon poet – o que delicia o poeta-camaleão é aquilo que choca e escandaliza o filósofo virtuoso, ou seja, o filósofo integralmente filósofo.[4] Com a expressão *camaleon poet* Keats se referia ao híbrido poeta-filósofo e à versatilidade da própria poesia como pensamento.

Para Benedito Nunes, é com a fenomenologia que a filosofia volta a se aproximar da poesia, graças à noção husserliana de *intencionalidade*. Ainda assim, os dois campos não são o mesmo: enquanto a poesia mostra, a filosofia interroga. Entretanto, a ficção também é uma maneira de pensar, ao negar a realidade imediata para adiante recuperá-la esteticamente.[5] Alguns homens caminharam da poesia para a filosofia, como Fernando Pessoa, Antonio Machado, Rainer Maria Rilke, Paul Valéry e Stéphane Mallarmé, enquanto outros, como Maurice Merleau-Ponty, Martin Heidegger, Jean-Paul Sartre, Gaston Bachelard e Paul Ricœur, fizeram o caminho inverso. Como parte do segundo grupo, Wittgenstein sugere que "conviria fazer filosofia como poesia" – *Philosophie dürfte man eigentlich nur dichten*.[6]

Luiz Costa Lima parece tocar no ponto central do problema, ao afirmar: "Os grandes escritores podem dar a impressão de ser filósofos porque poesia – no sentido amplo do termo – e filosofia habitam terras vizinhas: são formas de pensar o mundo e não de operacionalizar o domínio de um certo objeto".[7] O ponto central, aqui, é o domínio; pensar o mundo filosófica ou poeticamente implica todo o contrário de dominá-lo ou controlá-lo.

Que a ficção seja uma maneira de pensar sugere que tais campos, eventualmente adversários, dependam um do outro. Hans Blumenberg comenta a aproximação litigiosa entre filosofia e literatura do seguinte modo: "A criação literária, desde o começo de nossa tradição, tem sido contestada em sua verdade. Este fato converte a teoria da literatura no lugar sistemático para a avaliação crítica do conceito de realidade e para o realce de suas implicações".[8] Ou seja, por meio da teoria da literatura suspeita-se não somente da adequação entre a palavra e a coisa, mas da própria coisa.

No artigo "A chuva universal de Flusser", Bento Prado Jr. lembra que Vilém Flusser defendia que nada captamos sem modelo.[9] Em função dessa tese, o título do livro *Ficções filosóficas*, publicado pela Edusp no ano anterior, seria menos paradoxal ou subversivo do que pareceria: o adjetivo "filosófica" se junta ao substantivo "ficção" sem engendrar contradição. Mesmo que falasse em "ficções" para designar os modelos das teorias científicas, Flusser percebia que a estruturação epistêmica da experiência não era igual à sua estruturação artística. Ao contrário da continuidade grega clássica entre *epistémē* e *téchnē*, não se pode ignorar, hoje, a divergência estilística que comanda a construção dos sistemas simbólicos da ciência e da arte. O filósofo sempre vai falar da tensa fratura que tanto separa quanto, paradoxalmente, conecta estes sistemas.

Logo, quando Vilém recorre à fabulação, não estaria aspirando a "alguma verdade literal ou metafísica que substituísse o pensamento científico supostamente deficiente; pelo contrário, é a complementaridade problemática, a diferença entre imaginação e entendimento que é visada". Na verdade, Vilém considerava o mito como pré-história da filosofia, vendo na consciência mítica a possibilidade de localização da razão na existência: a razão, abandonada a si própria, sempre corre o risco de permanecer suspensa no abstrato e não se integrar ao mundo real. O mito é uma forma socrática de o homem conhecer a si próprio e, neste sentido, conforme a formulação do poeta, apenas "o nada que é tudo".

No artigo "Da ficção",[10] Vilém Flusser lembra os pensadores que vivenciaram o mundo como ficção enganadora, dos platônicos (*vemos apenas sombras*) aos impressionistas (*o mundo é como se*), passando pelo cristianismo medieval (*o mundo é uma armadilha montada pelo diabo*), pelo Renascimento (*o mundo é sonho*), pelo barroco (*o mundo é teatro*) e pelo romantismo (*o mundo é minha representação*). Mas todas as comparações seriam enganosas, porque a ficção seria a única realidade. A ficção é o mundo que nos cerca; no entanto, como dizer "ficção é realidade" implica contradição entre termos – um termo se define como a negação do outro –, o discurso aproxima-se do niilismo, do absurdo, da loucura: ou da atualidade.

Para resolver esta contradição, o filósofo se apóia em uma mesa comum:

> Tomem como exemplo esta mesa. É uma tábua sólida sobre a qual repousam os meus livros. Mas isto é ficção, como sabemos. Essa ficção é chamada "realidade dos sentidos". A mesa é, se considerada sob outro aspecto, um campo eletromagnético e gravitacional praticamente vazio, sobre o qual flutuam outros campos

chamados "livros". Mas isto é ficção, como sabemos. Essa ficção é chamada "realidade da ciência exata". Se considerada sob outros aspectos, a mesa é produto industrial, e símbolo fálico, e obra de arte, e outros tipos de ficção (que são realidades nos seus respectivos discursos). A situação pode ser caracterizada nos seguintes termos: do ponto de vista da física, a mesa é aparentemente sólida, mas na realidade, oca, e do ponto de vista dos sentidos, a mesa é aparentemente oca, mas sólida na realidade vivencial e imediata. Perguntar qual desses pontos de vista é mais "verdadeiro" carece de significado. Se digo "ficção é realidade", afirmo a relatividade e equivalência de todos os pontos de vista possíveis.

A mesa de Flusser remete ao comentário clássico do físico A. S. Eddington sobre as duas mesas em uma: a mesa à nossa frente, o bloco sólido de madeira familiar à experiência cotidiana, e a mesa da moderna física teórica, em sua maior parte espaço vazio intercalado por átomos, que por sua vez se resolvem em termos de núcleons e elétrons. Para Eddington, ainda que o sentido cotidiano da mesa pareça distante daquele captado pela redução efetuada através da física teórica, na "realidade" a referência que temos da mesa não deixa de ser a da "coleção de partículas elementares que executam o comportamento microfísico adequado", isto é, o comportamento "sólido" que dela esperamos.[11]

Wittgenstein, por meio de outra argumentação, procura mostrar como as concepções da física moderna e do senso comum não se excluem necessariamente. O cientista poderia nos desorientar ao afirmar que a mesa não seria sólida se fosse formada por aquelas partículas tão escassamente distribuídas no espaço que este seria considerado praticamente vazio.[12] Mas sabemos que a mesa é sólida *de determinada maneira*, assim como sabemos que nós mesmos somos sólidos de *outra* determinada maneira. Tentando usar a linguagem de todo dia, a mesa seria mais sólida do que nós, mas menos sólida, por exemplo, do que uma pedra. Isto podemos entender, nos permitindo compreender, adiante, a necessidade do vazio entre as partículas menores do objeto – este vazio é que lhe dá a maior ou menor "solidez". Logo, a explicação científica não contradiz, necessariamente, a percepção do senso comum, talvez apenas a refine. Se fôssemos inteira e totalmente sólidos, não seríamos capazes de mover a ponta de um dedo, quanto mais de escrever um livro (ou pensar um livro).

Mas Vilém aproveita a mesa bifronte do físico moderno para, à maneira pirrônica, afirmar a relatividade e a equivalência de todos os pontos de vista possíveis, perguntando a seguir: e se houvesse possibilidade de eliminar os pontos de vista possíveis? E se fosse possível deixá-los entre parênteses para contemplar a essência da mesa? O que restaria? A fenomenologia responderia: "pura intencionalidade". A rigor, a mesa seria a soma dos pontos de vista que sobre ela incidem, a soma das ficções que a modelam, ou, quiçá, o ponto de coincidência de ficções diferentes. Se a fenomenologia conseguisse eliminar essas ficções como camadas de uma cebola, restaria então o mesmo que na cebola: nada.

A metáfora da cebola aplicada à verdade sugere que não há caroço, não há centro; ou melhor: descascadas as aparências, não se revela qualquer essência. O raciocínio provoca vertigem, mas este é o nosso tema. Vamos tentar estudá-lo investigando as condições de possibilidade da ficção e sua teoria. Para tanto, duas perspectivas se mostram necessárias.

Compagnon já via duas pessoas em cada leitor de uma narrativa: aquela que se comove com a significação da história e aquela que é curiosa em relação àquilo que seu autor teria querido dizer ao escrevê-lo.[13] Flusser faz separação semelhante, ao reconhecer dois modos de apreciação da obra literária: ou como *resposta*, ou como *pergunta*. No primeiro caso, entende-se a obra literária como resposta a contexto ou texto anterior. No segundo, entende-se a obra literária como pergunta ao leitor. Quando compreende a obra como resposta, o leitor a *critica* para estabelecer relações com o contexto e com o texto antecedentes. Quando o leitor encara a obra como uma pergunta, obriga-se a conversar com ela e então *especula*. Os dois campos demandam atitudes diferentes: a crítica supõe curiosidade, enquanto a especulação supõe envolvimento. O filósofo prioriza, como veremos, a especulação.[14]

Mas a fronteira entre os campos não é nítida: a melhor crítica será especulativa, assim como a melhor especulação será crítica. A pergunta de Luiz Costa Lima o prova: "Como podemos saber que a crítica ultrapassa sua mera inscrição subjetiva? Que ela é mais do que apenas arbitrária retórica ou precária aposta?". Essa pergunta só é necessária quando a crítica, "porque sabe que nunca está pronta para ser aplicada, apresenta tão-só o *limite* a que cada crítico aspira. Não há propriamente críticos, mas sim aqueles que se aproximam, ora mais, ora menos, do horizonte do pensar que os justifica. À diferença daqueles que têm uma profissão reconhecida, o crítico não tem um lugar definido. Dispõe apenas de um horizonte".[15] Dispor apenas de um horizonte é a prerrogativa e o ônus do filósofo – de quem especula.

A opção de Vilém Flusser – encarar a obra literária como pergunta – o leva a um estilo de escrever e pensar que foi chamado, por Abraham Moles, de "ficção filosófica". Para Moles, o pensamento filosófico constrói sistemas fechados, acessíveis apenas a especialistas que dominem a terminologia e saibam navegar entre as citações. Em contrapartida, a literatura ensaística, se toca de maneira acessível nas questões que interessam de perto à maioria das pessoas, não o faz com rigor. Logo, seria necessário outro caminho, tão rigoroso quanto aberto e acessível. Reconhecendo Vilém Flusser como um dos mais importantes filósofos brasileiros, Moles via no seu pensamento, naquela ocasião, este outro caminho, a que chama de *Philosophiefiktion*. A ficção filosófica se mostraria capaz de abrir uma brecha pela qual se comunicariam a vida e a filosofia.[16]

Flusser supunha que o tratado filosófico não se adequasse mais à situação da cultura, que os filósofos acadêmicos seriam "gente morta". Mas, sendo ele mesmo prisioneiro do alfabeto e da vertigem filosófica, contenta-se em fazer textos que sejam pré-textos para imagens. Para tanto, escreve fábulas, porque "o fabuloso é o limite do imaginável".[17] Nas suas fábulas, porém, a moral não se oferece de maneira óbvia. As fábulas são experiências em sentido estrito: não há garantia prévia do resultado.

Em manuscrito (provavelmente inédito) sobre Camus, Flusser enfatizará que os esquemas tradicionais para a divisão da literatura em drama, poesia e literatura épica, hoje, "deveriam ser abandonados, e com eles também as tentativas de uma classificação mais ampla da literatura em beletrística, científica e filosófica; as obras mais importantes da atualidade provam que todas essas gavetas estouraram". Toda a sua obra tentou religar esses campos sem refazer as gavetas, entendendo que à crise moderna das ciências correspondesse crise equivalente no estatuto da ficção e na condição da própria realidade. Por isso, Moles via a obra de Vilém Flusser como *science fiction*, embora de maneira diversa da ficção científica que nos acostumamos a reconhecer nos seriados televisivos: não se trata de ficção da ciência, mas sim de *ciência como ficção*.

Rainer Guldin esboça interessante hipótese a respeito dessa ficção filosófica: "Flusser via a si mesmo, no começo, como um escritor de textos literários, mas logo considerou que a melhor coisa para ele era ser um escritor de ensaios. Ainda que tentasse escrever de um modo mais literário, seu estilo como que hesitava até se tornar um pouco pomposo, quase *kitsch*". Suas tentativas de ficção mais "pura", digamos assim, esbarrariam em certa grandiloquência que incomodava antes a ele mesmo. Escrever ensaios seria então uma maneira de reduzir essa tendência, esforçando-se para ordenar e disciplinar o caos que emprestava forma e força a seu estilo.[18] A hipótese de Guldin chama a atenção para a luta interna de Flusser: entre o escritor e o filósofo – entre a ficção e a filosofia.

O problema dos problemas – distinguir ficção e realidade – mexe também com o pensamento de um dos principais teóricos da literatura. Wolfgang Iser comenta que, talvez, "o que chamamos de realidade seja basicamente estruturado por um tipo de ficção".[19] Quer dizer, a ficção seria necessária para mapear a realidade. Os textos não se relacionariam à realidade *pura* e *simples*, mas sim a modelos de realidade.[20] Os romances se pareceriam menos com a realidade do que esta seria estruturada pelos romances; antes do que imitação dissimuladora da realidade, a ficção seria o nosso "paradigma da estrutura de memória, uma vez que a realidade só é realidade na medida em que uma significação a representa".[21]

Os psicanalistas sabem que não é operativo desqualificar a fala de um paciente afirmando que ela é imaginária ou fantasiosa, simplesmente porque, para aquele paciente e naquela relação, decerto não há nada mais verdadeiro do que a ficção. No entanto, reconhecer que modelamos o mundo para supor o acesso a ele pode deixar margem para indistinção perigosa que tornaria a literatura obsoleta. Como os discursos dos políticos e as falas dos locutores de telejornais se mostram estruturados por diversas técnicas ficcionais, o circo e o show deixam de ser necessários à vida porque a vida passou a ser um show. O fenômeno já havia sido comentado por Benjamin, que temia a estetização da política, e por Guy Debord, que criticou a sociedade do espetáculo.

Filmes como *A rosa púrpura do Cairo* (1985), *Mera coincidência* (1996), *O show de Truman* (1998) e *A vida em preto e branco* (1998) têm tocado nesse dilema. Em *Maridos e esposas* (1992), o personagem de Woody Allen ironizava as próprias ironias do diretor: "A vida não imita a arte – imita maus programas de televisão".

O diretor de cinema Anthony Minguella levanta, a esse respeito, questão pertinente:

> Houve um momento em que a ficção era somente uma vírgula dentro da vida das pessoas. Elas trabalhavam e conversavam com outras pessoas e tinham relacionamentos entre si. De vez em quando, um andarilho ou um contador de histórias chegava e provocava uma catarse, desafiando o *status quo*, narrando algum relato específico. O papel da ficção estava bem delimitado. O que vemos agora é que a vida tornou-se uma vírgula dentro do parágrafo da ficção. Somos bombardeados com imagens de pessoas cujo discurso básico é dirigido à mídia. É o que se vê em novelas, filmes, revistas de personalidades e coisas do mesmo estilo. Sobra pouca vida de verdade nisso, e é esse mundo que está sendo reproduzido pelos filmes. Para que servem então as histórias?[22]

Para que serve a ficção? Para escamotear a realidade, para supor o acesso à realidade, para promover a fuga da realidade, para substituir a realidade, ou a realidade é, *per se,* ficção? É o que se tentará discutir aqui, aceitando a formulação de Iser, mas levando em conta a preocupação de Minguella. Como semelhante discussão abre foco amplo, corre-se risco de dispersão. Entretanto, a dispersão parece inerente à teoria da literatura.

Bertolt Brecht avisa: "Um homem com uma teoria só está perdido. Ele precisa na verdade de muitas, ou montes! Deve guardá-las em seus bolsos como guarda os jornais do dia".[23] A seleção de apenas uma teoria implica subordinar os fenômenos à teoria em vez de a teoria surgir do fenômeno. Logo, precisamos adotar atitude teórica não-linear, buscando antes o desenho do mosaico do que a coerência de um esqueleto único. A teoria, hoje, é menos um *corpus* orgânico do que um conjunto de teorias. Entretanto, a formulação de Brecht parece contradizer a restrição de Compagnon: a teoria da literatura poderia ser uma escola de relativismo, mas não de pluralismo. Na verdade, só há pluralismo inconseqüente quando não se discute direito, ou seja, quando se censuram as especulações que apontam para a escolha de um caminho.

O caminho escolhido, todavia, não é necessariamente familiar. O aspecto estranho e estrangeiro da teoria compõe sua cervical; cabe a ele e à literatura suspeitar do senso comum e suas concepções de realidade, verdade e texto. Isso torna a teoria interminável. A teoria parte do desejo de dominar o campo que estuda e sobre o qual especula, mas a mesma teoria torna o domínio impossível: é da natureza da teoria desfazer, contestando premissas e postulados, aquilo que se pensava saber; o leitor não se torna senhor, mas tampouco se encontra onde se encontrava antes.[24] A sua condição interdisciplinar, então, não decorre de moda. Da mesma forma que a história depende do conceito de narrativa, que a psicanálise precisa das figuras da metáfora e da metonímia, a teoria da literatura obriga-se a teorizar sobre aspectos literários de fenômenos não-literários.

As relações interdisciplinares demandam tradução – e tradução é a práxis básica de Vilém Flusser. O filósofo traduzia-se e retraduzia-se migrando de uma língua para a outra e de um campo disciplinar para o outro como, na sua vida, permanecia estrangeiro para melhor sentir-se em casa. O estudo de sua vida e obra remete à fenomenologia, ou seja, à pretensão de retorno à coisa mesma para dissipar as ilusões da percepção e da representação. Esta era a pretensão de Edmund Husserl; ainda que ele não concordasse *ipsis litteris* com as conclusões cartesianas que derivaram do *cogito* a existência tanto do *ego* quanto de Deus, da mesma maneira Descartes demonstrou enorme confiança no *método*, supondo que com a filosofia correta a verdade seria apenas questão de tempo. Por um ponto de partida cético, ambos desejavam superar o ceticismo.

Flusser, no entanto, não manifesta a mesma confiança, chegando a duvidar da própria dúvida. Supõe o limite da dúvida como a chave do pensamento contemporâneo. Dúvidas dramáticas cercam as ciências: até que ponto as perguntas que fazemos têm respostas?; em que ponto as perguntas que fazemos nos prendem em solipsismos circulares?; pode-se duvidar do *cogito* cartesiano, isto é, de que pensamos e, portanto, existimos?; pode-se duvidar das dúvidas anteriores e da própria dúvida? Assim como o pensamento de Husserl emerge do método cartesiano, o pensamento de Flusser emerge da fenomenologia de Husserl para arriscar outro passo.

Vilém vivenciava a filosofia como espécie de ficção que perspectiviza a verdade. Desde o seu primeiro livro, queria evitar toda formalização e logicização dos problemas para não esterilizá-los. Assumia não pretender construir um sistema consistente porque considerava tais sistemas pouco produtivos. Seu propósito sempre foi provocar novos pensamentos e ampliar a conversação geral. Via dois tipos bem gerais de filosofia: o primeiro torna-se válido por sua consistência e é invalidado pela descoberta de falhas e fraturas, enquanto o segundo torna-se válido pelo *tonus* da sua pesquisa e é invalidado pela descoberta de insinceridade; o primeiro é tão mais facilmente testado quanto mais se esteriliza, enquanto o segundo é tão mais fecundo quanto mais dificulta avaliação.[25] A opção filosófica de Flusser é a segunda, o que torna sua filosofia especulativa, na esteira da preferência por encarar a obra literária – extensivamente, a realidade – como pergunta.

Essa opção está diretamente relacionada à sua prática de traduzir e traduzir-se:

> Traduzo sistematicamente. Escrevo tudo primeiro em alemão, que é a língua que mais pulsa no meu centro. Traduzo depois para o português, que é a língua que mais articula a realidade social na qual tenho me engajado. Depois traduzo para o inglês, que é a língua que mais articula a nossa situação histórica e que dispõe de maior riqueza de repertório e forma. Finalmente, traduzo para a língua na qual quero que o escrito seja publicado – por exemplo, retraduzo para o alemão, ou tento traduzir para o francês, ou reescrevo em inglês. O que procuro é isto: penetrar as estruturas das várias línguas até um núcleo muito geral e despersonalizado para poder, com tal núcleo pobre, articular a minha liberdade.[26]

Não escrevia em tcheco porque a expressividade adocicada da língua materna não lhe agradava, embora comentasse, galhofeiro: "Eu falo tcheco em várias línguas". Antes de mais nada escritor, recorre à sentença latina *Scribere necesse est, vivere non est*, epígrafe do livro *Die Schrift*. Nesse livro, chega a suspeitar do futuro da escrita. Escrever não teria futuro, porque haveria códigos mais eficazes, como fitas, gravações, filmes, vídeos ou disquetes. Analogamente aos hieróglifos egípcios ou aos nós indianos, os códigos da escrita estariam sendo postos de lado. No futuro, apenas historiadores e outros especialistas teriam de aprender a escrever e a ler. Não estaríamos enxergando essa verdade por inércia.[27]

A sua suspeita quanto ao futuro da escrita se mostra ainda mais radical quando se percebe a importância que o escrever tinha para ele. No artigo (provavelmente inédito) a que denominou, justamente, "Scribere necesse est, vivere non est", Flusser compara os gestos de escrever aos de navegar: ambos traçam algo sobre superfície vazia. Sua variação do lema dos navegadores afirma que "o gesto de escrever é mais necessário que viver, e que, se houver conflito entre os dois, o escrever exige sacrifício da vida".

Vilém sempre redigiu diretamente na máquina de escrever manual. Em outro momento, perguntava por que as máquinas de escrever fazem "clique", em vez de deslizarem suavemente como as idéias. A pergunta revela o seu processo de voltar-se sobre os próprios gestos e olhar o próprio olhar. Máquinas de escrever fazem "clique", máquinas em geral gaguejam, isto é, funcionam aos saltos, porque tudo o que se encontra no mundo e o mundo inteiro, ele mesmo, gagueja e vive aos saltos. Demócrito já suspeitava disso, mas até Planck ninguém havia sido capaz de provar que todas as coisas quantificam, ou melhor, "contam". Números, e não letras, correspondem ao mundo que se encontra aberto ao cálculo das probabilidades, mas não à descrição. Números abandonam o código alfanumérico em favor de novos códigos, como o digital, e passam a alimentar computadores. Letras, se querem sobreviver, devem simular números – eis por que as máquinas de escrever, assim como o pensamento e o mundo abarcado pelo pensamento, fazem "clique".[28]

O mundo, então, não é lógico, como queria Hegel, mas numérico; não é fato, mas possibilidade, ou melhor, probabilidade. Pensar exige menos descrever do que saltar sobre campos, menos uma tese do que o ensaio, menos um silogismo complexo do que o aforismo provocador. O mundo como um conjunto de pontos sem pontos centrais pode ser percebido como uma ficção, como modelo ou projeto de mundo. Essa constatação, tão lógica quanto abissal, aproxima-nos de Alberto Caeiro:

> E assim escondo-me atrás da porta, para que a Realidade, quando entra, não me veja. Escondo-me debaixo da mesa, d'onde, subitamente, prego sustos à Possibilidade. De modo que desligo de mim, como aos dois braços de um amplexo, os dois grandes tédios que me apertam – o tédio de poder viver só o Real e o tédio de poder conceber só o Possível.[29]

Cremos que Flusser também se escondera debaixo da sua mesa fictícia para pregar seus sustos à Possibilidade. A partir da sua morte, em 1991, vários simpósios internacionais tiveram Vilém Flusser por tema, à razão precisa de um por ano: Praga (1992); Antuérpia (1993); Graz (1994); Munique (1995); Tutzing (1996); Budapeste (1997); Bielefeld (1998); Puchheim (1999); Tóquio (2000); Ascona (2001).[30] Duas editoras universitárias norte-americanas preparam edições de seus livros. Outros encontros se realizaram ao redor do mundo, como em São Paulo e no Rio de Janeiro (na USP e na UERJ), em 1999, e em Buenos Aires, em 2001.

Em 1997, o conjunto da sua obra recebeu, *post-mortem*, o *Medienkunstpreis*, atribuído por *Siemens Kulturprogramm*. Três editoras alemãs estão publicando seus livros. *Für eine Philosophie der Fotografie* é, de todos, o mais conhecido, com tradução para pelo menos treze línguas (incluindo o japonês e o chinês). Apesar disso, no país em que mais tempo viveu e produziu, Vilém Flusser é pouco conhecido.

A opção deste livro por Flusser, porém, não deriva dessa circunstância. Embora seja estimulante "descobrir" território pouco explorado, há razões decerto mais importantes, como os próximos capítulos tentarão mostrar.

No primeiro, apresento Vilém Flusser e sua obra de maneira menos sucinta. No segundo, partindo do suposto de que o caráter cético do seu pensamento seria parcialmente responsável pela dificuldade de sua recepção, desenvolvo um breve histórico do ceticismo, de Pirro e Sexto Empírico até os nossos dias. No terceiro, entendendo que a corrente filosófica contemporânea que melhor atualiza o ceticismo será a fenomenologia, ainda que a despeito das pretensões de seu fundador, Edmund Husserl, que pretendia chegar a nada menos que o fundamento de toda a filosofia, comento o pensamento fenomenológico à luz da comparação com o cartesianismo e, principalmente, com a ênfase metodológica na dúvida, por princípio cética, que, todavia, visava nos entregar, de mão quase beijada, a certeza.

No quarto capítulo, enfoco o eixo do método fenomenológico, a saber, a *epoché*, ou a suspensão do juízo, começando ali a estreitar a relação entre a fenomenologia de Vilém Flusser e a teoria da literatura: partindo da célebre suspensão amorosa da descrença, de Samuel Coleridge, formulo três níveis de leitura que seriam três níveis de suspensão. Inicialmente, leitores leigos que sempre somos, quantas sejam as camadas de verniz acadêmico que nos cobrem, vivenciamos aquela suspensão da descrença para podermos como que *embarcar* na leitura, aceitando provisoriamente o "como se" tal qual um "aqui e agora". Depois, leitores que fizemos da leitura nosso ofício, precisamos adiante efetuar uma espécie de *suspensão da suspensão da descrença*, para entendermos o processo que não só faculta como provoca aquela suspensão da descrença e, em conseqüência, aquele prazer catártico que se obtém da dor. Falha o teórico que pula o primeiro nível e não suspende a sua descrença (ele se torna funcionário público da Academia), assim como falha se fica preso na primeira leitura, quando ainda não pode haver teoria. A partir de Flusser, então, proponho um terceiro nível de leitura: a *suspensão da crença* nos mapas, vale dizer, na teoria, na filosofia e na ciência. Esse exercício de suspensão da crença é vertiginoso, mas necessário, se não quisermos reificar toda a teoria.

No quinto capítulo, retorno a Compagnon para pensar a teoria da literatura como escola de ironia e auto-ironia, exatamente para exercitar a suspensão da crença preconizada no capítulo anterior. No capítulo seguinte, o sexto, a discussão sobre os limites da teoria se complementa com a discussão sobre os limites da ciência mesma, a partir do comentário mais detalhado do romance de Vilém Flusser: *Vampyrotheutes infernalis*.

No sétimo e no oitavo capítulos, a dimensão epistemológica dessa reflexão conduz necessariamente à dimensão política do trabalho intelectual e artístico, quando a fotografia se mostra o paradigma da investigação pós-histórica.

A causalidade linear se esboroaria junto com a consciência das responsabilidades, constituindo paradoxos em cascata: da mesma maneira que a máquina fotográfica fica mais fácil de operar, torna-se igualmente mais difícil de compreender; da mesma maneira que a espécie humana amplia desmesuradamente seu poder, ela se mostra capaz do pior (Auschwitz) e do nada (Hiroshima).

Para não ceder à tentação do niilismo e do desespero, retorno, no nono capítulo, ao primeiro livro de Vilém Flusser, *Língua e realidade* (1963), no qual ele formula os seguintes axiomas: *a língua é realidade*; *a língua forma realidade*; *a língua cria realidade*; *a língua propaga realidade*. Esses axiomas geram a pergunta de sempre, ou seja, a de quem criou o criador: se a língua é, forma, cria e propaga a realidade, o que terá criado a língua?

A resposta se encontra no décimo capítulo, que trata da poesia como criadora da língua. A discussão nos leva da poesia à prece no capítulo seguinte, em que exploro sem reverência a filosofia de mais este judeu sem Deus que tem como programa sacralizar o cotidiano a partir da oportuna dessacralização da religião.

Finalmente, no décimo segundo capítulo realizo um esforço de síntese, retomando as questões levantadas a partir da dúvida que digo, agora, flusseriana.

*A poesia aumenta o território do pensável,
mas não diminui o território do impensável.*

VILÉM FLUSSER

1

HOMEM

EM 1926, ROMAN JAKOBSON fundava o Círculo Lingüístico de Praga, cujos integrantes consideravam a arte expressão de necessidades humanas básicas. Muitos intelectuais estrangeiros, como Edmund Husserl, foram a Praga para discutir suas idéias no Círculo – também chamado Escola de Praga. Um pouco antes nascia, no dia 12 de maio de 1920, Vilém Flusser. Viveu sua infância e juventude sob a frágil paz do Tratado de Versalhes na cidade que, à época, era um dos maiores centros europeus de arte, indústria e *design*.

Sua família vinha de uma pequena cidade da Boêmia, no interior da Tchecoslováquia. Seu pai brincava: como a Boêmia era o centro da Europa, como a vila em que viviam era o centro da Boêmia, como na praça central havia um lampião, se olhassem para ele estariam olhando para o centro do mundo...[1] O pai de Vilém, Gustav Flusser, foi professor de matemática na Karls-Universität. Sua mãe falava o alemão melhor do que o tcheco. Em 1931, Flusser passou a estudar no Smichovo Gymnasium. Em 1939, quando entrava na universidade, a invasão alemã desgovernou sua vida.

No mesmo mês da chegada de Hitler a Praga, em março de 1939, Vilém consegue fugir junto com Edith Barth, namorada desde a infância, na direção da Inglaterra. Na fuga, acompanhado por dois livros apenas (*Fausto,* de Goethe, e um livro de preces judaicas), Vilém é retido na fronteira da Holanda por não ter visto inglês. Edith segue para a Inglaterra e, após grandes dificuldades, consegue o visto para ele. Na Inglaterra, Flusser teria se apresentado como combatente, segundo depoimento do amigo José Bueno, mas não teria sido aceito por ter saúde frágil e não enxergar de um dos olhos. Tentou estudar economia e lia muito, mas sempre atormentado pelos bombardeios alemães. Quando Paris foi tomada, ele e Edith, com medo de a Inglaterra ser invadida, decidiram vir para o Brasil, onde chegaram em agosto de 1940 – para conseguir o visto, tiveram de apresentar certidões de batismo. Na chegada, nas docas do Rio de Janeiro, recebem dos judeus que aqui estavam a notícia de que o pai dele havia morrido no campo de Buchenwald. A mãe e a irmã mais nova, com doze anos de idade, morreriam em 1942, em Auschwitz.

No manuscrito em português da primeira versão de *Bodenlos*, sua autobiografia filosófica, Vilém tenta tomar distância desse episódio:

> A notícia da execução do pai espera o navio nas docas do Rio de Janeiro, e em Praga começam as primeiras deportações maciças. Mas em São Paulo se fazem as primeiras preparações para a futura industrialização nascida dos lucros da guerra. A agonia de Praga coincide com a puberdade de São Paulo: choque de dois tempos.[2]

Vilém e Edith se casaram na cidade do Rio de Janeiro, mudando-se em seguida para São Paulo, onde tiveram os três filhos: Dinah, hoje diplomata e embaixadora, Miguel Gustavo, empresário na área de informática em São Paulo, e Victor, músico e professor de música na Universidade de Estrasburgo e Selesta. Naturalizado brasileiro, Flusser trabalhou muito tempo na empresa do sogro (IRB – Indústrias Radioeletrônicas do Brasil Ltda.), enquanto prosseguia seus estudos autodidatas. Tanto ele como Edith não puderam freqüentar a universidade brasileira porque, acreditem, foram informados de que precisariam refazer a escolaridade desde o antigo primário. As escolas de Praga não eram reconhecidas em São Paulo.

Era comum encontrar Flusser na fila de um banco paulista tão imerso em seus pensamentos que, quando chegava a vez do "senhor Flusser", ele nem sequer sabia onde se encontrava, quanto mais o que tinha ido fazer ali. Nos muitos momentos de impaciência, jogava paciência, quando então se concentrava tanto que não escutava ninguém. Usava às vezes dois pares de óculos, como mostra a foto que aparece na capa deste livro, tirada por Edith nos jardins da casa de Robion mas enxergava por apenas um dos olhos – desde menino tinha comprometida a visão do outro olho. Jacob Klintowitz escreveu, a respeito de Flusser: "É cego de um olho e, em muitos momentos, acreditamos que ele vê de um só jeito para, em seguida, nos oferecer muitas versões da mesma idéia".[3]

Flusser detestava o seu trabalho, como comenta na primeira versão de *Bodenlos*: "Fazer negócios de dia e filosofar de noite. Ambas as coisas com distância, e ambas com nojo". Este seria o clima existencial dos seus primeiros anos em São Paulo: "Os fornos nazistas no horizonte, o suicídio pela frente, os negócios de dia, e a filosofia de noite".[4] Ao final da década de 50 tenta "abandonar toda atividade prática e dedicar-se à vida intelectual",[5] como nos conta Mílton Vargas; seu primeiro artigo sobre filosofia da linguagem aparece em 1957. Na verdade, diz-nos Edith, Flusser trabalhava de dia na indústria e no comércio, escrevia e estudava à noite, além de lecionar até 1972, ou seja, enquanto esteve no Brasil. Domingo recebiam os amigos e os alunos no seu terraço, na rua Salvador de Mendonça.

Um de seus alunos – o escritor e desenhista Ricardo Azevedo –, na Faculdade de Artes Plásticas da Faap em 1971 e 1972, nos deu depoimento precioso:

> Foi um privilégio ter tido aulas com o Vilém Flusser, durante os dois primeiros anos da faculdade. Era uma grande figura e aquela inquietação dele, sempre tirando uma e outra surpresa da cartola, acabou me marcando bastante. Preciso dizer que isso faz tempo, eu ainda era um moleque e o que tenho para contar é pura impressão, alguma lembrança e só. O Flusser era um tipo agitado, energético, careca, sempre de terno e gravata-borboleta. Lembro também que fumava cachimbo. No primeiro dia de aula, entrou apressado na classe (cheia, pois, além dos alunos regulares, havia muitos outros querendo assistir às aulas como ouvintes) e, depois de se apresentar, disse que tinha boas notícias: todos tinham passado de ano, a nota final de todo mundo ia ser 7.0 (estávamos em fevereiro, na primeira aula!), não faria chamada, não daria nenhum trabalho obrigatório e quem quisesse podia ir embora e não voltar mais que "tudo bem". Explicou ainda que não gostava de gente entrando e saindo, por isso costumava trancar a porta da classe. Puxou uma chavinha do bolso e trancou mesmo. Fez isso em todas as outras aulas, durante o resto do ano. Quem chegava atrasado, dançava. Vontade de fazer xixi na aula do Flusser era um problema. A matéria era algo como "Filosofia da Comunicação", e seu programa, acho, inventado meio na hora. Lembro de assuntos variados: uma espécie de introdução à fenomenologia; muito sobre linguagens

e paralelos entre imagem e texto; comentários sobre metáfora e poesia; algumas aulas sobre o *Grande sertão* (estudou com a gente as primeiras páginas do livro: o "nonada" ocupou uma aula inteira ou mais). Abordou também problemas de tradução, com ênfase na Bíblia. Dizia que o texto inicial do Gênesis, no original, se traduzido ao pé da letra, correspondia a algo como "em cabeça Deus fez" e que isso podia significar tanto o convencional "no princípio Deus criou o céu e a terra" como, literalmente, "em sua cabeça Deus fez o céu e a terra" e, nesse caso, nós e tudo não passaríamos apenas de um sonho, uma imaginação de Deus. A gente, moleque ainda, ficava abismado. O Flusser, para mim, era uma pessoa completamente carismática, brilhante e, ao mesmo tempo, distante. Suas aulas pareciam uma espécie de show. Duvido que soubesse o nome ou mesmo tivesse interesse maior por qualquer aluno, pelo menos da minha classe. Mesmo assim, o contato com ele foi rico e libertador. Aprendi, no mínimo, que as coisas eram bem mais complexas, contraditórias e fascinantes do que aparentavam ser. Aprendi também a admirar pessoas que sabem soltar o pensamento (são bem poucas). Posso dizer ainda que, na ocasião, sua imagem pública era controvertida. Muitos gostavam dele, mas outros (entre os quais alguns professores) metiam o pau. A crítica era: "Trata-se de um exibicionista, um filósofo de salão" ou "O negócio dele é dar aula de filosofia para as madames do Jardim Europa". De fato, parece que ele mantinha cursos de filosofia em casa, freqüentados por gente da sociedade, dondocas e tal. Para mim, isso era apenas uma forma (legítima) que ele encontrou de ganhar um pouco de dinheiro. É o que lembro do Flusser.[6]

Em carta a Celso Lafer, o filósofo explica as suas aulas para *madames*: "Por razões econômicas (e não eróticas) vou prostituir-me, *viz*: vou dar cursos a senhoras ricas que já se encheram de chá e simpatia. *Sic transit gloria mundi*. Mas, já que estou no latim: *non olet*".[7]

O depoimento de Ricardo mostra um professor que, a despeito de não fazer chamada nem se preocupar em avaliar, e isto ainda em plena ditadura, atraía os alunos ao mesmo tempo em que irritava os colegas. Pode-se criticá-lo, com facilidade, vendo-o como um professor-show que abdicasse do fundamento da profissão, reservando a si mesmo apenas o filé mignon, isto é, apenas as exposições brilhantes. Mas como o seu show passava longe dos bordões dos professores de cursinhos pré-vestibulares, também se pode observar a coragem de alguém que ocupava, sem hesitação, o lugar do mestre antigo, preocupado antes em provocar pensamentos. A recusa da "chamada" e da "nota" poderia de fato configurar mera demagogia – mas as suas aulas se enchiam de alunos, muitos ouvintes, querendo seguir as suas "viagens". Isso significa que ele se impunha abdicando de exercer qualquer controle[8] sobre a vida dos alunos, apenas exigindo pontualidade e toda a atenção enquanto se encontrassem juntos, pensando. Como diz Ricardo, "vontade de fazer xixi na aula do Flusser era um problema", a ser colocado em segundo plano perante os problemas epistemológicos, estéticos e existenciais que se apresentavam para os alunos.

O ex-aluno e hoje engenheiro Roberto Kepler lembra que ele e os colegas o achavam arrogante, por falar na aula em várias línguas. Resolveram então provocá-lo. Como um deles sabia tupi-guarani, elaborou uma pergunta nessa língua. Ele olhou para a turma toda com os olhos baixos, fez silêncio para mostrar que percebera a armadilha, voltou-se para o aluno e respondeu: em tupi-guarani. A primeira turma de Comunicação formada pela FAAP chamou-se "Turma Vilém Flusser – 1971". Otávio Donasci, ex-aluno na FAAP e artista plástico, resume o seu princípio pedagógico: "Ele partia do princípio que a nossa cultura era muito maior do que realmente era".[9] Dessa maneira, puxava seus alunos "para cima".

Alguns amigos o ajudaram: Vicente Ferreira da Silva levou-o para o Instituto Brasileiro de Filosofia, Alfredo Mesquita o convidou para ser professor da Escola de Arte Dramática, e Decio de Almeida Prado chamou-o para colaborar no Suplemento Literário do jornal *O Estado de S. Paulo*, no qual inicia longa colaboração escrevendo sobre filosofia da linguagem. No início dos anos 60, ainda que sem qualquer graduação ou licenciatura, passa a lecionar teoria da comunicação na FAAP e filosofia da linguagem no Departamento de Humanidades do Instituto Tecnológico da Aeronáutica, em São José dos Campos, a convite de Leônidas Hegenberg.

Em 1963 publica o seu primeiro livro, *Língua e realidade* (embora tenha escrito antes *A história do diabo*, mas em alemão); em 1964 publicou, na *Revista Brasileira de Filosofia*, o artigo intitulado "A crise da ciência", que partia da concepção de Husserl e dava alguns passos à frente, atraindo a atenção crítica dos seus pares. Escrevia ele: "Ciência tem se automatizado e portanto tem transformado cientistas em suas próprias ferramentas". Em 1967, tornou-se professor de filosofia da ciência na Universidade de São Paulo. Sua passagem pela USP foi bastante conflitiva. Flusser brigava com os colegas à esquerda e com a burocracia à direita, não apresentando a formação pósgraduada que dele se exigia; em lugar disso, entregava um currículo cada vez mais extenso e qualificado.

Ainda em 1967, por seis meses representou o Brasil, por intermédio do Departamento de Cooperação Intelectual do Itamaraty, numa viagem de conferências sobre a filosofia brasileira nos Estados Unidos e na Europa (como, nesta viagem, esteve a serviço do governo militar, foi acusado de atenuar a ditadura brasileira no exterior). Em 1972 assinou a coluna diária "Ponto Zero", no jornal *Folha de S.Paulo*. No mesmo ano retornou à Europa, passando um tempo em Merano, na Itália, até estabelecer-se em Aix-en-Provence e depois em Robion, na França.

Na Europa pôde manter a rotina de trabalhar de manhã e passear à tarde, em contraste com os tempos brasileiros (Edith lembra que a vida deles em São Paulo era "primeiro infernal e depois dificílima"). No entanto, visitava o Brasil com regularidade. Nas décadas de 70 e 80 seus ensaios foram publicados nas revistas *Artforum, Main Currents* (Nova York), *Leonardo* (Berkeley), *Kunstforum International* (Colônia), *European Photography* (Göttingen), *Merkur* (Munique), *Spuren* (Hamburgo), *Design Report* (Frankfurt), *kultuRRevolution* (Bochum), *Zeitmitschrift* (Düsseldorf), *Arch+* (Berlim), *Prostor* (Praga), *Communication et langages, Théâtre/Public* (Paris), entre outras.

Em 1991, recebeu convite para proferir conferência no Instituto Goethe de Praga. Pensou em escolher o tema "o perigo dos nacionalismos", mas optou por "mudança de paradigma". Na conferência, empolgou-se a ponto de alternar o tcheco, o alemão e o português sem perceber. No dia seguinte, ele e Edith foram fazer um piquenique no bosque em que costumavam ir quando crianças. Ao transitarem com o carro no meio de forte neblina, são abalroados por um caminhão branco. Edith sobrevive, mas Vilém Flusser morre no acidente, na cidade em que nasceu, no dia 21 de novembro de 1991. A sua pedra tumular, no cemitério judaico de Praga, contém uma inscrição em três idiomas: em hebraico, em tcheco e em português.

Klaus Englert descreve, em artigo no jornal *Stuttgarter Zeitung*, de 29 de novembro de 1991, como a sua morte é recebida na Alemanha:

Nós o vimos pela última vez há exatamente oito dias. Flusser fora convidado para proferir uma conferência no Congresso sobre Cultura e Técnica da Universidade de Essen sobre o tema "Sociedade de informação: fantasma e realidade". Como orador brilhante que era, nunca olhava o manuscrito ao falar e conseguia, como nenhum outro orador, prender a atenção dos seus ouvintes. Na conferência para a imprensa, realizada a seguir, Flusser debateu acaloradamente com o filósofo francês Jean Baudrillard. Foi um debate no melhor sentido do termo, marcado não só pela emocionalidade como também pela objetividade nas argumentações. Mal havia terminado o debate, Flusser levantou-se e se despediu afetuosamente de todos os participantes da mesa-redonda e dos jornalistas presentes. Ele tinha uma conferência marcada em sua cidade natal, Praga, à qual não queria faltar de forma alguma. Foi sua última visita à terra natal. Na viagem de volta de Praga sofreu um acidente que lhe tirou a vida.

O padre Hubert Lepargneur, na oração fúnebre que proferiu, no Brasil, em 4 de dezembro de 1991, mostrava a imagem de um homem que continuaria a perturbar os amigos e os leitores: "Vilém Flusser faz vacilar nossas categorias. Que identidade inferir de seu destino? Paradoxal e profundo, insólito místico da superficialidade, com perdão da contradição, Vilém Flusser irritava e empolgava. Por vezes nós o acreditávamos aqui e estava ali".[10]

Da formação tida em Praga, trouxe três influências fortes: o marxismo, o formalismo e Ortega. Reconhecendo em si mesmo forte base marxista, diferencia-a no entanto daquela dos contemporâneos brasileiros, por vivê-la mais intensamente (seu pai fora membro ativo do partido socialista) e por criticá-la muito rapidamente. Um autêntico marxista teria razão em dizer que Vilém Flusser nunca teria sido marxista de fato, "mas terá igualmente razão aquele que, ignorando o poder persuasivo e a beleza interna do marxismo, afirmar que sempre fui e ainda sou marxista".[11]

O formalismo, representado pela Escola de Praga, pelo Círculo de Viena e por Wittgenstein, o atraiu não apenas pelo rigor e pela ruptura com o historicismo, mas também pelo misticismo que lhe seria inerente: "Na época dos falsos misticismos berrantes e ululantes, das poses dos pseudo-românticos, pseudogregos e pseudogermanos, fardados ou não, que enchiam o ar entre as duas guerras, este caminho aberto pela análise (sobretudo lingüística) rumo ao inarticulável era como um sopro de verdadeira religiosidade". Por intermédio do Ortega y Gasset de *A rebelião das massas*, encontra o existencialismo e relê Nietzsche, que o teria marcado fundo, "fazendo com que não tivesse me diluído na banalidade, depois do naufrágio e do desterro".¹²

Depois da guerra os escritos de Heidegger o alcançam, "provocando em mim entusiasmo e ódio numa tensão apenas suportável". Em carta a Paulo Leminsky, Flusser faz um resumo vivencial das suas relações filosóficas, enfatizando a importância de Heidegger: "O filósofo que mais me entusiasmou foi Schopenhauer, o que mais me inquietou foi Wittgenstein, com o qual eu gostaria de poder concordar foi Kant, e com o qual concordo mais é Camus. Heidegger é sem dúvida (com Husserl e com Dilthey) aquele que mais gostaria de ultrapassar e é, nesse sentido, o mais importante".¹³ A leitura dos existencialistas aprofundava seu desespero, mas parece que Kant lhe devolvia a serenidade; afirmou mais de uma vez que Kant foi a sua catarse. Respondendo internamente a influências tão díspares, escreveu em alemão seu primeiro livro, *A história do diabo*, traduzindo-o para o português mais tarde.

Bento Prado Jr. vai recordar, em artigo já citado, a surpresa que as aproximações de Flusser provocavam: "Surpreendia-me ele em 1958 ou 59 com a aproximação que fazia entre os pensamentos de Heidegger e os de Wittgenstein". Em 1965, ambos se encontravam numa aula de Michel Foucault quando dele ouviram: "É preciso ser uma mosca cega para não ver que as filosofias de Heidegger e de Wittgenstein são uma e a mesma filosofia". Os dois sorriram. Freqüentando tradições tão diferentes, Vilém no entanto demonstrava muito cuidado, em especial com os limites da linguagem, "tanto no pólo objetivante da ciência como no pólo expressivo da arte"; determinava-o sua experiência de imigrante, de falante e de escritor em múltiplas línguas, "assim como a experiência-limite de tradutor de si mesmo, que introduz a pluralidade e a diferença na unidade e na identidade do próprio sujeito".

A memória dele era de fato excepcional: alguns o ouviram declamar uma peça inteira de Shakespeare, primeiro em inglês e depois em português, sem errar um verso; Edith recorda que, enquanto ela dirigia nas viagens, Vilém cantava óperas inteiras a seu lado. Alan Meyer conta que Flusser dizia saber *Fausto*, de Goethe, de cor. Como ele não acreditava, um dia foi até a estante, pegou a edição do *Fausto* em alemão e o acompanhou recitando. Teve a paciência de ouvi-lo até a página 54; Flusser não cometeu nenhum erro sequer.[14]

O prazer e a necessidade do filósofo eram menos o de conversar do que o de discutir e polemizar. Fiel à máquina de escrever manual, recusou as máquinas elétricas e, mais tarde, o computador – embora filosofasse sobre ele. Chegou a ganhar de presente do filho Miguel uma máquina elétrica, mas continuava preferindo a manual, pela combinação do silêncio entre cada tecla que pressionava e o ato físico de retornar o carro da esquerda para a direita, pontuando seus pensamentos e dando os intervalos corretos à composição do texto.[15] Precisava da resistência das teclas; acreditava que, com a máquina de escrever manual, o escritor precisava ser muito mais responsável. Datilografava com duas cópias de papel-carbono em espaço um de margem a margem da folha, batendo cerca de quatrocentas palavras por página; se precisasse revisar, o que acontecia poucas vezes, preferia reescrever do princípio e em outra língua.

Pode-se estabelecer paralelo com um artista plástico que optou pela resistência da madeira para desenvolver a sua arte. Oswaldo Goeldi, gravurista brasileiro, explica a razão por que passou a se interessar pela xilogravura: "Comecei a gravar para impor uma disciplina às divagações a que o desenho me levava. Senti necessidade de dar um controle a essas divagações".[16] Goeldi procurava explicitar a resistência da madeira no seu trabalho, "não sublimando a sua presença por um desbaste excessivo que a anulasse, limitando-se a abrir poucos sulcos em sua superfície". Preocupava-se em não burlar os limites da gravura, tirando proveito do veio da madeira utilizada. Com isso, impunha-se resistir ao excesso retórico: "Devaneios e fantasias só poderiam ter livre curso se desconhecessem por completo o suporte em que agiam, relegando-o à condição de mero anteparo".[17] Essa busca implicava menos superação heróica dos limites do que seu reconhecimento como fundamento.

Celso Lafer, no prefácio que preparou para *A dúvida*, conta que também freqüentava a sua casa na rua Salvador de Mendonça, 76, em São Paulo, na condição de colega de escola de Dinah. Via um homem que manifestava urgência vital de pensar pela própria cabeça, superando o isolamento, buscando o diálogo, participando da conversação autêntica que "multiplica, ramifica, desdobra e especializa o pensamento". Antes Flusser escrevia em alemão e discutia com Alexandre Bloch e Helmut Wolff, dois parceiros na língua radicados em São Paulo. A curiosidade intelectual dos colegas da filha provocaram-no a escrever textos em português, o que logo dominou com a competência do poliglota.

No ano 2000 foram publicadas as cartas de Vilém Flusser a Alex Bloch – *Briefe an Alex Bloch*. Segundo Nils Röller, em artigo publicado na *Folha de S.Paulo* em 16 de dezembro de 2001, essas cartas evidenciam o quanto o próprio Flusser entrou em conflito com os limites entre os meios de comunicação. Bloch, que quando livreiro conseguia muitos livros para Flusser, teria tido uma relação intelectualmente explosiva com o filósofo.

Flusser escrevia esperando a crítica de Bloch, porque publicar, para o outro, seria tão-somente vaidade. Bloch atuou como uma espécie de caixa de ressonância para Flusser, contribuindo para a qualidade do que este escrevia e chamando a atenção para a limitação midiática da forma escrita. A relação entre Bloch e Flusser lembraria a histórica relação entre Sócrates e Platão: Sócrates não escreve, mas Platão o faz por ele. Para Röller, assim como Platão vivera entre os momentos de predomínio do discurso oral e da escrita, Flusser terá sido um pensador na época limítrofe entre a escrita e a codificação digital em computador.

A analogia histórica comporta ainda um Aristóteles. Se Platão é o homem das idéias, Aristóteles critica as suas teorias procurando investigar os próprios fenômenos. O Aristóteles de Vilém seria Louis Bec, o amigo e co-autor (de *Vampirotheutis Infernalis*) que põe à prova, no computador, as teorias de Flusser. Louis Bec pesquisa e classifica formas de vida digitais: seres híbridos que preenchem formalmente critérios biológicos, porém dependem da corrente elétrica e da linguagem codificada dos computadores. Louis Bec é o biólogo, o cientista, mas também, tecnicamente, um fabulador.

Flusser não pergunta o que um texto ou uma imagem significam; pergunta, sim, que relações existem entre autor, conteúdo e ambiente; por isso Nils ousa falar dele como de um Platão da informática. Entretanto, em termos de conteúdo, Flusser toma larga distância de Platão. A Idéia platônica baseia-se na suposição de que o mundo estaria matematicamente ordenado, enquanto Flusser considera a ordem um conceito mutante, não se podendo fixar nenhuma idéia central no conjunto dos acontecimentos do mundo. Em conseqüência, Röller o define como um "cético dialógico", expressão que nos agrada. A busca, constante na obra de Flusser, ofereceria a alternativa para o poder das grandes idéias: é a idéia do diálogo, de certa maneira uma anti-idéia. Pode-se dizer que ele agia movido pelo desejo de um diálogo incondicional, sempre consciente da impossibilidade de terminar a tarefa – por definição, um trabalho de Sísifo.

De sua parte, Celso Lafer reconhece a presença simultânea de Carnap, Wittgenstein, Heidegger e Sartre naquele pensamento – Edith lembra ainda a importância que teve Bertrand Russell para Flusser no começo, especialmente os *Principia Mathematica*. Essa confluência se consolida na razão vital ao modo de Ortega y Gasset: uma razão de vida que tanto orienta nossa vida no mundo quanto nos orienta no entendimento do mundo por meio de nossa vida. O positivismo lógico o teria atraído como uma maneira de disciplinar a linguagem, depurando-a de suas ambigüidades e da conversa-fiada flutuante e duvidosa das ideologias. Pelos mesmos motivos, pondera Lafer, outro tcheco, Hans Kelsen, elaborara uma teoria pura do direito, com o objetivo de dela excluir os componentes metajurídicos. A atração pelo positivismo lógico não o tornava um pensador bem-comportado, mas, todo o contrário, levava-o a integrar "a família intelectual dos grandes carnívoros". Na sua busca incessante da conversação autêntica sentia-se impelido a questionar os intelectuais inautênticos e os chavões, meros detritos de dúvidas fundamentais.

Em carta que escreveu para Lafer da Grécia, Flusser reiterara que a sua *forma mentis* era polêmica, o que se exprimia na sua visão teórica das coisas, ou seja, no seu desprezo pelo pragmatismo americano, pelo palpite brasileiro, pela profundidade alemã e pela ortodoxia russa. Flusser gostava de provocar; provocava na linguagem escrita e provocava ainda mais na exposição dos pensamentos, "com o incomparável virtuosismo das suas incisivas palavras e dos seus inusitados gestos, o que fez dele extraordinário conferencista e professor". A didática da provocação compatibilizava a intuição poética, que expande a matéria-prima do pensamento, com a crítica, que consolida o campo da dúvida necessária.

Ao chegar no Brasil, Flusser se sentiu lançado "nas praias brasileiras como *res derelicta* no naufrágio do seu inebriante mundo de juventude abastada e intelectual". Flusser tomara a expressão emprestada de Vicente Ferreira da Silva, que vinculava a finitude humana à condição presente da filosofia: "A idéia central do pensamento filosófico atual é a idéia da finitude radical do homem, a idéia do homem como *res derelicta* nas praias do mundo".[18] A despeito do naufrágio ou por causa dele, o Brasil lhe reservava a esperança de uma civilização nova, transcultural, quem sabe livre dos mitos da raça e da nação. Como conta Sérgio Paulo Rouanet, Vilém fez grandes amigos por aqui, mas foi hostilizado pela ditadura militar e ao mesmo tempo patrulhado pela esquerda, que tinha dificuldade de entender pensamento alheio aos clichês vigentes.[19]

Sua condição de imigrante – em Londres, em São Paulo, no Rio de Janeiro, em Merano, em Aix-en-Provence, em Robion – leva-o a pensar o estatuto do imigrante no mundo, neste século. Entende que imigrante é não só o intelectual, que migra de seminário em seminário, mas também o refugiado, o flagelado, o operário estrangeiro. Não se considera marginal nem refugo, mas, antes, a vanguarda da humanidade. Porque imigrar seria situação criativa (pela crise de que parte e pela forma que inaugura), da qual fariam parte "os vietnamitas na Califórnia, os turcos na Alemanha, os palestinos nos Emirados, os nordestinos em São Paulo, os cientistas poloneses em Harvard". Todos os imigrantes seriam "seres tomados de vertigem", assumindo a função de promover a desconfiança na pátria. Porque todas as pátrias se equivalem: todas limitam.

O patriotismo seria nefasto "porque assume e glorifica os fios impostos, menosprezando os fios criados". Fios impostos são aqueles que se prendem a coisas, que sacralizam as coisas. Fios criados são aqueles que se prendem a pessoas. É preciso assumir, sim, os fios impostos, mas não glorificá-los.

> Aprendi que, para poder criar fios intersubjetivos, é preciso assumir os fios impostos. Não devo reprimir minha condição de natural de Praga, de judeu, de alemão, de anglo-saxão, de paulistano, de robionense, mas devo assumi-la para poder negá-la e elevá-la ao nível das minhas relações intersubjetivas. Devo poder oferecer aos meus outros tais condições, a fim de ser por eles alterado e a fim de poder alterá-los. Tarefa difícil – e a ser empreendida sempre de novo. Eis a razão pela qual não posso ser sionista.[20]

Flusser entende que o "mistério mais profundo que o da pátria geográfica é o que cerca o outro. A pátria do apátrida é o outro". Patriotismo, para ele, é sintoma de enfermidade estética, na medida em que transforma o hábito – "a camada de algodão que encobre os fenômenos e ameniza as rebarbas" – em algo misterioso, isto é, em algo a ser sacralizado, glorificado, em suma, fetichizado. O patriota sempre corre o risco de cometer crime ético-político ao santificar o costume. O costume mistificado encobriria a feiúra, a miséria, a doença da nação.

O patriotismo antes se incorporara, problematicamente, em um personagem da literatura brasileira: o major Policarpo Quaresma. Preso no calabouço por ter ousado escrever ao presidente protestando contra o assassinato de prisioneiros, Policarpo medita sobre a extensão do seu erro: "A pátria que quisera ter era um mito", um fantasma criado no silêncio do gabinete. Tratava-se de "uma noção sem consistência racional", que devia ser revista.[21]

A aproximação que Lima Barreto faz, no romance, entre o patriotismo e as atrocidades da guerra não é casual nem visa a efeito melodramático: a noção de pátria e o fenômeno da guerra se justificam mutuamente, permitindo que governantes longe dos campos de batalha neles joguem cidadãos pacíficos para matarem quem nunca viram ou serem mortos por quem não os conhecesse. É sintomático que, apesar de o romance fazer parte de toda lista de "grandes obras", não provoque o questionamento, nas escolas, da discussão da nacionalidade e, por extensão lógica, não provoque o questionamento da história literária centrada na nacionalidade. Lima Barreto não encarna o "espírito nacional", pois seu maior personagem é um patriota sanchesco que à beira da morte tem a lucidez de Quixote e compreende a ilusão que o animara.

A recusa flusseriana do patriotismo se relaciona com o aspecto da cultura judaica derivado da diáspora: a necessidade da migração permanente. Em grego, *diá-spao* diz o dilaceramento, a separação violenta, pela força. O significante *ivrit*, que nomeia o hebreu, significa também o migrante, o nômade, apontando a vocação para o exílio. Em hebraico não se conjuga o verbo "ser" no presente, como se a raiz da discursividade hebraica questionasse o presente. O que há, ou é, é substituído pelo que devém: o devir se produz como diferença. O devir judeu é marcado pelo exílio permanente de si mesmo.

Sempre que voltava a São Paulo de uma viagem, Flusser se chocava com as crianças famintas nas esquinas, mas logo a seguir se horrorizava porque, como qualquer brasileiro, se acostumava com o que via: "O costume patriotizado é crime ético-político". Confundir morada com pátria, costume com mistério, este seria o núcleo do patriotismo.[22] Flusser supôs que o intelectual tivesse de ser internacional porque sempre estaria saltando "de escolha para escolha em busca de multiplicidade de pontos de apoio". Eis por que a fotografia o fascinava mais do que a câmera de vídeo: a fotografia *salta*, não desliza.

Contrapôs a fotografia ao vídeo e a migração ao patriotismo porque migrar implica escolha e salto brusco; quando se muda a língua muda-se a perspectiva, e portanto a própria realidade. O elogio do imigrante, em última análise, do nômade e do viajante, relaciona-se com o elogio, análogo, da tradução, experimentado pela história de Vilém Flusser.

Este elogio, entretanto, não é simples. A tradução, para ele, é menos uma tarefa e mais sua própria condição existencial. O filósofo aproxima o estatuto da tradução da definição ontológica da morte, porque a morte implica uma situação de fronteira – pode ser alcançada, mas não ultrapassada:

> E ninguém vive a morte
> quer morto quer vivo
> mera noção que existe
> só enquanto existo.[23]

Devido a esse limite, o tema da morte tende a ser colocado de lado pela filosofia anglo-saxônica. Na contracorrente, Ortega y Gasset comentava só haver duas coisas na vida que em nenhum caso nos podem acontecer, isto é, que em nenhum caso podemos vivenciar: o nascimento e a morte. Dizia: "Meu nascimento é uma história, um mito que outros me contam, mas à qual não pude assistir e que é prévio à realidade a que chamo vida, enquanto a minha morte é outra história, outro mito que nem sequer me podem contar". Esta estranhíssima realidade que é nossa vida se caracterizaria por ser limitada, finita e, não obstante, por não ter nem princípio nem fim.[24]

Vilém afirma que a tradução é ontologicamente semelhante à morte:

> Quando traduzo do português para o inglês, interrompo violentamente o fluxo do intelecto, já que corto o fio das regras que governam a língua portuguesa. A violência deste processo é admiravelmente espelhada nos vocábulos alemães e tchecos que significam "traduzir". *Ubersetzen* = "saltar para a outra margem", e *prekládat* = "recompor uma pilha de tábuas que ruiu". Repito portanto a pergunta: o que sou no curso da tradução? Sou algo que salta, sem pensamento, de um Eu para um Outro. Sou um amontoado caótico de detritos de um Eu em via de recompor-se em um Eu novo. Propriamente dito, já não sou e não sou ainda. Estou aniquilando-me para transfigurar-me. Estamos em face de uma miniatura da imagem da morte.[25]

A seguir a pista contida no termo alemão, a tradução seria o salto para a outra margem, ou seja, a passagem para o que ainda não se conhecia nem se sabia. A seguir a pista contida no termo tcheco, a tradução equivaleria a uma reconstrução do sentido que desmoronara. A tarefa da tradução torna-se um trabalho para Sísifo.

Rainer Guldin e Francesca Rigotti aproximam a prática sisifista de Flusser, traduzindo e retraduzindo seus próprios textos em quatro línguas, da técnica judaica de leitura dos textos sacros. Essa técnica reconhece pontos de vista múltiplos. Os judeus ortodoxos liam e reliam os textos sagrados, traduzindo-os e retraduzindo-os para tentar se aproximar do seu sentido, reconhecendo portanto que o sentido lhes escapava. Pela tradição hebraica, ler e reler, traduzir e retraduzir em diferentes línguas e por diferentes leitores permitiam-lhes apossar-se pouco a pouco do sentido e da verdade, descascando uma cebola multilingüística (cebolas têm múltiplas cascas e nenhum caroço, ou seja, nenhum centro ou essência).[26]

Edith Flusser, que trabalha com tradução e nos últimos anos vem procurando verter para o alemão os livros e a correspondência de Vilém, não concorda inteiramente com as analogias de Guldin e Rigotti. Trocar línguas e trocar de língua significaria, para ela, trocar universos e refletir de maneira sempre diferente, de modo a criticar e corrigir a si próprio. Cremos, de nosso lado, que as observações se complementam.

Flusser, como se verá adiante, via na tradução um método de investigação e a comparava ao trabalho do fotógrafo, que tira uma fotografia depois da outra procurando sempre um ponto de vista diferente, movendo sua própria subjetividade. A questão da tradução permite-lhe tematizar a morte juntamente com a identidade. Aprofundando sua condição de fronteira, Flusser afirmava: "Viver é assumir-se para alterar-se" – viver é presumir-se.[27]

A questão *"wer bin ich?"* – "quem sou eu?", ou, "o que é eu?" – põe-se antes como decisão, a cada instante dolorosa e radical. O filósofo experimentou a infância e a juventude entre as duas grandes guerras. Sobreviveu ao nazismo, mas seu mundo, seus valores básicos e os seus foram devorados, com a feliz exceção de Edith. Na fuga para o Brasil, precisou devorar-se e transtornar-se outro. O que passou a querer dizer "Brasil", no seu contexto? A circunstância na qual ele foi lançado. Chegando ao país, sentiu-se em algum lugar entre os continentes, sobre o oceano cercado de horizontes indeterminados. Sua falta original se reconstituía como falha, na procura de um chão que servisse de anteparo às metáforas do sentido – não à toa daria ao livro que assinaria como autobiografia intelectual, mais tarde, o título de *Bodenlos*, isto é, sem chão, sem fundamento.

Depois de comentar a formação marxista inicial e a influência posterior da escola vienense e de Wittgenstein, o filósofo encontra sua terceira influência no livro *A rebelião das massas*, de Ortega y Gasset. Por causa e a partir de Ortega, Flusser leu Nietzsche, reconhecendo as suas próprias idéias sobre a linguagem e a beleza em Nietzsche. No final da Segunda Guerra, impossibilitado de retornar a Praga (ou, preferindo não retornar a Praga), espanta-se com o misticismo brasileiro, que lhe parece caricatura do seu próprio misticismo. Incomoda-o *die unverantwortliche Großrednerei*, isto é, a verborragia grandiloqüente e irresponsável que nos caracterizaria. Ao mesmo tempo, o positivismo, o marxismo, a escolástica, o academicismo e o preciosismo à brasileira, que marcaram os anos 40 e o início dos 50, começavam a lhe soar ridículos, mas também se mostravam advertências graves.

Por entender a vida como uma decisão filosófica, admite haver considerado a possibilidade do suicídio durante anos a fio (os anos em que trabalhava no comércio) enquanto lia e absorvia Kafka, Camus e a arte do absurdo. Quando começava a entender o último Husserl, escreveu os seus primeiros livros, *Língua e realidade* e *A história do diabo*.

Num dos esboços autobiográficos que aparecem em mais de um artigo e manuscrito, Vilém Flusser declara, em alemão e em português, a sua paixão difícil, de ecos heideggerianos, pela língua:

Os contornos do meu futuro pensamento começavam a delinear-se; o problema central viria a ser a língua. Em primeiro lugar, obviamente, porque amo a língua. Amo sua beleza, sua riqueza, seu mistério e seu encanto. Só sou verdadeiramente quando falo, escrevo, leio ou quando ela sussurra dentro de mim, querendo articular-se. Mas também porque ela é forma simbólica, morada do Ser que vela e revela, vereda pela qual me ligo aos outros, campo de imortalidade *aere perennius*, matéria e instrumento da arte. Ela é meu compromisso, através dela concebo minha realidade e por ela deslizo rumo ao seu horizonte e fundamento, o silêncio do indizível. Ela é minha forma de religiosidade. É, quiçá, também a forma pela qual me perco.

Der Umkreis meines Denkens begann sich abzuzeichnen; das zentrale Problem sollte die Sprache werden. Vor allem, natürlich, weil ich die Sprache liebe. Ich liebe ihre Schönheit, ihren Reichtum, ihr Geheimnis und ihren Charme. Ich bin nur wirklich, wenn ich spreche, schreibe, lese, oder wenn sie in mir flüstert um ausgesprochen zu werden. Aber auch, weil sie symbolische Form ist, Wohnort des Seins, welcher verhüllt und enthüllt, Weg, der mich mit anderen verbindet, Feld der Unsterblichkeit *aere perennius*, Material und Instrument der Kunst. Sie ist mein Engagement, in ihr realisiere ich mich, und durch sie gleite ich in Richtung ihres Horizonts und ihres Fundaments, zur Stille des Unsagbaren. Sie ist meine Form der Religiosität. Und – vielleicht – auch die Form, durch die ich mich verliere.

Em muitos momentos, Vilém se refere à importância, para o seu pensamento, de ter escolhido migrar e, em conseqüência, de ter escolhido a língua portuguesa como sua segunda (ou terceira) língua materna. Entretanto, pode-se observar, como de fato Francesca Rigotti observou, no 10º Simpósio Vilém Flusser, em Ascona, em 28 de novembro de 2001, que o filósofo teria elaborado uma conveniente justificativa *a posteriori*, uma vez que tanto a migração quanto a língua portuguesa lhe teriam sido impostas pelas circunstâncias, de resto nada agradáveis.

Na ocasião, discordamos, em termos, de Rigotti. Usando outro exemplo, agora na primeira pessoa do singular, em termos de lógica estrita eu não poderia ter escolhido a mulher que vive a meu lado, uma vez que não teria tido a oportunidade de conhecer (e experimentar) todas as mulheres do mundo. Ao mesmo tempo, porém, preciso escolher a mulher que vive a meu lado todos os dias, para viver uma vida realmente boa. Logo, não escolhemos livremente entre muitas possibilidades, porque na verdade cada escolha importante se dá em razão de uma possibilidade única.

Eu sou eu e minhas circunstâncias, disse Ortega y Gasset. Formulando de outra maneira: como não escolho as minhas circunstâncias, preciso escolhê-las cotidianamente. Lembra-se, assim, o mais antigo imperativo: *ser o que se é*. Lembra-se, ainda, a versão nietzschiana desse imperativo: *foi assim?; assim eu o quis!* Ao invés de negar, afirmar o que acontece, para tornar a própria vida afirmativa.

Por isso a língua, para Flusser, é seu compromisso e sua forma de religiosidade. Por isso, também, ele precisa combater o que chama de "conversa-fiada". É o que faz no segundo livro, *A história do diabo*, quando combate a conversa-fiada sobre a morte, entendendo-a parte das pseudocomunicações que amalgamam as solidões individuais em solidões coletivas. A conversa-fiada dentro da qual a existência decai consiste em detritos da conversação autêntica – é uma espécie de depósito de lixo. A estrutura das frases, que na conversação autêntica é rito, transforma-se, na conversa-fiada, em pose; o intelecto, que na conversação autêntica recebe e produz frases, transforma-se, na conversa-fiada, em mero tubo pelo qual as frases passam. Todos nós, volta e meia, mergulhamos no lodo da conversa-fiada, procurando o conforto do não-esforço, em última instância, do nem-ser, quando somos "a gente".

Fazemos de conta que os movimentos quase automáticos do cotidiano são a eternidade, e, portanto, consideramo-nos eternos. Como a morte está no pensamento e "a gente" não pensa e não se preocupa, "a gente" não morre, quem morre são os outros. Nesse sentido, o céu dos cristãos e dos judeus seria conversa-fiada pura – os outros, os que não abraçaram a única religião verdadeira, qualquer que ela seja, ou morrem ou vão para o inferno, enquanto nós, os eleitos, os que-fomos-bons, passeamos pelo céu sem meta, sem esforço e sem assunto, entre anjos que tocam harpa.[28]

Vilém Flusser aprendera com Husserl que a vida não é descoberta; que a vida é *Sinngeben* – isto é, doação de significado, logo, poesia. Que a vida é uma reverente e espantada nomeação dos fenômenos. Por exemplo, o fenômeno *Brasil*.

Ao formular a fenomenologia do brasileiro já quando radicado na França, o filósofo escreve como brasileiro imigrado na Europa, lembrando o tempo em que fora um europeu imigrado no Brasil. Este trabalho foi publicado postumamente em alemão, em 1994; em 1998 a Editora da UERJ o publicou em português.

Nele, Flusser reconhece no homem ente perdido, tomando por bússola precisamente a sensação de desorientação. Essa sensação é que o obriga a dar o passo para trás: retroceder para imaginar, depois, compreender, e, por fim agir. Estas seriam as fases do encontro consigo mesmo – *distância, imaginação, conceito* e *ato* – configurando identidade e caráter. Configurar o caráter permite ao filósofo esboçar novo mapa do Brasil e do brasileiro, sabendo que "mapas verdadeiros não podem existir e, portanto, não existem" – até porque seriam desnecessários, se existissem.

Ele escreveu o livro na fase final da ditadura militar, sem acreditar nem na sinceridade da abertura promovida pelo governo nem na lucidez das oposições à esquerda, enxergando ambos os campos como o de burgueses mergulhados no historicismo, acalentando fé pia ou nos ideais de progresso ou nos ideais progressistas. Flusser não partiu de nenhum ideal de objetividade, admitindo o contrário: que simplificação e exagero combinados são essenciais em qualquer mapa. Sua meta foi oferecer ao leitor uma perspectiva a partir da qual ele pudesse ver a situação em que se encontrasse, para orientar-se.

Ao apresentar ponto de vista estreito – o de "um intelectual brasileiro imigrado da Europa" – queria evitar lugares-comuns e idéias prontas. Sua perspectiva é ainda mais específica: Vilém Flusser emigrou primeiro da Europa para o Brasil e, depois de tantos anos, sentindo-se e afirmando-se brasileiro, emigrou do Brasil para a Europa. Suas travessias oceânicas radicalizam a condição permanente de estrangeiro:

Estrangeiro (e estranho) é quem afirma seu próprio ser no mundo que o cerca. Assim, dá sentido ao mundo, e de certa maneira o domina. Mas o domina tragicamente: não se integra. O cedro é estrangeiro no meu parque. Eu sou estrangeiro na França. O homem é estrangeiro no mundo.[29]	Fremd und sonderbar ist, wer sein eigenes Sein in der Welt, die ihn umgibt, behauptet. Dadurch gibt er der Welt einen Sinn und beherrscht sie auf eine gewisse Weise. Beherrscht sie tragisch, integriert sich nicht. Die Zeder ist in meinem Park fremd. Ich bin ein Fremder in Frankreich. Der Mensch ist ein Fremder auf der Welt.[30]

O trecho lembra Fernando Pessoa: "Estou só no mundo. Ver é estar distante. Ver claro é parar. Analisar é ser estrangeiro".[31] A condição de estrangeiro permite duvidar do sentido de expressões como Primeiro Mundo, Terceiro Mundo, história, fim da história. Flusser duvida de todos os termos sem se desesperar por nenhum, dando um passo para trás de si mesmo.

No ensaio, tenta descrever o Brasil "para servir de mapa, por analogia e contraste, a uma humanidade tão perdida quanto o é o próprio ensaio". No capítulo sobre a "imigração", reconhece que o ambiente brasileiro se oferece ao imigrante de forma ambivalente: é um ambiente de fácil penetração, mas de difícil integração. Em outros termos: é fácil viver no Brasil enquanto imigrante e muito difícil integrar-se nele.

Ao tentar se integrar na massa, o imigrante pode percebê-la desenraizada, porque teria perdido suas estruturas arcaicas sem criar novas. O brasileiro não é indígena, mas, antes, europeu decadente. Os brasileiros "não tomaram posse nem da sua terra nem de si mesmos, mas flutuam, tomados de um atordoamento secular chamado *saudade*, nas suas imensas planícies, quais destroços nas ondas". Mas, ao olhar o caboclo nacional, acocorado no mato ou na esquina da cidade grande, sofrendo de doenças somadas à apatia, Flusser surpreende-se reconhecendo-o capaz de resistência, inteligência e ironia, constituindo imprevista fonte de autêntica cultura do futuro. Sua proverbial paciência seria enganadora, podendo explodir de repente em violência individual e coletiva para sossegar logo a seguir (no que nos compara ao povo tcheco, cuja paciência em frente dos sucessivos invasores parece, ao inimigo, covardia – mas seria uma forma de resistência).

A aparente submissão esconde orgulho e dignidade tais que se mostram inacessíveis a um civilizado. O imigrante, então, precisa recorrer à literatura de Guimarães Rosa e Euclides da Cunha para captar algo daquela mentalidade subterrânea. A natureza brasileira, cantada em prosa e verso para o turista sedento de exotismos, revela-se, para o estrangeiro que abre os olhos, apenas monótona: o alheamento que o brasileiro sente pela natureza faz com que a procure derrubar, em vez de salientá-la artificialmente, como faz o europeu, para deleite de turistas. Quando se abandonam as praias para penetrar no interior, encontra-se paisagem inarticulada, rasteira e desolada, habitada por insetos. As exceções na paisagem seriam acidentes gigantescos isolados e tediosos, devido ao gigantismo e ao isolamento, como a cachoeira das Sete Quedas (que nem há mais).

O leitor brasileiro talvez não enxergue nenhum aspecto de descrição tão cruel: a monotonia, somada ao hábito, faz desaparecer a paisagem por inteiro, restando-nos apenas os versos bucólico-ufanistas, porque, afinal, "os nossos prados têm mais flores" – ainda que haja tão poucos prados e tão poucas flores no Brasil. Flusser afirma, de maneira irônica e exagerada (desde o princípio advertiu-nos de que o exagero constituía o seu método), que o brasileiro não vivencia a sua natureza enquanto paisagem; ignora, mesmo culto, os nomes das plantas e dos animais; não se interessa pelo seu ritmo biológico, não coleciona flores ou borboletas, não faz excursões escolares na natureza, em suma, *não passeia*. Nossa literatura nem sequer contempla a natureza enquanto paisagem – por exemplo, Machado de Assis, cujos romances se passam no Rio, não contempla o mar a não ser para transformá-lo em palco de uma morte. A aparente exceção, Guimarães Rosa, não canta a natureza enquanto paisagem, mas descreve como homem e natureza se fundem em um todo místico, de maneira que plantas e animais passam a se antropomorfizar.[32]

Flusser enxerga não a natureza dadivosa, mas sim ambiente pérfido que se opõe ao homem, tanto mais quanto este o enfrente apenas com palavras e preconceitos. "Plantando dá", disse o escriba; de fato, "dá", mas não mais do que as duas primeiras colheitas, porque o solo se esgota com rapidez. A exuberância amazônica esconde, na sombra, solo paupérrimo. Não é o único exemplo: vastas regiões do Nordeste sustentam milhões de pessoas nos anos de chuva, sujeitando-as à condição de mendigos desesperados nos anos de seca. Os rios sulinos têm a falta de vergonha de correrem todos em direção "contrária", do oceano para o continente, não formando, portanto, artérias de transporte, como no resto do mundo, mas obstáculos ao transporte.

Não é preciso concordar com Vilém Flusser. Entre o certo e o errado existem outras perspectivas. Uma delas é a que ele oferece, para se acompanhar com a testa franzida. Vê o Brasil e o brasileiro como um europeu que viveu entre nós por mais de trinta anos, e portanto não é europeu, e como um brasileiro que não nasceu nem morreu no Brasil, e portanto não é brasileiro.

Essa condição ambivalente somada à condição ambivalente de todo filósofo, deixa-o num lugar raro, de onde pode observar o que outros não observariam. Por isso, não se peja de assumir ponto de vista lírico, reconhecendo no brasileiro homem incapaz de odiar e invejar o outro, "porque toda a sua capacidade para o ódio, toda a sua energia para a vitória e toda direção da sua ação é mobilizada contra a natureza". O europeu, em contrapartida, vive em sociedade que já domina a natureza, assumindo a atitude estética do turista que dispõe de energia não gasta, de ódio não consumido, de vontade de agir insatisfeita, dirigindo-a contra o outro homem.

O brasileiro ainda teria uma chance, em função de sua amabilidade. A solidariedade brasileira, entretanto, não implica responsabilidade por grupos – os "pobres", os "vietnamitas", os "aposentados" –, porque a solidariedade em bloco equivale à objetivização do outro. Assume-se responsabilidade por grupos "porque se crê saber como manipulá-los, e porque se crê saber que estão sendo manipulados de forma errada". Assumir responsabilidade por grupos seria contrário à essência brasileira.

Flusser, no entanto, não tenta minimizar a falta de responsabilidade que reina na sociedade brasileira, como o provam o vandalismo e a consciência tranqüila perante as injustiças que gritam nas calçadas. Seu olhar é mais complexo. Assusta-se com o europeu, que tem responsabilidade demais, e a partir deste excesso pariu as revoluções, as ideologias totalitárias e as guerras, chamando o ódio de "politização das massas", assim como estranha o brasileiro, que tem responsabilidade de menos, o que promove e mantém injustiças dramáticas – mas admite uma esperança difícil.

Vilém Flusser saiu do Brasil em 1972 porque via aquela esperança se encolher no horizonte do cerrado. Enxergava no mito do progresso, encarnado no Brasil pelo *slogan* militar "Ninguém segura este país", a realização do ódio ao mundo, ao tempo e aos deuses. O mito do progresso faz com que vivamos sempre para o instante seguinte; nenhuma de nossas ações significa por si só, visa ao futuro. Em palavras metafóricas, vivemos num mundo de andaimes, seres alienados em oposição ao mundo e ao instante.

O Brasil, para ele, seria o lugar onde se encontravam os amigos, os livros, os quadros, os discos, o lugar que lhe era tão familiar que nem o olhava mais.[33]

Era o lugar do seu engajamento e da escolha que lhe permitiu definir sua tarefa no contexto brasileiro: "provocar dúvidas nos outros". Encontrou-se atuando nos jornais, nas aulas e nos livros, mas não por muito tempo, porque logo viu esse espaço se fechar ou se degradar: "Como querer provocar dúvidas em juventude, que é podada se duvida?; e como querer provocar dúvidas em contexto que objetivamente exige pé na tábua?". Percebia que a sua atividade podia ser perigosa não apenas para si mesmo, mas também para quem dele se aproximasse. Em função disso, escolheu a Europa, que representava lugar no qual não se encontrava engajado e, portanto, onde se achava negativamente livre, e ainda "lugar de solidão propícia a um trabalho distanciado, impossível no contexto sofredor brasileiro, e principalmente lugar no qual finalmente posso ter a companhia de Edith plenamente". Entendia que esta era uma "escolha difícil e a ser tomada diariamente".

No penúltimo capítulo da sua *Fenomenologia do brasileiro*, Flusser trata da língua brasileira. Reconhece no português o eixo da mentalidade latina, que seria clara por causa da sua sintaxe, isto é, graças à maneira como manipula o substantivo e o verbo. Mas observa que a clareza latina paga o preço da pouca profundidade. O português, então, revela lógica sintática relativamente pobre, mas que lhe permitiu se deixar penetrar por elementos de línguas indígenas, como o tupi, e de línguas africanas, como o banto, que não teriam em princípio parentesco estrutural com o português, de vez que se revelam aglutinantes: a rigor, não formam sentenças, mas blocos de palavras aglutinadas por sufixos, prefixos e infixos. A partir daí a língua portuguesa, de caráter arcaico, clara mas pobre, pobre mas enriquecida por heranças indígenas e africanas, vê-se dialogando à força com ondas sucessivas de imigrantes, de terreno lingüístico variado. Não haveria língua brasileira em sentido estrito: há, sim, várias línguas, portanto vários mundos. Logo, ser brasileiro não pode ser estado, mas processo: o brasileiro deveria assumir a sensação de irrealidade que o toma, para permitir o surgimento do novo homem.

Um novo homem capaz de romper por dentro, pela língua, a reificação, a objetivização e a alienação. Um novo homem com a chance lingüística (logo, existencial) de superar a discursividade linear indo-germânica. Entretanto, essa busca de um novo homem não é messiânica. Embora o brasileiro não represente a única esperança da humanidade (considerando-se a situação atual do país, "seria o caso de desesperarmos todos", alerta com divertida ironia), mostra-se o Brasil um dos poucos lugares em que ainda se pode afirmar a dignidade perante o absurdo. No Brasil, a ideologia progressista (hoje se diria globalizada) também opera, mas apenas superficialmente, deixando espaço para ser rompida: pela língua, pelo jogo assumido como jogo, enfim, pela filosofia. O novo homem é um *Homo ludens*, sim, mas consciente de que joga e de que com ele jogam: um homem que vê o jogo que os outros jogam e faz ver o jogo que ele mesmo joga.

O seu *Homo ludens* está sempre a preferir a estratégia [3]. Na estratégia [1], joga-se para ganhar, arriscando derrota: é o jogo do norte-americano. Na estratégia [2], joga-se para não perder, diminuindo os riscos tanto de derrota quanto de vitória: é o jogo do excluído. Na estratégia [3], no entanto, joga-se para mudar o jogo. Ora, nas duas primeiras estratégias, o engajado se integra tragicamente ao jogo, que passa a ser todo o universo no qual existe; em conseqüência, não consegue mais ver este universo como jogo. Na terceira estratégia, todavia, o jogo não passa de elemento do universo, e o engajado se percebe acima do jogo.

O novo homem se diverte com o fenômeno que representa e que a sua fala apresenta. O novo homem não é, decerto, o *Übermensch* nietzschiano, mas também será todo o contrário do funcionário fascinado, que encontraremos adiante. Mas por que o brasileiro seria o protótipo desse novo homem? O filósofo não teria sido contaminado por certo romantismo ufanista que combate em outras oportunidades? Essa crítica pode ser pertinente se tomarmos a *Fenomenologia do brasileiro* isoladamente, mas o estudo da sua obra a desautoriza. Como não considera as suas hipóteses mais do que hipóteses, ou seja, do que pontos ficcionais de partida para o pensamento, a preocupação com a verdade se subordina à preocupação com a coerência do raciocínio (ou do enredo) para melhor produzir novas perspectivas.

Coerência, no seu raciocínio, implica o estilo. O estilo é esse homem, que combinava o mundo da vida com uma vida pensando o mundo. Irmgard Zepf considerou que o seu estilo era o de um professor ao ar livre, como antigamente: "O estilo ensaístico de Flusser compromete o leitor e o transforma em aluno, deixando-o preparado para transformar-se; Flusser revela através do estilo jocoso e experimental de seu texto o próprio envolvimento compromissado na descrição e na observação do fenômeno".[34]

Seu estilo, por sua vez, supõe a forma do ensaio. Flusser pergunta: "Devo formular meus pensamentos em estilo acadêmico (isto é, despersonalizado), ou devo recorrer a um estilo vivo (isto é, meu)?". A pergunta capciosa opõe a suposta vida do ensaio à morte implícita contida no tratado. Para ele, o estilo acadêmico reúne honestidade intelectual com desonestidade existencial, "já que quem a ele recorre empenha o intelecto e *tira o corpo*": evita o uso da primeira pessoa do singular, substituindo-a pela arrogância majestática da primeira pessoa do plural, ou pela indeterminação do "se", que não compromete.

Flusser afirma que ninguém pensa academicamente, *faz de conta* que assim pensa. Escolher a forma do tratado implica pensar o assunto e informar o que se pensou para os outros, tendo todo o cuidado de informar primeiro o que outrem teria pensado a respeito. Escolher a forma do ensaio implica viver e dialogar a respeito com os outros, tendo todo o cuidado de provocar esse diálogo. No tratado o assunto interessa, enquanto, no ensaio, "*intersou* e *intersomos* no assunto". A decisão pelo tratado seria desexistencializante, como decisão em prol do "se", do público, do objetivo – logo, a decisão pelo ensaio "é aquela que deve ser contemplada". O ensaio transforma o seu assunto em enigma: implica-se no assunto e nele implica os leitores.[35]

Adolfo Bioy Casares também considera o ensaio gênero maior e por isso mesmo a exigir maior responsabilidade; afirma que a gratuidade e a informalidade fazem do ensaio opção de escritores maduros, e não, como se poderia pensar à primeira vista, de jovens e voluntariosos escribas: "Com digressões, com trivialidades ocasionais e caprichos, somente um mestre forjará a obra de arte".[36] Somente um mestre pode escrever um texto que requeira do leitor equivalentes ensaios de leitura, isto é, releituras vagarosas, como teria desejado Montaigne. Sem mestria, a opção pelo ensaio pode ser tão arrogante quanto a opção do tratado pelo esgotamento do assunto. Quando isso acontece, deixa de ser um ensaio do pensamento e passa a ser uma (má) *performance* – logo, outra pose.

Flusser, por conta desses riscos, opta pelo ensaio, mas o disfarça, sintaticamente, de tratado. Rildo Cosson comenta o desconforto que esse estilo provoca no leitor: como estaríamos habituados a um tipo de discurso que mais questiona do que afirma, o discurso desmodalizado de Flusser incomoda. As frases muito diretas, os verbos predominantemente no presente do indicativo, a ausência de auxiliares, tudo parece caminhar para uma revelação que se basta a si mesma, quase para uma fala profética. Seu discurso supõe um fundo religioso e uma lógica implacável que parece desejar o absoluto – paradoxalmente, o filósofo da dúvida parece não ter dúvidas.[37]

Rildo lembra que a academia se tem acercado dos assuntos pelas beiradas, evitando se posicionar, para o que o ensaio é instrumento adequado. Preferimos estudar o *como* se diz para evitar o mérito daquilo que se diz, modalizando com cuidado todo o argumento; ficamos, ao pé da letra, no *ensaio* da idéia, evitando estrear uma opinião. Todavia, o ensaio de Flusser entra no assunto e toma posição, implicando-se no assunto e enunciando, se não certezas, hipóteses firmes com as quais passa a provocar o leitor. Vilém não tinha certezas e não buscava propriamente convencer, mas era a tal ponto empolgado com o que falava e escrevia que, de fato, parecia querer persuadir o outro. Sua maneira de enunciar as hipóteses aproxima-o do discurso religioso, sim, mas antes para combatê-lo por dentro. Seu estilo atende, como se procurará mostrar, à intenção simultânea de dessacralizar a religião para sacralizar o cotidiano e lutar contra a própria profecia – lutar contra a morte do homem.

Para reagir à pose, Vilém ressalta que o gesto de escrever não é controlável: não se deliberaria um estilo, mas se lutaria por ele. O escrever, como toda técnica, comportaria três momentos: no primeiro, a interioridade do artista se articula no gesto que esbarra contra a matéria-prima; no segundo, o gesto é absorvido e modificado pela matéria-prima; no terceiro, a matéria-prima modificada pelo gesto passa a comunicar a interioridade do artista aos outros. O problema do estilo se localizaria precisamente na pausa entre o primeiro e o segundo momento.

Em sua autobiografia, *Bodenlos*, falava também de três momentos por que passara: passividade e sofrimento (nazismo, forças psicológicas e econômicas), atividade e engajamento (aulas, conferências, publicações), e diálogo com os outros (saudade do terraço da casa paulista). Os três momentos lhe punham dificuldades estilísticas: podia usar na passividade o pronome "eu" ou deveria procurar espécie de *man* ou *es*?; podia usar na atividade as formas passadas e futuras dos verbos ou deveria se restringir a espécie de presente amplificado?

O momento dialógico colocava questões mais graves, porque o *eu* e o *tu* se confundem. Se presta atenção a seu diálogo com alguém, tende a fixar, eternizar e monumentalizar esse diálogo, o que via de regra ofende o outro, embalsamado ou enclausurado pela frase alheia. Flusser admite que a sua maneira de dialogar e refletir é agressiva e que parece autoritária, mas, nas cartas aos amigos, pede que também o monumentalizem e agridam, para que se transcendam *eus* que não devem ser respeitados. Sua agressividade é antes agônica que polêmica – é antes procura que disputa.

2

CETICISMO

COMO OLHAR QUANDO TUDO ou já passou ou parece a mesma coisa? Avança-se em veículos tão velozes que a paisagem se achata; quanto mais rápido o movimento, os objetos primeiro se chapam contra um muro e depois contra uma tela – do cinema ou do *outdoor*. O mundo se converte em cenário, indivíduos são personagens, a cidade é cinema. Perdeu-se a ilusão de que as imagens representariam a realidade; ao contrário, elas parecem substituir a realidade. As narrativas então recorrem ao *olhar do estrangeiro*: "estrangeiro (e estranho) é quem afirma seu próprio ser no mundo que o cerca".

O estrangeiro pode ser o marciano de Drummond:

> O marciano encontrou-me na rua
> e teve medo de minha impossibilidade humana.
> Como pode existir, pensou consigo, um ser
> que no existir põe tamanha anulação da existência?
>
> Afastou-se o marciano, e persegui-o.
> Precisava dele como de um testemunho.
> Mas, recusando o colóquio, desintegrou-se
> no ar constelado de problemas.
>
> E fiquei só em mim de mim ausente.[1]

O poema "Science fiction", de Carlos Drummond de Andrade, pode ser lido como *science is fiction* ou como *fiction is science*, ou seja, pode mostrar que a verdade pertence ao domínio do imaginário – o que não a torna menos verdadeira. O poema mostra também a necessidade do olhar do outro como condição da unidade do sujeito para neutralizar o nada. Esse totalmente outro, o marciano, foge, apavorado, perante o ser humano carregado de negatividade. Ele foge, mas o poeta permanece: "só em mim de mim ausente".

Flusser investigava a relação entre arte, ciência e novas tecnologias. Supunha reemergir entre nós concepção de arte a que os latinos denominavam *ars vivendi*: o saber como viver. A telemática aponta para a possibilidade de programação da própria vida: todas as artes teriam estado até então limitadas à manipulação da matéria inanimada, perecível e entrópica, mas se abre a possibilidade de elaborar informação, imprimi-la na matéria viva e fazer com que se multiplique e se preserve *ad infinitum*, mimetizando formas conhecidas ou criando formas de vida alternativas, com sistemas nervosos de outra natureza e processos mentais diferentes. A produção de obras vivas capazes de se multiplicar e dar origem a novas obras vivas coloca a arte na berlinda: não se deve abandonar a biotecnologia aos técnicos – é preciso que artistas participem da aventura. Estaríamos passando a dispor de técnica (arte) apta a criar um espírito vivo novo, espírito este que o próprio criador seria incapaz de compreender, já que fundado sobre informação genética que não é a sua...[2]

O filósofo parece não ter medo do complexo de Frankenstein, partilhando da esperança irônica da dra. Susan Calvin, personagem de Isaac Asimov: perguntada, no longínquo século XXI – o romance *Eu, robô* foi escrito em 1950 – se os robôs seriam mentalmente diferentes dos homens, responde com segurança: "Muito diferentes; os robôs são essencialmente decentes".[3]

Nos últimos anos, artistas como Orlan, Stelarc, Jana Sterbak, Antúnez Roca e o brasileiro Eduardo Kac vêm discutindo a possibilidade de ultrapassar o humano por meio de intervenções cirúrgicas, de interfaces entre a carne e a eletrônica, ou ainda de próteses robóticas para expandir as potencialidades do corpo biológico. Mais que antecipar mudanças em nossa percepção, concepção de mundo e reorganização de sistemas sociopolíticos, antecipam-se transformações na espécie.

Science fiction ou *fiction science*?

Dentro do campo impreciso das "artes tecnológicas", cogita-se o surgimento de novo paradigma capaz de apontar novas direções para a arte a partir das possibilidades abertas pelo *front* biológico. Hervè Kempf propõe a hipótese de que estejamos saindo da era neolítica, uma vez que, em certo sentido, logramos a tarefa de dominar nosso ambiente; estaríamos entrando agora numa nova era, a da *revolução biolítica* (do grego *bios* = vida, e *lithos* = mineral), quando as próximas tarefas serão o domínio de nosso corpo e dos organismos vivos. Nessa era, será transferida para as máquinas ou para a matéria inorgânica parte das propriedades até aqui específicas das criaturas vivas: no lugar de se transformar o mundo, mudar-se-ia o próprio ser.[4]

A passagem para o biolítico soa apocalíptica, se compreende novidades controvertidas como a engenharia genética, a clonagem, a biocomputação e a biodiversidade artificial. Até há pouco tempo, lembra Arlindo Machado, a humanidade se contrapunha às máquinas e às próteses. A essência do humano residia ali onde o robô falhava. Mas, com a evolução da robótica e da biobótica, o autômato vem assumindo competências, talentos e sensibilidades que se supunham específicas da espécie humana, forçando-a a constante redefinição. Para nos assustar mais do que ao marciano de Drummond, o desenvolvimento de interfaces úmidas e biocompatíveis viabiliza a inserção de elementos eletrônicos dentro do corpo humano, enquanto as máquinas começam a trabalhar com processos orgânicos através das redes neurais, dos algoritmos genéticos e mesmo dos vírus de computador. As máquinas bioquímicas, capazes de empregar moléculas de DNA no lugar de impulsos elétricos, vão se tornando realidade.[5]

Como é que um trabalho de teoria da literatura acompanha essas maravilhas? Como é que se pode pensar a *ars vivendi*, a relação que se estreita entre a arte e a vida? O supra-humano marciano foi o recurso do poeta para melhor iluminar nossa condição dilacerada – mas também o fez pelo infra-humano, ao ver um boi vendo os homens:

Tão delicados (mais que um arbusto) e correm
e correm de um para o outro lado, sempre esquecidos
de alguma coisa. Certamente falta-lhes
não sei que atributo essencial, posto se apresentem nobres
e graves, por vezes. Ah, espantosamente graves,
até sinistros. Coitados, dir-se-ia que não escutam
nem o canto do ar nem os segredos do feno,
como também parecem não enxergar o que é visível
e comum a cada um de nós, no espaço. E ficam tristes
e no rasto da tristeza chegam à crueldade.
Toda a expressão deles mora nos olhos – e perde-se
a um simples baixar de cílios, a uma sombra.
Nada nos pêlos, nos extremos de inconcebível fragilidade,
e como neles há pouca montanha,
e que secura e que reentrâncias e que
impossibilidade de se organizarem em formas calmas,
permanentes e necessárias. Têm, talvez,
certa graça melancólica (um minuto) e com isto se fazem
perdoar a agitação incômoda e o translúcido
vazio interior que os torna tão pobres e carecidos
de emitir sons absurdos e agônicos: desejo, amor, ciúme
(que sabemos nós), sons que se despedaçam e tombam no campo
como pedras aflitas e queimam a erva e a água,
e difícil, depois disto, é ruminarmos nossa verdade.[6]

Os dois poemas são comentados por Bento Prado Jr. para melhor observar o olhar fenomenológico. O marciano, representando a transcendência celeste, não foi capaz de tal olhar, amedrontando-se a tal ponto que se desintegrou. O boi, representando a calma imanência animal, revela-se capaz daquele olhar que exige descrever de maneira neutra o ser dos homens. A sua solidão no campo, associada ao permanecer ontológico e à inconsciência do tempo e, portanto, da morte, o habilitaria a atravessar os véus atrás dos quais a convivência humana se esconde e com os quais se enreda, tornando o ser humano ausente do humano – porque ruminar nos é estranho. O boi é mais forte do que o marciano porque suporta o espetáculo e é capaz de piedade perante a paixão inútil, embora precise reconhecer a dificuldade de, depois disso, ruminar a sua própria verdade.[7]

O escritor Antonio Tabucchi publicou pequeno conto chamado "Uma baleia vê os homens" em homenagem explícita a Drummond (cujos poemas já traduzira para o italiano), que "antes e melhor do que eu soube ver os homens através dos olhos dolorosos de um moroso animal", atendendo a velho vício de todo ficcionista: "espiar as coisas pelo outro lado":

> Sempre tão afobados, e com longos membros que agitam com freqüência. E são tão pouco redondos, sem a majestade das formas plenas e acabadas, e com uma pequena cabeça móvel na qual parece se concentrar toda a sua estranha vida. Chegam deslizando sobre o mar mas não a nado, quase fossem pássaros e dão a morte com fragilidade e amável ferócia. Ficam muito tempo em silêncio, mas depois, com fúria repentina, gritam entre eles, num emaranhado de sons que quase não varia e ao qual falta a perfeição dos nossos sons essenciais: chamamento, amor, pranto de luto. E como deve ser penosa a sua forma de amar: e rude, quase brusca, imediata, sem uma fofa manta de gordura, favorecida pela natureza filiforme deles que não pressupõe a heróica dificuldade da união, nem os magníficos e ternos esforços para consegui-la. Não gostam da água, receiam-na, e não se entende por que a freqüentam. Eles também andam em bandos, mas não levam fêmeas, e se imagina que elas fiquem em outro lugar, mas sempre invisíveis. Às vezes cantam, mas só para si, e o canto deles não é um chamamento mas uma forma de lamento comovente. Cansam-se depressa e quando a noite cai deitam-se sobre as pequenas ilhas que os conduzem e talvez durmam ou olhem a lua. Deslizam em silêncio e percebe-se que estão tristes.[8]

O velho vício de todo ficcionista é o novo vício da fenomenologia, que parece querer olhar como um boi ou uma baleia. Esse olhar habilita-se a ruminar. Ainda que a perspectiva se dê triste – são poetas demasiado humanos tentando olhar olhares de animais morosos nos olhando –, tais olhares não se contentam com um primeiro olhar, realizando segundo e terceiro olhares que possam olhar não o mundo, mas sim o olhar primeiro. Somente o boi e a baleia, que se põem como formas calmas, permanentes e necessárias, seriam capazes de olhar o próprio olhar; logo, de se verem se vendo, condição sem a qual não se é o que se é. Mas ser o que se é, tal como viver, é muito perigoso.

No romance de Asimov, dois cientistas em uma estação espacial são surpreendidos por um robô que mostra curiosidade a respeito da própria existência. Depois de responderem às primeiras dúvidas do robô, novamente se espantam: o robô, de nome Cutie, revela-se um cético, duvidando metodicamente de tudo o que eles dizem. Não acredita na existência da Terra e das estrelas, supondo-as ilusões dos sentidos. Partindo da proposição de que nenhum ser possa criar outro ser superior a si próprio, destrói a hipótese de ter sido criado pelos humanos:

> Olhem só para vocês! O material de que são feitos é mole e flácido, desprovido de resistência e força, cuja energia depende da oxidação ineficiente produzida por material orgânico. Entram periodicamente em estado de coma e a menor variação de temperatura, da pressão do ar, da umidade ou da intensidade da radiação compromete sua eficiência. São temporários. Eu, por outro lado, sou um produto acabado. Absorvo diretamente a energia elétrica e a utilizo com uma eficiência de quase cem por cento. Sou feito de metal forte e resistente, permaneço continuamente consciente e posso suportar com facilidade extremas alterações de ambiente.[9]

O título do livro de Asimov – um robô que possa falar "eu" – deixa sob suspeita não apenas o autômato que pensa como o criador: podemos falar que pensamos, logo existimos?

O confronto com o robô cético perturba os dois cientistas; não podendo controlá-lo pela força, se o "outro" é mais forte, também não conseguem demovê-lo com argumentos racionais. A própria lógica lhes deixa em beco sem saída: "É possível provar tudo o que se deseja por um raciocínio lógico e frio, desde que se escolham os postulados convenientes. Nós temos os nossos e Cutie tem os dele. Os postulados são baseados em suposição e adotados pela fé. Nada no Universo é capaz de abalá-los". O robô pensa como Descartes, mas o ultrapassa: "Não aceito coisa alguma por simples declaração. Qualquer hipótese deve ser confirmada pelo raciocínio ou não tem validade alguma. Supor que vocês me fizeram contraria todos os ditames da lógica".[10]

O robô cético remete a dilema central na conversação ocidental. Vilém Flusser filosofa sempre considerando essa conversação, partindo da tradição cética, da dúvida cartesiana, dos limites de Wittgenstein e da fenomenologia de Husserl.

Atormentava a Husserl a questão central de todo idealismo: o que vemos, existe? E: o que existe, existe mesmo? Na linguagem do filósofo alemão, toda percepção da coisa é indissociável da tese do mundo, assim como, para Spinoza, toda representação é juízo situado na ordem das idéias. Vemos não *isto,* mas isto relacionado àquilo e àquilo outro; vemos as relações.[11]

Do mesmo modo que a gramática ou a lingüística não podem dizer se determinada frase é formal ou informal sem relacioná-la ao contexto, não se percebe o que quer que seja sem moldura. Entretanto, como saber as relações se elas não se dão imóveis? Em outras palavras, como saber as relações sem imaginá-las? Em decorrência, como distinguir a realidade da imaginação?

A imaginação fabula uma percepção que não há a partir da combinação de percepções que teriam havido, como as de um cavalo e de um pássaro que, juntas, formam Pégaso. Isto acontece com o cavalo alado como, quiçá, com cavalos "reais". A imaginação força-se a duvidar de si mesma, duvidando da existência de mundos imaginários. A imaginação e o que se imagina existiriam, sim, como fonte e seres dessa fonte, ou seja, produtos da imaginação, mas a noção de mundo imaginário parece uma contradição nos próprios termos: ou é mundo ou é imaginário – a realidade não pode ser ficção nem o contrário pode ser verdadeiro.

Na tensão desse dilema, a perturbação: imaginamos o rosto de uma pessoa, mas não reconhecemos o que imagináramos em frente à sua fotografia ou à "própria" pessoa – é como se fosse outra coisa, com outra existência de coisa: o ser persiste entre aspas. Não reconhecemos, aliás, nosso próprio rosto em uma foto ou no espelho: observado com atenção, "esse não sou eu".

Filosofias se construíram para superar a indistinção entre o real e o imaginário, mas no domínio do sensível a indistinção retorna. Fala-se do que escapou, percebe-se o que já não se vê. Se a existência é inapreensível, tenta-se apreender não o que existe, mas o que aparece, o que ainda é problema, já que o que aparece, aparece-para-nós-ou-para-outrem, envolvendo a variável da percepção. Temos então a fenomenologia, mas a fenomenologia se inscreve na tradição cética.

Boa parte das dificuldades encontradas pelo leitor na fenomenologia e no pensamento de Flusser deriva da sua dimensão cética. Na Academia, na escola, no dia-a-dia, o ceticismo é encarado de maneira pejorativa, quando deixa sob suspeita certezas que de outro modo emprestariam solo firme.

A reação negativa ao ceticismo acompanha a expressão utilizada no século XVII para designar essa maneira de pensar: "veneno pirrônico". O ceticismo seria um veneno por forçar o leitor a duvidar de tudo, principalmente da própria razão, e seria pirrônico por alusão ao filósofo grego que formulara suas bases lógicas. Os céticos assestam sua bateria de argumentos em especial contra os dogmáticos, aproveitando a enorme *diaphonía* (isto é, o desacordo indecidível) entre eles. O ceticismo seria uma forma de filosofia que se alimentaria do *conflito das filosofias*, fortificando-se antes graças aos inimigos do que aos amigos. Configura-se filosofia marcial que aproveita a força do argumento adversário contra o próprio adversário.[12]

No entanto, o ceticismo não se limita a exercício belicoso de filosofia negativa; recusando a pretensão de se aproximar da realidade, escolhe inventar mundos sociais possíveis, o que o afasta do relativismo.[13] O cético vê o relativista como um dogmático da relatividade, afirmando, no extremo, que tudo seria relativo – o que é absurdo. Enquanto os dogmáticos crêem que haja uma verdade, os relativistas tendem a afirmá-la ora inexistente, ora múltipla. Os céticos descartam a primeira afirmação, por niilista *in extremis*, e exploram a segunda sem aceitar o corolário facilitador de que todas as verdades seriam iguais e equivalentes. O reconhecimento fenomênico da diversidade não impede a investigação.[14]

O cético se propõe a curar os traumas oriundos das querelas dogmáticas, definindo-se como uma terapia que visa à imperturbabilidade, ou seja, à *ataraxia*. O pirronismo cuida terapeuticamente da onipotência da razão, configurando-se como uma aposta na vida fenomênica, isto é, como condição necessária e suficiente para a ação e a cognição no mundo ordinário.[15] A questão cética é epistemológica na raiz, perguntando-se menos o que seria o conhecimento do que se haveria algum conhecimento. Essa prudência, todavia, não impede os céticos de buscarem padrões capazes de aferir a veracidade e a legitimidade das pretensões cognitivas, colocando-se o problema do *critério*: em que condições uma proposição a respeito do mundo pode ser justificada?

Ao dizer que "o homem é a medida de todas as coisas", isto é, que todo conhecimento é subjetivo, logo, não haveria verdade objetiva, Protágoras estabelecera as bases do relativismo que alimentaria os céticos, para que estes depois recusassem o mesmo relativismo. O ceticismo como método vai se estabelecer a partir de Pirro, por volta do século IV a.C. Para Pirro, o homem em busca da felicidade deveria fazer três perguntas: [1] qual é a natureza real das coisas; [2] quais disposições convém adotar a respeito; [3] que conseqüências resultarão desta atitude. A estas perguntas devem-se dar as seguintes respostas: [1] as coisas são equivalentes e indiscerníveis umas das outras, não se nos revelando nem pelas sensações nem pelos juízos; [2] logo, não se deve confiar nem nos sentidos nem na razão, abstendo-se de emitir qualquer opinião e permanecendo em estado de *afasia* completa; [3] alcança-se desse modo a *ataraxia*, ou seja, a atitude de quem não é perturbado por nada.

Para Pirro, não existem o belo ou o feio, o justo ou o injusto, uma coisa não é mais isto que aquilo. A afasia, como recusa a se pronunciar, conduz à *epoché*, isto é, à suspensão do juízo, enquanto a ataraxia, como ausência de perturbação, conduz à *adiaphoria*, isto é, à indiferença.[16] A *epoché* grega encontra forma popular no ditado "aceitar as coisas com filosofia", que supõe serenidade em frente das vicissitudes do mundo.

Arcesilau e Carnéades, mais tarde, são influenciados por Pirro. Afirmavam que nenhuma representação pode ser considerada mais evidente do que outra. Ao criticarem a investigação dialética, afirmavam que o argumento que se invoca em favor de uma tese precisa ser ele próprio demonstrado por outro argumento, que por sua vez precisa ser demonstrado por outro argumento e assim por diante, *ad infinitum* – logo, seria impossível apresentar qualquer demonstração. A explicação de Sexto Empírico, provavelmente o principal difusor do pirronismo, parece insofismável:

> Pois a prova sempre requer um critério para confirmá-la e este, por sua vez, requer uma prova para demonstrar sua veracidade. Nem uma prova pode ser fundamentada sem a existência prévia de um critério, nem o critério pode ser verdadeiro sem a confirmação prévia da prova. Nesse sentido, tanto o critério como a prova estão envoltos em um processo de raciocínio circular. São, portanto, inconfiáveis, já que cada um deles depende da credibilidade do outro, sendo que a falta de credibilidade de um é a mesma que afeta o outro.[17]

Renato Lessa propõe um diagrama ilustrativo dessa regressão ao infinito da argumentação humana e, extensivamente, da ciência:[18]

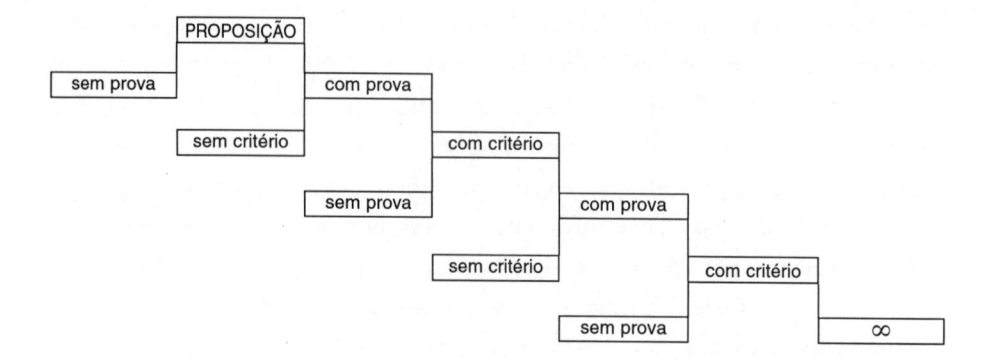

```
                    PROPOSIÇÃO
    ┌───────────┐ ┌──────────┐
    │ sem prova │ │ com prova│
    └───────────┘ └──────────┘
           ┌─────────────┐ ┌─────────────┐
           │ sem critério│ │ com critério│
           └─────────────┘ └─────────────┘
                   ┌───────────┐ ┌──────────┐
                   │ sem prova │ │ com prova│
                   └───────────┘ └──────────┘
                          ┌─────────────┐ ┌─────────────┐
                          │ sem critério│ │ com critério│
                          └─────────────┘ └─────────────┘
                                 ┌───────────┐ ┌───┐
                                 │ sem prova │ │ ∞ │
                                 └───────────┘ └───┘
```

Entretanto, para evitar que se suspenda toda ação, os céticos procuraram estabelecer critérios práticos que permitissem definir uma conduta sem dogmatismo: primeiro, o critério da *razoabilidade*, examinando se é possível invocar a favor de uma ação um conjunto mínimo de razões coerentes; segundo, o critério da *probabilidade*, admitindo que algumas coisas possam ser mais prováveis do que outras, por aproximação orientando as ações. O probabilismo admite que possamos nos aproximar da verdade sem atingi-la.

Etimologicamente, a palavra "cético" não tem valor negativo; significa "examinador" ou "investigador". A posição do cético é dubitativa, ou aporética, situando-se a igual distância da afirmação e da negação. Como tantas filosofias não concordam entre si, como não existe tese à qual não se possa opor uma antítese, como não há argumento que não possa ser derrubado por argumento contrário, é preciso suspender o juízo e questionar o determinismo. O filósofo cético não peca por petição de princípio porque se submete às aparências sem desejar controlá-las (como a sofística) ou esquecê-las (como o niilismo).

Sexto Empírico argumenta que, se um efeito não pode ser considerado senão em relação à causa que o determina, da mesma maneira a causa não pode ser concebida independentemente do efeito. Só se pode saber que A é causa de B depois de sabermos de B, jamais antes. Logo, a causa não pode ser anterior ao efeito, pois antes de este se produzir aquela não existia como causa. A causa também não se produz ao mesmo tempo que o efeito, senão ela não se distinguiria dele. Por definição, como se sabe, a causa não pode ser posterior ao efeito. Ora, se a causa não pode ser anterior, não pode ser simultânea e não pode ser posterior ao efeito, então "causa" é um conceito ininteligível.

Para compreender esta argumentação, hoje, talvez possamos afirmar que não se está dizendo que não há relações de causa e efeito, mas sim que tais relações são mapas para lidarmos com a realidade; elas não são "coisas", não são dados, mas frases de uma linguagem chamada "lógica" que, como toda linguagem, é metafórica, substituindo a incógnita do real pela sintaxe do cogito.

André Verdan entende que o ceticismo grego já fazia uma espécie de "fenomenismo", se não de fenomenologia, admitindo o fenômeno tal qual ele aparecia, abstendo-se de emitir opiniões categóricas sobre a natureza das coisas exteriores. Constatando que o fenômeno da fumaça é acompanhado pelo fenômeno do fogo, o cético aceitará inferir haver fogo ao ver a fumaça, mas se proibirá de estabelecer elo seguro de causalidade entre os fenômenos: dirá apenas que a fumaça é o *signo comemorativo,* e não o signo revelador do fogo.[19] Se o cético não se quer dogmático, não pode afirmar o contrário do que critica, porque deve deixar em suspenso, sob suspeita, as certezas existentes. A suspeita exige a ironia que empresta tempo ao pensamento, conduzindo ao nominalismo.

Os nominalistas medievais, como Guilherme de Occam, estariam mais próximos de Flusser que, para enxugar os conceitos, recorre várias vezes à "navalha de Occam", princípio de economia que estabelece: *entia non sunt multiplicanda praeter necessitatem* – não se deve multiplicar os entes existentes além do necessário. Occam defendia que os universais fossem antes de tudo conceitos, logo, entidades mentais e operações do intelecto.[20]

O nominalismo de Occam postula a contingência do mundo; negando a realidade do universal em proveito do individual, deixa o universal apenas como uma *intentio in anima,* ou seja, como um termo da linguagem. A questão não é apenas ontológica ou lingüística, porque dela se derivam conseqüências éticas. Se o universal existe apenas como termo da linguagem, então toda regra moral obedece ao mesmo princípio: nenhuma ação pode atender *in totum* à moral. Para Occam, é possível um conhecimento objetivo privado de objeto, ou seja, privado da certeza quanto à realidade efetiva das coisas. Essa noção desembocou na doutrina do fenômeno de Immanuel Kant.[21]

Aparece, em filosofias diferentes, estrutura de pensamento idêntica, a do conceito "objetivo sem objeto": teologia occamiana, dialética cartesiana e fenomenologia husserliana, a despeito de preocupações diversas, concebem de modo semelhante a ruptura da intenção cognitiva do sujeito com o objeto.

Occam, para garantir o conhecimento contra o erro que o ameaça do princípio, suspende esse mesmo conhecimento para dar lugar à crença no caráter absoluto do divino: seu ceticismo duvida da razão, mas não da fé. Descartes não renunciará à realidade da coisa exterior, porque a sua dúvida metódica é um artifício destinado a evidenciar a objetividade da coisa. O fenomenólogo, do mesmo modo, não renuncia a atingir o objeto no princípio que o individualize e distinga. Em todos os casos, embora de modo diverso, o sujeito sujeitado à contingência paradoxalmente se autonomiza, permitindo-se dizer o ser para que o ser seja – quando a língua estabelece o que seja a realidade, como Vilém Flusser demonstrará. Em termos morais, esse caminho desembocará na liberdade sartreana, que, mais do que desejada ou necessária, implica condenação a que ninguém escapa.

As concepções céticas foram tematizadas adiante por Montaigne. Para desconfiar da verdade percebida pelos nossos sentidos, ele lembra que alguns animais são privados de visão, de audição ou de alguma outra faculdade, e não percebem de forma alguma essa privação – não seria portanto improvável que, sem que tivéssemos consciência, nos faltasse algum insuspeitável meio de percepção. O francês duvida até mesmo da afirmação mais famosa de Sócrates: declarar "só sei que nada sei" é ter ao menos a certeza de sua ignorância. Para exprimir melhor o seu ceticismo, Montaigne adota a forma interrogativa *que sais-je?* – que sei eu?

René Descartes, por sua vez, não será um cético, porque sua dúvida metódica pretendia conduzi-lo a certezas. Entretanto, poucos céticos se aventuraram tão longe no exercício da dúvida: Descartes chegou a duvidar da existência dos objetos materiais e mesmo do próprio corpo. São quatro seus argumentos principais para pôr tanto sob suspeita: [1] se nossos sentidos não são infalíveis, pode ocorrer que nos persuadam da existência de objetos ilusórios; [2] se a imaginação é fonte segura de erro, sugerindo-nos visões quiméricas, quem pode garantir que o estado de vigília não seria um outro modo de adormecer?; [3] se Deus existe, o que Descartes estabelecerá somente depois, não seria impossível que Ele tivesse criado o espírito humano inclinado a tomar as aparências por realidades e os erros por verdades; [4] se Deus existe e é bondoso, ainda não se exclui a hipótese de um Gênio Maligno que teria prazer em desnortear os seres humanos, suscitando visões que não correspondessem a qualquer realidade.

Com esses argumentos e ao recusar todo princípio de autoridade, Descartes efetua *epoché* tão sistemática quanto a dos céticos gregos, embora, no final, duvide do ceticismo e suspenda as suas suspeitas. Seu lema é claro: *Dubito ergo sum, vel quod item est, cogito ergo sum* – "Duvido, logo existo, ou, o que é o mesmo, penso, logo existo". Apoiado nele, estabeleceu apenas três certezas: [1] se eu duvido, então eu penso, logo, o pensamento existe; [2] se o pensamento existe, então existe um "eu" que pensa, portanto, penso, logo, existo; [3] se o "eu" existe, então Deus existe.

A primeira certeza é caso raro de consenso: não há dúvida de que o pensamento exista, uma vez que o simples ato de duvidar funciona como prova dessa existência. A passagem da primeira certeza à segunda, no entanto, é contestável: de que o pensamento exista não se seguiria necessariamente a existência de algum ente que pensasse o pensamento. Por sua vez, a passagem da segunda certeza à terceira é mais brusca, porque a sua dúvida era antes um truque do que uma atitude: "Não imitei os céticos que duvidam apenas por duvidar, e fingem estar sempre indecisos; ao contrário, toda a minha intenção foi chegar a uma certeza, afastar os sedimentos e a areia para chegar à pedra ou ao barro que está embaixo".[22]

Descartes como que encontra a certeza da dúvida: a autoconfiança na solidez do ego pensante compensa psicologicamente a perda da confiança na realidade. Ao tomar a dúvida como um estado e não como processo dramático, Descartes a coisifica, tomando-a pelo seu oposto, quer dizer, tomando a dúvida pela certeza maior: "Não posso duvidar de que duvido no instante em que duvido". Seus termos estariam convenientemente trocados: não é o ato da dúvida que funda a certeza do eu, mas, ao contrário, é a certeza da continuidade do eu que garante a vivência da dúvida.

Os céticos não duvidavam por duvidar, como acusava Descartes; eles também procuravam a pedra por baixo da areia (ou das aparências), exigindo-se o mesmo rigor que animava Descartes – com a diferença de reconhecerem seus limites. Pouco mais tarde, Pascal, Huet e Berkeley reaproximam-se das concepções céticas, mas já em diálogo com a dúvida cartesiana. Berkeley chega a afirmar que a matéria não existe, ou que existe apenas de maneira subjetiva: ser é ser percebido, ou, *esse est percipi*: "Todos os corpos que compõem a ordem poderosa do mundo não subsistem fora de um espírito... seu ser está em serem percebidos ou conhecidos".[23]

O idealismo de Berkeley conduz ao ceticismo, cético até de si mesmo, de David Hume, cuja obra acordaria Kant. Hume constatará que a dúvida provisória de Descartes seria incurável, isto é, permanente. Para ele, todas as nossas idéias, inclusive a de perfeição, formam-se a partir dos dados sensíveis, logo, são suspeitas, não se admitindo nenhuma noção *a priori* no entendimento: o recurso cartesiano a um ser transcendente que explicasse a origem de algumas de nossas idéias seria tão supérfluo quanto a hipótese de uma substância que explicasse a origem de nossas percepções.

Hume, no entanto, por pragmatismo, abstém-se de dar o último passo na direção da completa suspensão do juízo: constatando que a filosofia observa a cegueira e a fraqueza humanas, tem medo de que toda ação e toda conversação cessem, deixando os seres humanos em letargia. Por isso, propõe uma espécie de ceticismo mitigado, limitando "nossas buscas a assuntos que estão mais bem adaptados à estreita capacidade do entendimento humano" – define assim, com antecipação, o criticismo kantiano.[24]

Immanuel Kant reconhece que a razão humana se atormenta com questões que não pode evitar nem resolver porque ultrapassam o seu poder: "Se suprimíssemos nosso sujeito, ou também apenas a constituição subjetiva dos sentidos, desapareceriam toda a consistência, todas as relações dos objetos no espaço e no tempo e mesmo o espaço e o tempo".[25] Enquanto Descartes pensara o pensamento por meio de uma narrativa heróica, isto é, fabulando cérebros privilegiados em luta contra os supersticiosos (e fabuladores), a narrativa kantiana procura o comedimento: a partir da hipótese do sujeito transcendental, enfraquece a idéia do indivíduo solar – o sujeito kantiano mostra-se apenas *lógico*. Na síntese de Costa Lima, "a teoria kantiana antes enfatiza a consciência do sujeito que o sujeito do eu".[26]

Kant recusa o idealismo que sustenta não existirem outros seres que não os seres pensantes, afirmando que os objetos nos são dados, sim, mas nada podemos saber do que eles poderiam ser em si mesmos. O mundo tal qual nos aparece não é uma imagem da realidade em si: ele é uma construção de nosso entendimento a partir dos dados sensíveis já modelados nas formas do espaço e do tempo, em função de determinadas categorias. Graças às categorias, o entendimento kantiano introduz coerência e racionalidade no mundo dos fenômenos, conferindo objetividade ao pensamento e à ciência. Entretanto, sua objetividade cuidadosa recusa o sonho totalitário da unidade, expresso nas idéias de alma, Universo e Deus.

Descartes, ao afirmar "penso, logo, existo", para em seguida pressupor "sou uma alma", teria errado ao acreditar que se podia passar do plano do pensamento ao plano do ser: o fenômeno subjetivo do pensamento não autoriza concluir a existência de um *eu* substancial, vale dizer, da alma. A partir de Kant, o ceticismo toma novas formas, chegando mesmo ao seu aparente contrário, o positivismo. Todavia, distancia-se cada vez mais da tranqüila ataraxia dos céticos gregos, aproximando-se da beira do abismo, isto é, da tragicidade absurda do viver anunciada, com dramaticidade, por Anatole France:

> Não há jeito de saber por que estamos neste mundo e o que nele viemos fazer. O mistério do destino nos envolve inteiramente com seus poderosos arcanos, e é preciso sinceramente não pensar em nada para não sentir muito e cruelmente a tragicidade absurda do viver. É nisto, na absoluta ignorância de nossa razão de ser que está a raiz de toda tristeza e de nossos desgostos... No mundo onde toda iluminação da fé está apagada, o mal e a dor perdem até sua significação e aparecem apenas como brincadeiras e farsas sinistras.[27]

A dúvida cética nos deixa à beira do abismo, conclamando soluções apocalípticas. Essas soluções, entretanto, serão recusadas. O apocaliptismo é uma variante intelectualizada do niilismo, no qual o esquecimento do ser, para usar a conhecida expressão de Heidegger, atinge a sua forma mais extremada – quando o sujeito humano se essencializa como vontade de domínio, buscando transformar toda natureza e mesmo todo sujeito outro em seu objeto.[28]

Pode-se concluir, por enquanto, que sem uma dúvida radical não pode haver filósofo verdadeiro, mas também que sem se definir o limite da dúvida o abismo niilista passa a nos observar muito de perto. Faz-se necessário um passo atrás para observá-lo um instante antes de ele nos perceber.

3

FENÔMENO

O PASSO ATRÁS DE KANT SUGERIA que o fenômeno fosse mera aparência em relação às coisas como elas realmente seriam, mas Husserl volta a dar um passo à frente, ao entender os fenômenos como reais à medida que eles são compreendidos pela consciência.[1]

    O conhecimento da própria consciência é o único conhecimento possível: a intencionalidade investida sobre os objetos o constitui. Ao algo de que a consciência tem consciência, o objeto do pensamento, Husserl chamaria *noema*, enquanto ao ato mesmo de pensar ele chamaria *noese* – mas os dois termos são inseparáveis, se ninguém pensa sobre o nada. Se a consciência é sempre consciência de alguma coisa, então a consciência é intencionalidade, e não há *noese* sem *noema*, *cogito* sem *cogitatum*, *amo* sem *amatum* e assim por diante: encontramo-nos entrelaçados com o mundo. A intencionalidade é um objetivo, mas também uma doação de sentido; o *isso* – o mundo – integra a consciência.

    Para não ficar entalado no solipsismo, Husserl recorre à intersubjetividade transcendental, supondo que as essências e as significações de um sujeito podem, por analogia, ter aspecto parecido com as dos demais. O outro é para si próprio um Eu; sua unidade não se encontra na *minha* percepção, mas nele próprio. O outro é experimentado por mim como estranho porque é ele mesmo, tanto quanto eu, fonte de sentido e de intencionalidade.

Paul Ricœur dirá que há fenomenologia quando se coloca entre parênteses a questão do ser. Uma fenomenologia é diluída quando não percebe ou não tematiza o ato de nascimento que faz surgir o aparecer. A fenomenologia será rigorosa se a dissociação dramática entre o ser e o aparecer for o objeto da sua reflexão, o que implica pôr em questão o ponto de vista, vale dizer, o filósofo.

Husserl, ao perceber a emergência de uma crise das ciências, pretendeu buscar o fundamento da filosofia. Por isso afirmava, aos setenta anos, que se a idade de Matusalém lhe fosse concedida, talvez entrevisse a possibilidade de vir ainda a ser filósofo. Essa modéstia contrastava com a ambição da obra: "Vejo os frutos dourados que ninguém vê e que eu tenho debaixo dos olhos, ao alcance da mão; mas sou como Sísifo, a quem eles escapam a todo momento ao estender a mão".[2] Tentou reconciliar pensamento e mundo; sua fenomenologia queria a análise das construções da consciência cotidiana que constituem o *Lebenswelt*, ou seja, o mundo-da-vida. O *Lebenswelt* é a moldura da subjetividade por meio da qual se apreende e se interpreta o mundo exterior.[3]

Um menino desenhando sem compasso poderá dizer que a forma oval que traçou em seu caderno é um círculo; sabemos que é apenas uma tentativa de círculo, mas sabemos também, junto com o menino, que *é, sim,* um círculo. Assim como há muitos homens e nenhum é O Homem, da mesma maneira há muitos círculos desenhados em muitos cadernos e nenhum será O Círculo, mas as essências existem como armadura inteligível do ser. O que Husserl não concorda é em situar tais essências num mundo inteligível de que o mundo sensível seria apenas derivado menor: "Os fenômenos não nos aparecem, são vividos".[4] A consciência não é um reservatório: os objetos não *entram* na consciência, eles são *com* a consciência.

Para limpar o reconhecimento da intencionalidade das limitações do ponto de vista e escapar do escolho do relativismo, cumpre adotar a atitude de suspensão do mundo natural. Suspender o mundo natural equivale a colocar momentaneamente entre parênteses a crença, primeiro, de que o mundo natural existe; segundo, de que as proposições decorrentes dessa crença sejam verdadeiras. Essa suspensão se realiza por meio da redução fenomenológica. Pela redução, deixamos de dirigir o nosso olhar para os objetos tomados em si mesmos em seu ser inacessível (a mesa, a árvore, a cidade) para dirigir a atenção para os atos da consciência que nos permitem chegar até eles (nossa visão da mesa, nossa lembrança da árvore, nossa imaginação da cidade). A redução fenomenológica é uma conversão do olhar que nos permite chegar ao objeto vivendo-o segundo seu sentido para nós, segundo o valor que lhe atribuímos e sobre o qual não negamos nossa responsabilidade.

A redução é antes um processo de encaminhamento, um método, do que um conceito ou parte de um sistema teórico. Entretanto, contrariamente à dúvida cartesiana que a inspira, a redução husserliana não é provisória, negando o mundo para depois reconquistá-lo e à certeza; ela procura instalar-nos num regime crítico de pensamento que é seu próprio fim. O que se procura é uma atitude. Essa atitude é transcendental porque oferece um olhar despolarizado dos objetos, liberando-os da reificação ao percebê-los como unidade de sentido – como noema. O que se quer é converter todo fato bruto em essência vivida, abrindo campo para a *epoché*, ou seja, para esta espécie de eclusa reflexiva que bloqueia a atitude ingênua e permite, ao olhar, olhar o próprio olhar.

Este exercício impossível é tematizado pelo poema (em prosa) de Jacob Klintowitz, intitulado "Perscrutação":

> O meu olhar me percorre com frieza e determinação. Ele me contempla indiferente e preciso. Gostaria de fugir e me debato. Mas é inútil. Uma borboleta no alfinete do estudante.[5]

Se olhar pode implicar aprisionar para controlar, olhar o próprio olhar não fugiria à implicação: olhar-nos como que nos prende no alfinete do estudante que somos.

Entretanto, Husserl talvez seja menos importante para Flusser do que as suas freqüentes citações podem fazer parecer. Rainer Guldin supõe que o filósofo tcheco se apropria de alguns pontos para desenvolvê-los à sua maneira, tornando claro um pensamento, na origem, obscuro.[6] A obscuridade de Husserl deriva de seu estilo tão tortuoso quanto preocupado em se aproximar da exatidão.

O problema do estilo remete a problemas de conteúdo. Flusser sustenta que Husserl alterou a concepção de conhecimento e, em conseqüência, a epistemologia moderna.[7] O conhecimento, nos termos husserlianos, é uma relação concreta na qual o conhecedor e o que se conhece seriam, estas sim, extrapolações abstratas. O conhecimento seria, ao contrário da impressão usual, um dos fatos *concretos* que fundam o mundo no qual vivemos, nossa *Lebenswelt*. O sujeito é uma hipótese, como já o demonstraram Nietzsche e Freud – ainda que hipótese indispensável. Da mesma maneira, o objeto é outra hipótese, como já o demonstrara o próprio Flusser no seu texto sobre a ficção (e a mesa) – ainda que, novamente, hipótese indispensável. "Eu conheço esta mesa" denota uma intenção concreta e confirma que esse conhecimento, provavelmente compartilhado por muitos sujeitos, é ele mesmo concreto – no entanto, o "eu" e a "mesa" permanecem abstrações, ainda que necessárias. Por isso, o filósofo tcheco liga a filosofia de Husserl à mais recente telemática: "a *Lebenswelt* é uma cadeia de intencionalidades concretas, um campo de conexões".

Se sinto dor no estômago, apenas a dor é um fato concreto; "eu" e "estômago" não são mais do que extrapolações abstratas. Do mesmo modo, se considero o nazismo um mal, apenas o juízo de valor "mal" é um fato concreto; "eu" e "nazismo" seriam igualmente extrapolações abstratas oriundas daquela concretude. Como todas as nossas relações, estas sim concretas, implicam a existência simultânea da "coisa" e do "outro", nada pode ser *conhecido* se não for *experimentado* e *avaliado*, assim como nada pode ser experimentado se não for conhecido e avaliado, e nada pode ser avaliado se não for também experimentado e conhecido. A divisão tradicional das disciplinas em ciência, política e arte (respectivamente, *conhecimento*, *valor* e *experiência*) é uma abstração da concretude derivada do mundo da vida. Conseqüentemente, a eterna querela metafísica entre o idealismo e o realismo se esfarela. A atitude científica se altera, se o que se mostra concreto em termos científicos é precisamente a co-implicação entre conhecimento, valor e experiência. Logo, verdadeiras revoluções políticas estariam estreitamente próximas de revoluções científicas, técnicas e artísticas.

A partir da perspectiva emprestada à realidade, se distinguem três linhas na fenomenologia: a *transcendental*, husserliana, a *existencial*, a partir de Sartre e Merleau-Ponty, e a *hermenêutica*, cujos representantes maiores seriam Gadamer e Heidegger.[8] Aceitando essa distinção, onde se situaria Vilém Flusser?

Supomos que em uma combinação das três, com ênfase na hermenêutica. O que será a hermenêutica? O termo, derivado de Hermes, mensageiro de Zeus, significava primeiro expressão de um pensamento e daí explicação e interpretação desse pensamento. Mais adiante, designou a ciência da interpretação das Sagradas Escrituras. Os modelos hermenêuticos vêm dos campos da religião e depois da lei, partindo da necessidade de interpretar textos sagrados e legais para que se saiba como agir.

Há uma hermenêutica do *resgate,* que busca reconstruir o contexto original de produção, e uma hermenêutica da *suspeita*, que busca expor os pressupostos ainda não examinados de um texto.[9] A partir de Schleiermacher e de Dilthey, a hermenêutica passa a cuidar também de obras literárias; o primeiro emancipou-a do serviço à teologia, o segundo tornou-a a base teórica das ciências sociais, estabelecendo o conceito de vivência (*Erlebnis*) como a base do ato de interpretação – para compreender um texto, o intérprete precisa vivenciar a intencionalidade autoral, pondo-se no lugar do autor, que é um lugar em mundo distinto do seu.[10]

Para Hans Georg Gadamer, a hermenêutica torna-se o exame das condições em que ocorre a compreensão, respondendo à pergunta "como sabemos o que sabemos": a interpretação atuaria por meio de uma fusão de horizontes temporais, relendo-se o passado a partir de seu efeito no presente. A linguagem mostra-se não como um objeto a decifrar ou decodificar, mas sim como acontecimento cujo sentido cumpre penetrar. De acordo com verbete de Mario Valdés, "Gadamer sustenta que, porque nós somos o que fazemos de nós mesmos dentro dos limites do mundo lingüisticamente constituído ao qual pertencemos, o que em última análise conhecemos é a nós mesmos".[11]

A relevância que empresta à linguagem tem facultado críticas pertinentes como a que Costa Lima faz a Gadamer, entendendo que a sua hipertrofia do papel da linguagem é idealística, levando-o à caracterização atemporal do clássico e ao desdém pela pesquisa histórica concreta.[12] Uma das conseqüências que Costa Lima procura combater é a que levaria da ênfase na fusão de horizontes ao entendimento da análise da literatura como gênero também ficcional. Haveria por parte desse tipo de crítico uma competição com o artista, indistinguindo-se os campos para sugerir não apenas que arte é melhor do que verdade, como queria Nietzsche, mas ainda que a crítica de arte é tão arte quanto a arte e até melhor, se lhe acresce *plus* racional.

Essa competição se teria acirrado em Martin Heidegger e seus epígonos. Henri Meschonnic chegou a criar a expressão depreciativa *l'effet Heidegger*, visando combater "a mágica dominância da linguagem desse filósofo, capaz de ofuscar, até em seus opositores críticos, como fala sacral de um grande hierofante, a capacidade para detectarem o elemento político real nela disfarçado", referindo-se à sua opção pelo nazismo em certo período, a qual seria coerente com um estilo mistificador.[13] Nicolai Hartmann seria ainda mais demolidor, investindo contra o misticismo filológico do filósofo da "ek-sistência" e da "in-sistência" que, buscando transformar a língua na Casa do Ser, recorreria com freqüência a uma etimologia falsa e grotesca.[14]

A crítica ao *efeito Heidegger* poderia suspeitar igualmente da ficção filosófica de Vilém Flusser. No entanto, ela diverge do estilo heideggeriano: a ficção filosófica não disputaria com a literatura a primazia das metáforas na medida em que seria também filosofia, mas, ao contrário, admitiria a sua condição de modelo de realidade, por sua vez deixando sob suspeita os modelos que fingem que não o são.

Em diversos momentos Flusser critica Heidegger, como quando comentou livro de Benedito Nunes sobre Clarice Lispector.[15] A análise existencial da náusea empreendida por Heidegger e Sartre pecaria por falta de radicalidade: enquanto para eles seria a náusea o modo absurdo de repelir a insuportabilidade do mundo, para Clarice a náusea implicava o início de experiência mística (ainda que heterodoxa), culminando no êxtase do absoluto idêntico ao nada para chegar à difícil desistência da compreensão e da linguagem – o que consagra e diviniza o silêncio. Benedito Nunes, apoiando-se em Clarice, lançava uma ponte entre os pensamentos existencial e formalístico, demonstrando que ambos se encontram e se fundem quando suficientemente prolongados. O abismo que separa Sartre de Wittgenstein é superado pelas palavras de Clarice: "A linguagem é meu esforço humano. Por destino tenho que ir buscar e por destino volto com as mãos vazias".

Joana, personagem de *Perto do coração selvagem*, reforça: "E o mais curioso é que no momento em que tento falar não só não exprimo o que sinto, como o que sinto se transforma lentamente no que eu digo. Ou pelo menos o que me faz agir não é, seguramente, o que eu sinto, mas o que eu digo".[16]

Entretanto, as concepções de Heidegger não são descartáveis. Se a língua fala o homem e nós nunca chegamos aos pensamentos porque eles é que vêm a nós, então nosso mundo simbólico não seria separado de nosso ser: nós somos linguagem, e reconhecê-lo pode ser produtivo, uma vez que se enfrenta a reificação cotidiana.[17] A fala "fala", e muitas vezes contra a intenção de quem fala, mas é preciso cuidado para não inverter a unilateralidade que se combate: de que a língua fale o homem não deriva necessariamente que o homem emudeça, ou seja, que a intenção seja letra morta.[18] Na narrativa do Barão de Teive, heterônimo de Fernando Pessoa: "Eu passeava remorsos de mim entre os meus poucos arvoredos. Havia jantado cedo e seguia, sozinho como um símbolo, sob as sombras inúteis e o sussurro lento das ramagens vagas".[19]

Heidegger teria lutado contra a *hybris* da filosofia, enxergando três perigos para o pensar: "O bom perigo e por isso benfazejo é a vizinhança do poeta que canta; o mau perigo e por isso mais agudo é o pensar mesmo, o que apenas raramente consegue; o pior perigo e por isso confuso é o filosofar".[20] Entendia benfazeja a vizinhança do poeta e da literatura: *Was bleibet aber, stiften die Dichter* – "Tudo o que permanece é fundado pelo poeta".[21]

Pela estreita proximidade com a poesia, Rainer Guldin entende que a influência de Heidegger em Flusser é maior do que a de Husserl, comprovando-o o uso freqüente de verbos como *überholen* (ultrapassar, superar), *einholen* (alcançar, recuperar), *bedingen* (condicionar, implicar), *springen* (saltar, pular); sua maneira de "negociar" com a língua alemã, sua *Wortspiele*, seria tipicamente heideggeriana.

Ambos, Heidegger e Flusser, insistirão que a significação não pode esgotar a experiência. A significação faz da experiência o que ela é, mas ao mesmo tempo produz um excesso de sentido. O que não pode ser dito e ao mesmo tempo sobra forma o *círculo hermenêutico*: deve-se conhecer o homem para compreender o seu discurso, mas só a partir do discurso é que se pode conhecê-lo. Anthony Kerby exemplifica: o sentido de uma palavra é determinado pela sentença da qual ela é parte; no entanto, a sentença só pode ser compreendida por meio de palavras que incluam aquela palavra; o entendimento acontece como um contínuo ajuste entre uma coisa e outra. O investigador não pode isentar a si mesmo da equação; para entender o humano, é preciso ser humano.[22]

O entendimento hermenêutico é o produto de um diálogo entre o passado e o presente, na fusão de horizontes entre os dois tempos. Trata-se de autocompreensão, de compreender a própria realidade histórica e sua continuidade em relação ao passado. Gadamer sustenta que podemos compreender apenas graças aos nossos preconceitos históricos e aos nossos condicionamentos culturais, e não nos livrando deles.[23] O objetivo supostamente esclarecido de eliminar todos os preconceitos é, por sua vez, outro preconceito que mascara a historicidade e a finitude, mascarando nossa impossibilidade de acesso à realidade.

Como só se pode interpretar o que de algum modo se tenha conhecido previamente, o círculo hermenêutico expressa a circunstância e a finitude. Quando *Grande sertão: veredas* foi lançado em 1956, a pré-concepção vigente tendeu a lê-lo dentro da tradição regionalista, supondo características de matuto que fala errado para o personagem Riobaldo. O tempo do percurso interpretativo (quando se percorre aquele círculo o suficiente), no entanto, aos poucos mostrava que o jagunço Riobaldo, longe de ser um matuto, tinha a introspecção de um pensador e não falava a língua "errada", mas todas as línguas numa só.[24]

A fenomenologia estuda a constituição do mundo na consciência. Constituir, no entanto, não é o mesmo que criar *ex nihilo*, mas sim esforço de recuperação da visão intelectual que cria o objeto. Para Merleau-Ponty, tratava-se de conciliar duas evidências: só existe mundo para uma consciência, mas as consciências estão inseridas no mundo. A primeira evidência supõe a possibilidade de uma consciência que fique de fora do mundo para vê-lo, enquanto a segunda supõe a consciência como subconjunto do mundo.

Husserl e Ponty não isolavam a literatura dos demais processos de conhecimento, percebendo-a tão esforço de *ciência* – de querer saber – quanto qualquer ciência. Flusser compartilhava dessa concepção. Toda hipótese com que trabalha a ciência é, por definição, suposição: é um "como se fosse, se dadas tais e quais condições". Não basta acumular observações e fatos para deles se extrair, por saturação, determinada lei. Normalmente, o que se dá é o contrário: a lei é enunciada primeiro, como hipótese (ou metáfora), orientando a observação e a coleta dos fatos. Nem sequer na matemática o rigor dos cálculos admite verdades precisas: os resultados se dão por aproximação. Essa circunstância, mais do que aproximar a fenomenologia da ciência, reconhece a fenomenologia *na* ciência, permitindo a Husserl afirmar: "É assim que todas as leis das ciências exatas referentes aos fatos são verdadeiras leis, mas do ponto de vista da teoria do conhecimento são apenas *ficções idealizantes* – se bem que ficções *cum fundamento in re*. Elas têm por tarefa tornar possíveis as ciências teóricas como os ideais mais adequados à realidade".[25]

Husserl recuperava antiga máxima ontológica, segundo a qual "o conhecimento do possível deve preceder o conhecimento do real", porque o real se dá apenas enquanto virtualidade e possibilidade. Compreender o real como ele é implica observar algo em processo de realizar-se e atualizar-se. Por isso, sem a possibilidade, sem a hipótese – sem ficção –, não há realidade.

Entretanto, como aprender a ser real, isto é, a ser o que ainda está sendo? Essa é a questão que o *ator* (interpretado pelo ator Jeff Daniels) põe para o seu personagem (interpretado pelo mesmo ator) em *A rosa púrpura do Cairo* (1985), de Woody Allen: "Você não pode aprender a ser real. É como aprender a ser anão. Não é uma coisa que dá para aprender".

Aristóteles já preferia o verossímil que convencesse ao real que não o fizesse. Wolfgang Iser explica como a distinção entre ficção e realidade não constitui uma dicotomia fácil, se a realidade é algo continuamente formatado e produzido. Entende conveniente substituir a idéia de verdade pela noção de emergência: "Literatura é o lugar de se estudar a emergência".[26] Isso significa que tudo é ficção? Não. Os gatos não são todos pardos, embora todos os gatos, ao lado dos fatos, escapem.

A preocupação de Anthony Minguella retorna: se houve um momento em que a ficção era somente uma vírgula dentro da vida das pessoas, hoje parece que a vida tornou-se uma vírgula dentro do parágrafo da ficção, substituindo-se a vida pelo show (de Truman, por exemplo). O que se quer dizer, apenas, é que a ficção é necessária sempre, condição *sine qua non* não há real, embora o contrário, isto é, o real ser sempre ficção, não seja necessariamente verdadeiro.

Do que tratamos, o rigor pode derivar, ao contrário do que o paradigma cientificista prega, de uma ausência de exatidão, ou seja, de uma obrigação de *sair* do labirinto *de fora para dentro*. A pressuposição da intencionalidade aproxima a fenomenologia da psicanálise. Jean-Claude Beaune dirá que a psicanálise e a fenomenologia trazem em comum a ressurreição de um corpo que dá a si mesmo mecanismos autogeradores de sentido: a *epoché* é similar ao lapso, ao sonho e ao recalque, embora se pretenda processo consciente.[27] No entanto, é problemático compreender a intenção alheia. Sabemos que podemos nos enganar quanto às intenções de outrem, sabemos que outrem pode se enganar quanto às nossas intenções, sabemos que outrem pode se enganar quanto às suas próprias intenções, sabemos que podemos nos enganar quanto às nossas próprias intenções: "Se a consciência fosse pura transparência de si para si, se ela se contivesse toda inteira dentro do instante em que manifesta sua intenção, esta seria perfeitamente dominada e não lançaria raízes fora do momento em que a consciência a formula. Mas a vida psíquica antecede e excede a reflexão consciente".[28]

O autoconhecimento é construção indireta e difícil; parece mais fácil decifrar a conduta alheia, como o prova a facilidade com que se encontram erros no texto de outrem, comparada à dificuldade de corrigir, no texto como na vida, erros que seriam óbvios se não fossem nossos. Por essa razão, aconselha-se a escritores deixarem adormecer seus textos em uma gaveta fechada até que possam olhá-los e revisá-los *como se não fossem seus*. Sartre formulou desse modo a questão: "O meu corpo está aí, não só como o ponto de vista que eu sou, mas como um ponto de vista sobre o qual são atualmente tomados pontos de vista que jamais poderei tomar; escapa-me em todos os sentidos".[29]

Não apenas o mundo é mundo, ou seja, inabraçável, como também o sujeito é mundo, inabarcável. A reflexão se exerce sobre um fundo de irreflexão que não pode ser contido por quaisquer das fórmulas da temporalidade ou da linearidade lógica. A consciência até admite por hipótese o fundo de irreflexão em que bóia, mas não pode recuperá-lo ou tornar suas águas claras, tanto quanto nenhum de nós pode reconstituir sua primeira infância. O inconsciente freudiano parte da aceitação desse fundo, repousando no paradoxo da liberdade do sujeito que não é senhor em sua própria casa. O sujeito freudiano só é possível porque admite um lugar que lhe seja inconsciente, assim como só é livre porque concorda em reconstruir sua significação.

O mundo recebe seu sentido não de um Eu único que porte em si as luzes da razão, mas da pluralidade das consciências. A constituição do mundo torna-se fenômeno intersubjetivo. A procura da intersubjetividade, porém, se por um lado escapa do solipsismo, por outro se atrapalha com as múltiplas sombras entre os sujeitos e de sujeito para sujeito. Reconhecer a dimensão do social que envolve cada *cogito* não pode implicar o abafamento dos rumores contínuos desse mesmo social, que bate surdamente seus tambores para dizer sempre uma outra coisa.

Para que a compreensão do outro seja possível, é preciso que eu me reconheça um outro para o outro, como explica mestre Caeiro: "Ser real é haver outras coisas reais, porque não se pode ser real sozinho; e como ser real é ser uma coisa que não é essas outras coisas, é ser diferente delas".[30] Se não se pode ser real sozinho, a alternativa da imaginação é o fingimento que supõe o *outrar-se*, ou seja, o ser-se outrem.[31] Ora, a única maneira de uma coisa ser outra é a metáfora – o *ser-como* ou o *quase-ser* –, o que significa ou que o homem tem um destino metafórico, ou que ele mesmo já é uma metáfora existencial.[32]

O conhecimento de dentro, intencionalidade pressuposta, supõe *simpatia*, para podermos compreender estados que não experimentamos. A simpatia que afirma o *pathos* alheio supõe, por sua vez, tanto proximidade quanto distância, isto é, tanto ver de dentro como ver de fora. Admitir a intencionalidade não implica relativismo absoluto; não cabe adotar o ponto de vista da divindade, atribuindo significação eterna e imutável às coisas, como também não cabe adotar o ponto de vista que iguala e portanto anula todos os pontos de vista. A história é ainda e sempre um problema de comunicação.

O conhecimento de dentro admite ambigüidades e indeterminações. Isso não significa que não haja evidência comprobatória e demonstração das asserções, mas sim que a evidência não nasce de uma única experiência, nasce da síntese de múltiplas experiências concordantes. Mesmo evidências na aparência concretas, como este livro, essa árvore, aquela mulher, aparecem como um horizonte para o qual tendemos, sem segurança de atingi-lo, mas seguros de que o queremos fazer. Por esta razão, a evidência é provisória: o ser-verdadeiro não é outro senão o ser-que-se-verificou, podendo adiante e algures atualizar-se de um novo modo e sob novo código. Portanto, todo objeto só pode ser captado sobre um *horizonte de indeterminação*, sendo próprio dos horizontes localizarem-se fora de alcance.[33]

Nem o mundo pode ser puro objeto, nem o sujeito pode ser puro sujeito, porque somos, ao mesmo tempo, campo e experiência. Essa circunstância ajuda a explicar por que o existencialismo se fez tão próximo da fenomenologia, ambos aproximando-se por sua vez da ciência contemporânea. Para a física atual, a pedra não cai "porque a Terra a atrai", se já não se acredita nessa ação direta à distância; a Terra, como o ferro imantado, cria ao seu redor algo fisicamente real a que se pode dar o nome arbitrário de "campo magnético".[34]

O conceito intermediário de *campo* supõe relações mais complexas do que as de causalidade. Sartre, por exemplo, inverterá a relação entre o sujeito e a sua consciência como é costume concebê-la: não é o sujeito que justifica a unidade da consciência, mas sim a consciência que torna impossível a unidade do sujeito. A consciência seria por definição *explosão* para fora de si mesma – logo, não pode ser em nenhum caso assimilação do mundo. A consciência é fuga em direção ao mundo, na direção daquele horizonte, a tal ponto que, se entrássemos, por absurdo, em uma consciência, seríamos presos em um turbilhão e lançados fora, pois a consciência não tem "dentro", ela é o fora de si própria, e é essa recusa de ser substância que a constitui como consciência.[35]

A redução fenomenológica torna-se, levada ao limite sartreano, *nadificação*. Questionar implica já produzir um duplo nada, pois a questão obriga o questionado a vacilar na beira de um abismo: o ser está em toda parte, sim, mas cercado em toda parte pelo nada. A existência humana é um projeto, um vir-a-ser, do que se deduz que no homem a existência precede a essência: minha alma é uma maquete de mim, mas montada *a posteriori*. O ato de imaginar é uma espécie de redução que implica constituir um objeto à margem da totalidade do real, mantendo o real à distância.[36] O que se toma por real é sempre aquilo que ultrapassa o real, no paradoxo residindo a possibilidade permanente da experiência estética: *"l'œuvre d'art est un irréel"* – a obra de arte é um irreal ou uma irrealização. Por trás da beleza se encontra a anulação da estrutura do mundo.

A concepção existencialista exige assumir o ser em lugar de recebê-lo de fora como se recebe a água do batismo na cabeça – eis o fundamento da condenação sartreana à liberdade pela qual somos todos obrigados a ser livres. A *mauvaise conscience* deriva da negação da responsabilidade, em última análise da negação do nada de que partimos; a *mauvaise conscience* substancializa a história e faz pesar os acontecimentos, forjando determinações onde haveria apenas a condição de algumas possibilidades. Essa *mauvaise conscience* é também objetivista, no mau sentido que possa ter o termo: ela denega a intencionalidade e transforma relações em objetos fixos, reificando o ser das coisas e dos homens.

A concepção existencialista, ao contrário, considera a emoção não *pari passu* com a razão, mas como forma da razão. Quando o mundo se torna por demais difícil, é preciso transformá-lo, e toda transformação é da ordem da emoção. A emoção é o jogo, a ficção que fabricamos. Trabalhar, pesquisar, digitar, ler, prestar concursos, assumir cargos e funções são jogos constituídos por emoções primordiais, feitos daquelas razões que às vezes a razão força por desconhecer. A emoção da raposa que "torna" as uvas verdes quando não consegue colhê-las, do cidadão que desmaia quando percebe um automóvel se precipitando sobre o seu corpo, substitui isso por aquilo, metaforicamente. As uvas "ficam" verdes para que console a ficção de que elas não fariam mesmo bem, o corpo desmaia para negar o perigo e se conceder um refúgio.

A emoção, justo por ser forma de razão, revela esse caráter paradoxal subjacente a toda ficção, qual seja, ela é-porque-não-é.

Entretanto, há controvérsias. Luiz Costa Lima, por exemplo, questiona a fórmula "l'œuvre d'art est un irréel", porque ela deixa o sujeito solar no trono, sacrificando *apenas* a realidade: "A *mímesis* não só tira do mundo mas lhe entrega algo que ele não tinha". A *mímesis* reconhece que existe algo que ela não controla, ao mesmo tempo que provoca o conhecimento do que não seria, sem ela, acessível. A arte não cura a fratura, mas a expõe até o limite:

> Para que a arte tenha a possibilidade, sempre mínima é verdade, de escapar de um lugar impositivo, os que a pensam devem entender que ela sempre está em um enfrentamento apaixonado com a realidade. Encerrar sua vocação no ato de irrealizar é, paradoxalmente, castrá-la. A arte irrealiza, sim, a unidade do sujeito. Mas a irrealiza para mostrar o sujeito como exposto às suas fraturas.[37]

A arte irrealiza, sim, mas não o real como um todo ou todo o real, mas sim a unidade do sujeito – logo, do real –, para expor as suas fraturas. É neste sentido que um pintor como Francis Bacon afirma que "ninguém sabe o que faz uma coisa parecer mais real do que uma outra". Ao se referir a vários retratos que pintou de um mesmo modelo, percebe que "o que fiz menos literalmente parecido com ele é o que se parece com ele de uma forma mais dramática".[38] A procura da melhor *deformação* é, por paradoxal que pareça, a procura da melhor forma: busca-se menos a forma do rosto do que a sua melhor sombra.

Terry Eagleton entende que a fenomenologia, assegurando mundo cognoscível, repõe no trono o sujeito, dando-o por fonte de todo significado.[39] Deleuze supôs que a fenomenologia fosse pacificadora demais.[40] Lyotard exigia da fenomenologia que ela cumprisse sua intenção de suspender o juízo duvidando das próprias pretensões.[41] O problema central da fenomenologia, para uma concepção marxista, residia no eixo do método, a *epoché*, que ao colocar entre parênteses todo saber prévio procurava fazer o mesmo com a história. A fenomenologia suspende o juízo e com o juízo a história, buscando apreender o fenômeno no instante imediatamente anterior ao que ele seria representado, portanto racionalizado, para escapar à crise do objetivismo racionalista; no entanto, "uma inflexão imperceptível pode transformar este ante-racional num *anti*-racional e a fenomenologia na bengala do irracionalismo".[42]

Husserl quisera antes enfrentar o perigo do objetivismo, ou seja, do racionalismo que aliena antes de esclarecer: descobrindo o mundo como matemática aplicada, desde Galileu a filosofia conseguira ocultá-lo como obra da consciência, o que pressupõe alienação. Tal alienação transforma-se em mal-estar do momento em que a ciência objetiva se apodera do subjetivo, construindo o psíquico sobre o modelo do físico. Descartes, ao interromper a dúvida metódica na sua hora mais crucial, teria nos deixado com dupla herança alienatória. Cabe à fenomenologia reconciliar o objetivismo com o subjetivismo, o saber abstrato com a vida concreta. Para descrever corretamente a experiência do verdadeiro, convém insistir: a verdade não é um objeto, mas um movimento, e só existe se este movimento for *efetivamente feito por mim*.[43]

A síntese de Lyotard mostra que não há resposta para a questão: devemos partir do objeto, pela via do realismo, ou devemos partir do Eu, pela via do idealismo? Ora, a consciência é sempre *consciência de*, assim como todo objeto é sempre *objeto para* (a mesa depende do eu assim como este depende da mesa, mostrando-se realidade concreta a dependência mesma, e não esta ou aquele). Logo, a verdade só pode ser devir, retomando e corrigindo as evidências sucessivas.

Isso parece fácil de dizer, mas não é tão fácil de aceitar: as concepções de verdade parecem exigir a intemporalidade. Ainda que um homem não possa se banhar duas vezes no mesmo rio porque nem o rio nem o homem serão os mesmos, não ocorre a ninguém dar outro nome àquele rio a cada vez que nele mergulha, como não ocorre a ninguém batizar-se novamente a cada vez que toma banho de rio. A "verdade-andando" e o "sendo-humano" funcionam bem na filosofia, mas logo cedem lugar a algum tipo de solução de continuidade platônica.

Vilém Flusser crê que sejamos nós (*knots*) de relações sem nenhum núcleo – nenhum espírito, nenhum *eu*, nenhum *self*, nada que nos identifique. O *eu* seria o ponto abstrato no qual relações concretas se cruzam e pelas quais começam. No lugar de uma pessoa, poderíamos também falar de uma máscara. Mas não se trata apenas de substituir o conceito *eu* pela idéia de uma máscara que aquele eu passaria a vestir, pois continuaríamos pressupondo uma espécie de *hard I* subjacente à máscara superficial. O eu é não apenas aquele que veste a máscara, mas também um *designer* de máscaras para os outros.[44]

A máscara – como a droga, a dança e a pantomima – encontra-se na origem da filosofia.

4

SUSPENSÃO

VILÉM FLUSSER PROPÕE A SUSPENSÃO de nossas principais crenças. A proposta se explicita desde o título ambíguo do seu livro de contos/ensaios, *Natural:mente*. Fala-se "naturalmente", uma palavra só. Mas o "natural", propriamente dito, "mente"; é desta constatação que emerge a obra de Flusser. É possível projetar um mapa e consultá-lo para se orientar na paisagem – ou consultar a paisagem para se orientar no mapa. Todavia, quando se trata de tomar decisões, mapas não servem: "Decisões autênticas são absurdas".[1]

Os mapas de Flusser correspondem às teorias. Não servem ao viajante quando ele precisa tomar uma decisão ou fazer uma escolha, porque toda decisão só se dá no concreto, no que ainda não pôde ser classificado, generalizado ou formalizado. Toda decisão pertence ao campo do impreciso. Por causa disso, torna-se necessário, em dado momento, "jogar fora todos os mapas, sob pena de se pairar no sobrenatural, no teórico, na perspectiva". Jogar fora os mapas (as filosofias, como diz o vulgo) é necessário para permitir decisões – para permitir a emergência de uma palavra ou da obra.

A própria Natureza se oferece como mapa/paradigma da verdade e da beleza. O que não é considerado "natural" também não seria verdadeiro – em conseqüência, é percebido como aberração. Nesse instante é que o *natural* de fato mente:

O mapa não mais representa a paisagem, mas agora é a paisagem que representa o mapa. O mapa não mais serve de instrumento para orientar-nos na paisagem, mas agora é a paisagem que serve de instrumento para orientar-nos no mapa. A verdade deixa de ser função da adequação do mapa à paisagem, e passa a ser função da adequação da paisagem ao mapa. Tal furioso idealismo, inculcado em nós nos ginásios, se exprime na sentença "o mar é azul, e as possessões inglesas são vermelhas". Sob tal visão, vales passam a ser os caminhos pelos quais a água corre em direção ao oceano. Visão "científica", esta?[2]

Diria o próprio Einstein: "A natureza só nos mostra o rabo do leão".[3] A inteligência precisa reconhecer que não pode chegar ao fundo do vale, porque há limites: seres, coisas e acontecimentos invisíveis. Quando os limites não são suportáveis, arrisca-se a loucura. Retorna-se ao alto da montanha para desenhar o mapa que oriente uma nova descida. É no retorno desse Sísifo que mora o perigo: de acreditar que o mapa já é a paisagem e não descer ou subir de novo:

> Quem jamais subiu pelo vale, jamais viveu. Vegeta no plano. A terceira dimensão, a do sublime, lhe falta. Mas quem subiu pelo vale e lá ficou, tampouco viveu. Arrancou suas raízes, é verdade, desalienou-se. Mas ficou no ar, na disponibilidade. Deve decidir-se.[4]

A obra de Vilém Flusser é um convite para descer a montanha em busca da pedra e da decisão, mas toda decisão implica gesto absurdo que lembra o labirinto de Franz Kafka. Os personagens de Kafka abrem portas, atravessam corredores, usam intermediários, subornam guardas, mas não chegam. Por mais que recomecem, retornam ao ponto de partida e não passam do umbral. O que existe além do umbral é algo que só se conhece por ouvir dizer. Não se conhece a lei, mas apenas a história do guardião da lei. Se não existem verdades que não sejam relativas e hipotéticas, portanto suspensas no ar antes de se desmancharem, também o sentido da narrativa não se encontra fora do texto da narrativa – ainda que lá ele nos escape a todo instante. A errância dos personagens reforça a concepção de Flusser: decisões implicam o além do sentido.

Samuel Coleridge propusera, algures, a expressão *the willing suspension of disbelief* – a suspensão voluntária da descrença – para designar a fé poética.[5]

A suspensão da descrença é o movimento que o leitor de poesia precisa fazer para se permitir vivenciar o poema que lê de modo a poder de fato apreciá-lo. Nos termos aristotélicos, como comenta Paul Woodruff, deve-se crer, ao mesmo tempo, que um mal está acontecendo e que não está: "O poeta deve nos fazer reagir a eventos representados no palco como se estivessem de fato sucedendo, de modo a provocar terror e piedade, e como se não estivessem, para que despertasse antes prazer do que dor".[6]

Críticos e professores precisam adiante efetuar uma espécie de *suspensão da suspensão da descrença*, para entenderem o processo que não só faculta como provoca aquela suspensão da descrença e, em conseqüência, aquele prazer catártico que se obtém da dor. Falha o teórico que pula o primeiro nível e não suspende a sua descrença – ele se torna funcionário –, assim como falha se fica preso na primeira leitura, quando ainda não pode haver teoria.

Flusser propõe ainda um terceiro nível: a *suspensão da crença* nos mapas, vale dizer, na teoria, na filosofia e na ciência. Essa *epoché* flusseriana se anunciava no artigo "Esperando por Kafka", que parodia a peça *En attendant Godot* (*Esperando Godot*, 1952), do irlandês Samuel Beckett. Ler aquele artigo hoje passa a impressão de que Flusser antecipava seu próprio esquecimento do Brasil. É necessário retomá-lo para procurar entender como o esquecimento específico de Vilém Flusser do Brasil pode ser menos uma típica ingratidão nacional do que, antes, decorrência do seu pensamento.

No artigo, ele convida o leitor de seu conterrâneo Franz Kafka a tentar assumir uma atitude de simpatia. Concorda que é difícil, uma vez que a obra de Kafka não parece simpática, mas repulsiva. Pede que a nossa simpatia se esforce por atravessar aquela atmosfera repulsiva que derivaria da língua em que Kafka escreve, o alemão oficial e burocrático de Praga, impregnado pelo impacto contínuo do tcheco (de gramática muito diversa).

O filósofo exemplifica com uma das frases-pergunta mais comuns na obra de Kafka: *"Was ist dir in das hinein?"*. Traduzindo para o português, equivaleria a "Que é para ti nisto para dentro?", que significa, quase exatamente: "Não te intrometas", ou "O que você tem a ver com isso?". Ora, ouvir, ou ler, "Que é para ti nisto para dentro?" provoca a mesma sensação de exclusão do que ouvir, ou ler, "Não te intrometas", mas se acrescenta estranhamento adicional que não tem pouca importância literária. A sensação de exclusão se alarga, afetando a gramática interna de quem lê.[7]

Os tradutores de Kafka, atrapalhados com essas construções, terminam por corrigi-las, emprestando fluência ao que Kafka propositadamente truncara. Modesto Carone explica que o idioma germânico praticado em Praga seria uma espécie de língua de cerimônia subvencionada pelo Estado, o que facilita o exame a distância de cada palavra, circunstância que transparece nítida no recuo narrativo, no rigor vocabular e na sintaxe empertigadamente irônica. Adquire o texto de Kafka, em conseqüência, aquela atmosfera pesada que lhe é peculiar. A língua de Praga, *per se* "pesada", oscilaria entre o artificialismo pedante e o barbarismo ridículo.

Da superação da tensão entre tais pólos resulta certa ironia sardônica que chamamos, via de regra, kafkiana. O adjetivo "sardônico" é bem aplicado: caracteriza escárnio ou desdém e, em termos médicos, um riso espamódico. A ironia sardônica é cruel em dobro porque afeta objeto e sujeito: ela é, na raiz, auto-ironia. Kafka "utiliza autenticamente o clima de inautenticidade que lhe é imposto pela língua inautêntica na qual pensa, com a finalidade de destruir essa inautenticidade, destruindo-se a si mesmo nesse processo".

Quer por meio do clima árido e estéril da língua burocrática em *O castelo* e em *O processo*, quer por meio do clima da conversa familiar e burguesa em *A metamorfose*, abre-se abismo intransponível entre a forma e o significado das frases. A mensagem, cifrada, assume o caráter de um código; se a mensagem aponta para tragédia insuportável, o código afigura-se ridículo e grotesco: da incongruência entre código e mensagem surge a vivência do absurdo. A história de *A metamorfose* parte da tragédia do personagem e sua família no contexto da exploração e alienação burguesas, mas, como é contada pelo ponto de vista do caixeiro-viajante *insetizado*, mostra-se grotesca. Entretanto, o leitor não ri; resulta um ríctus de horror contido que mal aflora à consciência: persiste, quase à superfície, latejando.

A mensagem que Kafka lançou em nossa direção ainda não teria nos alcançado em cheio. Essa mensagem seria prematura ou profética (embora o Deus das suas profecias estivesse nu). Suas situações narrativas básicas (pais que fogem à perseguição impessoal de funcionários insignificantes, procurando a morte certa e abandonando filhos aos perseguidores; homem que perde a identidade e torna-se parafuso dentro de um aparelho) agrupam-se ao redor de uma situação mestra: a do homem esquecido pelo aparelho administrativo onipotente, mas relaxado e incompetente, homem que se esforça sem sucesso, e sem o mínimo sentimento de revolta, em fazer-se lembrado. Kafka ensina que a vida humana é uma procura frustrada, sem orgulho, do saber. A vida humana nada teria de heróica. O homem não seria rebelde. A procura à qual nos dedicamos não passa de tatear dócil e humilde. O saber que procuramos é o da nossa própria perdição e futilidade.

Essa ordem de idéias não concorda com a imagem do homem que estamos acostumados a projetar, não concorda com as sucessivas capas de herói que jogamos sobre os ombros – mas concorda com a vivência íntima que temos de nós mesmos nos momentos de recolhimento. Em outras obras, Flusser vai aprofundar a contradição visceral entre a imagem pública grandiloqüente e retumbante que o ser humano projeta de si mesmo em suas filosofias, utopias e burocracias e a vivência íntima, assustada, amesquinhada, que cada homem e mulher tem de si mesmo quando cai "em si".

Kafka ensinaria, ainda, que as forças superiores, divinas, são uma máquina administrativa superorganizada na hierarquia, mas pedante, corrupta, malconservada e nojenta. Esta idéia da Divindade como coisa corrompida soa repulsiva tanto para um crente quanto para um ateu, mas concorda de novo com a vivência íntima que temos das forças que nos regem. Senão, "por que rezamos, a não ser para corromper uma instância inferior da hierarquia divina"; por que nos ajoelhamos, a não ser para enganar um funcionário celeste vagamente encarregado do nosso caso? Por que praticamos boas obras, senão para obter "um lançamento a crédito na nossa conta corrente celeste, temendo, ao mesmo tempo, que algum contador incompetente faça o lançamento errado"?[8]

O Deus de Kafka, quando encontrado, revela-se o nada. No lugar em que a fé postula Deus, a vivência kafkiana descobre o abismo do nada. O pensamento sente vertigem porque percebe que "Deus não passa de uma reflexão desse próprio pensamento na superfície calma e abismal do nada, à beira da qual o pensamento agora se encontra". Esta seria, *in nuce*, a mensagem de Kafka:

"O Deus pedântico, superorganizado, ridiculamente falível, e que tem nojo e tédio de si mesmo, não passa de uma série progressiva de reflexões do pensamento humano sobre o nada". O nojo e o tédio seriam o lado avesso da angústia, enquanto Deus seria o lado avesso do pensamento. Deus seria, por conseguinte, o próprio centro do labirinto. Em algum momento, Ele teria, de fato, o rosto do Minotauro.

É possível reverter os atributos encontrados por Flusser na narrativa e no pensamento de Kafka, atribuindo-os ao texto e ao pensamento do próprio Flusser. Como Flusser nos convida a esperar por Kafka, esse trabalho estaria convidando os leitores a se preparar para esperar por Vilém Flusser. Mas é preciso cuidado, pelo menos tanto quanto Flusser teve com Kafka, cuja obra acumulou equívocos de interpretação.

Max Brod, seu amigo, privilegiou a vertente mágico-religiosa que enxergava em cada frase a premonição e a profecia, desqualificando a ironia. A direita, representada pelo nazismo que ocupou a Tchecoslováquia de 1939 a 1945, proibiu todos os seus livros por pertencerem à "arte degenerada de uma raça inferior". A esquerda, representada pelo comunismo, também censurou todos os livros de Kafka por entendê-los "decadentes, niilistas, pequeno-burgueses, alienados e alienantes". Para tanto, ainda contou com o aval indireto de um dos maiores teóricos da literatura do século, o húngaro Georg Lukács.

A dificuldade de interpretar Kafka deriva, provavelmente, do dilema em que seu texto coloca quem o lê, fazendo-o ver-se se vendo – o que não poderia ser possível. De algum modo, Kafka interpreta a interpretação moderna e assim amarra o leitor dentro do círculo hermenêutico, e não fora: "Os relatos de Kafka são a *Gegenbildung* (contra-imagem) da modernidade, na medida em que põem em questão e parodiam a conexão moderna entre formação do eu e fundo racional. Se Kafka é um dos maiores ficcionistas do século é porque sua imaginação produtora soube intuir que a *mímesis* tem uma relação paradoxal com a verdade".[9]

Esse (ab)uso da verdade assustou, a seu tempo, a direita e a esquerda. Mas se hoje Kafka não é mais proibido, sua desqualificação se dá quando se traveste de homenagem. Em aeroportos e estações de trem, em Praga, vendem-se, à guisa de *souvenir*, camisetas com o rosto e o nome do escritor. No cemitério judeu de Straschnice, onde se encontra enterrado, grupos do mundo inteiro visitam seu túmulo, deixando bilhetinhos do tipo: "A tua solidão é a minha; ajuda-me, Maria" e "Eu desejo para mim que a menina que eu gosto goste também de mim, assinado, Kristian".

As proibições nazistas e comunistas ou as peregrinações de turistas ao seu túmulo, o que é pior? O que seria mais irônico? Nessa ordem de reflexão, faz sentido aproximar Flusser de Kafka, com o cuidado de não transformar o filósofo numa fonte de *souvenirs*.

Não viveram na mesma época: Vilém Flusser nasce em 1920 e Franz Kafka morre em 1924. Mas, de resto, as semelhanças são incômodas. Ambos são judeus, intelectuais e escreveram naquele alemão burocrático. Ambos nasceram e morreram em Praga. Para Flusser, tudo o que brotou das ruas tortas de Praga, às margens do seu rio torto, indicia a secular procura de Deus através do Diabo: todo o caminho de Kafka.

Vilém vê Praga como uma cidade situada nas fronteiras: entre o gótico e o barroco, entre os alemães, os tchecos e os judeus, entre a fé e a demonologia.[10] Em Praga, o espaço aberto se encontra ligado ao ambiente privado por passagens internas que levam, por baixo de abóbodas, de uma rua a um pátio ou de um labirinto a outra rua. As passagens internas da cidade sugerem vasos comunicantes que articulam o convívio da cidade ancestral com a metrópole.

Dessa topografia incomum tira proveito a trama kafkiana: o tribunal que persegue Josef K. tem acesso a qualquer domínio público ou particular, invadindo sem cerimônia a moradia do herói, emergindo sem aviso na sala dos fundos de uma casa de cômodos, deslocando sem transição cartórios para sótãos imundos, baixando a condenação numa catedral gótica mergulhada no escuro. Nos apartamentos da cidade não é incomum que um espaço entre no outro, como o quarto de Gregor Samsa que, através de portas sem corredores, põe o inseto rejeitado em contato direto com o quarto dos pais, o quarto da irmã e a sala de jantar.

Mas a principal fronteira de Praga, para Flusser, é aquela que divide os espíritos em intelectuais e meditativos, forçando-os a coexistir com igual força, o que produz cinismo voltado tanto contra o intelecto quanto contra a intuição. À acusação corrente de que o povo de Praga coopera com qualquer sistema de governo, o filósofo responde: "É uma cooperação oportunista, irônica, cínica, feita com uma reserva mental nunca percebida pelo potentado". Esta mistura de cooperação e resistência pode ser encontrada tanto no guarda como no camponês do conto "Diante da lei", de Kafka; é a mesma cooperação-resistência que manifestava Gregor Samsa, em relação à exploração do seu patrão e do seu pai, em A *metamorfose*, a tal ponto cooperativa que punha pelo avesso toda a exploração.

Gregor devia ser tratado como um inseto, devia conformar-se com isso, mas não podia perder toda a aparência humana e tornar-se ele mesmo gigantesco e nojento inseto, a escorrer gosma quando recebeu nas costas a maçã do paraíso familiar. Só que ele se tornou como o viam, transtornou-se em discurso, no discurso que o cercava, e por isso se tornou insuportável. A desobediência de Gregor Samsa ganha a forma contraditória de uma adesão ensandecida. O personagem desobedece por excesso de obediência. Ao submeter-se às forças que o alienam, dá-lhes uma vitória de tal modo radical que as desmascara e anula.

Os interesses do regime capitalista (ou, na nomenclatura de Flusser, do *aparelho*) exigem insetos apenas simbólicos. A metamorfose alienadora não pode destruir a mecânica da condição humana, não pode *deletar* os ritos formais da pessoa, embora a estes nada corresponda de vivo, original e profundo – de autêntico. Quando, num ato de terrorismo ingênuo, Gregor transforma-se em um inseto, destrói as regras do jogo social, porque as leva à última conseqüência. Até o momento da metamorfose, Gregor padecia de um câncer psicológico, social e existencial. Ao se transformar, "passou a ser o próprio câncer, liquidou-se como pessoa para, através desse ato de desespero, desobedecer e acusar".[11]

Ora, da mesma maneira, a metonímia – Gregor no lugar do *lumpen* tcheco – não podia se metamorfosear em metáfora – o inseto no lugar de Gregor – para ser congelada por Kafka e narrada despida de todo ornato. Só que foi esta a solução do escritor, abrindo a novela com a metáfora: *"Als Gregor Samsa eines Morgens aus unruhigen Träumen erwachte, fand er sich in seinem Bett zu einem ungeheueren Ungeziefer verwandelt"*[12] – "Quando certa manhã Gregor Samsa acordou de sonhos intranqüilos, encontrou-se em sua cama metamorfoseado num inseto monstruoso".[13] No entanto, a partir da segunda frase, descarta o procedimento metafórico e narra os acontecimentos metonimicamente, sem nenhuma concessão à metáfora original.

A metáfora original apenas lateja, por toda a história, como monumento de seis patas à inautenticidade do discurso. Franz Kafka não viu a invasão do seu país em 1939. Mas via bem, na Europa do entreguerras, o crescimento continental do ódio aos judeus, bem como a impotência cada vez maior do indivíduo em frente dos ditames absurdos do Estado e das leis. A paixão desvairada de um suboficial de uma penitenciária por sua máquina de execução, narrada no seu conto "A colônia penal", parece simbolizar a doença do século.

Vilém Flusser viu a invasão do seu país em 1939, fugindo em março – no mesmo mês da chegada de Hitler. Soube dos 36 mil judeus (dos 40 mil que viviam em Praga na época) que foram mortos nos campos de concentração. Talvez se possa considerar a sua mensagem tão prematura quanto a de Kafka: as suas idéias e o estilo com que as monta não encontram de imediato os melhores interlocutores.

Gabriel Borba, assistente de Flusser na Fundação Armando Alvares Penteado, comenta *à la Flusser* o seu estilo: pede para que se imagine um tapete estendido no chão; depois, que se tente levantá-lo (imaginariamente) segurando com dois dedos por um ponto qualquer. Não importa por que ponto se comece o exercício, dependendo do esforço e da perseverança o tapete será erguido inteiro. Mas os novos desenhos que surgem da padronagem original do tapete, pelas dobras que vão se formando ao ser puxado, dependem, sim, do ponto que se escolhe para puxar. Além disso, muitas vezes já se têm novos desenhos satisfatórios a meio caminho da puxada, não sendo necessário levantar o tapete inteiro.

Esse seria o estilo de Vilém Flusser: os pontos por onde se segura o tapete imaginário seriam como que pílulas de assunto: *reflexemas* formados ao sabor da argumentação, com o poder de remeter a universo mais amplo. Tais reflexemas se mostravam ágeis para a argumentação, prestando-se a construções retóricas estonteantes.[14]

Tome-se, por exemplo, do livro *Natural:mente*, a entrada do capítulo "Vacas": "São máquinas eficientes para a transformação de erva em leite". A passagem mostra o modo sincopado e inesperado que tinha de expressar suas convicções, válido tanto para as aulas e conferências como para os textos. Gabriel, que assistia às aulas da manhã e as reproduzia à noite, como um antigo professor assistente, reconhecia o valor didático do estilo flusseriano que, por não ser feito de axiomas, sequer de proposições, encontrava-se aberto a interpretações, alterações, acréscimos e reduções. O sistema funcionava como se eles tivessem à disposição um desses programas de computador atuais, especiais para compartilhar arquivos entre vários usuários.

A descrição de Gabriel Borba sugere um pensamento generoso, no sentido etimológico do termo: aquele que gera e engendra outros pensamentos. No entanto, se o pensamento de Vilém Flusser revela essa generosidade e é tão claro, como se espera que as citações ajudem a demonstrar, por que teria sido esquecido aqui no Brasil?

Seu estilo, visceralmente polêmico, irritava os adversários e assustava os amigos. A falta de luzes, bem representada pelos óculos escuros do general que assinou o Ato Institucional nº 5 em 1968, forçava a enxergar o país em, no máximo, dois tons, deixando os filósofos espremidos entre a crítica e o engajamento.

Um dos seus adversários qualificados foi o professor José Arthur Giannotti. Giannotti assume que era defensor radical do pensamento racional, preocupado que estava em formar professores de filosofia no Brasil atentos à necessidade do rigor, enquanto Flusser parecia reatar com a tradição ensaísta e mais imaginativa da filosofia. Giannotti se considerava um técnico interessado em construir no país a carreira de filósofo. Era preciso formar gente para lecionar, por isso rejeitava-se a criatividade de gente como Oswald de Andrade, que tentou prestar concurso para lecionar filosofia e apresentou uma tese sem as técnicas mínimas do trabalho filosófico. Giannotti lembra da tese de Oswald, "belíssimo texto literário de umas oitenta páginas", mas uma mistura de Engels com Bachofen mal sustentada por bibliografia sucinta, do tipo "Aristóteles: obras", "Kant: obras", e assim por diante.

Flusser, comparado portanto a Oswald, provocava o professor Giannotti pela capacidade que tinha de escrever em língua portuguesa e de propor novas idéias em um novo estilo, mas o incomodava pelas mesmas razões e pela sua capacidade de, diria Giannotti, não chutar no gol – "E nós queríamos placares bem definidos, jogos muito bem ganhos e que, no final da partida, soubéssemos quem eram os vencedores e quem eram os vencidos". Considerava o estilo de Flusser como "literopensante", e não filosófico, porque a filosofia deveria passar por uma disciplina do texto que Flusser desdenhava. Naquela época, Giannotti queria ver o mundo ou da perspectiva de Aristóteles ou de Kant ou de Husserl, não admitindo o narcisismo de aceitar todas as coisas refletidas pelo próprio olhar.

Reconhece, porém, que a força desse pensamento técnico se esgotou, terminando por engessar o pensar. Ele mesmo aconselha a seus últimos alunos que procurem mais o ensaísmo e abandonem a tese como forma, porque a *grand thèse* francesa não dá mais conta das questões presentes. A partir daí, faz o elogio final a seu antigo adversário: "Eu tenho a impressão de que o Flusser esteve no Brasil fora do tempo. Hoje ele seria um autor muito mais importante do que foi naquela época".[15]

Giannotti lembra que, a partir do Golpe de 1964, a política cavava fossos profundos entre as pessoas e as opiniões. Flusser, no entanto, continuava navegando entre todas as correntes, amigo, por exemplo, de Decio de Almeida Prado e Vicente Ferreira da Silva, além de freqüentar as pessoas ligadas ao Instituto Brasileiro de Filosofia, cujos integrantes teriam apoiado o regime militar e os atos institucionais. Aquela liberdade não se podia aceitar com tranqüilidade, até porque se lutava pela liberdade.

A polêmica mais séria entre eles, entretanto, não foi política; travada nas páginas de O *Estado de S. Paulo*, teve como tema a primeira tradução, para o português, do *Tractatus logico-philosophicus*, de Ludwig Wittengestein, em 1968, realizada por Giannotti. Flusser discordou com veemência das soluções do colega, entendendo que ela sofria de enormes defeitos, com o que, hoje, Giannotti parece concordar, embora não pelas mesmas razões. Uma nova tradução do *Tractatus* para o português foi realizada anos depois por José Henrique Santos, aluno de Giannotti, com um refinamento que não se poderia ter "porque nós não conhecíamos o Wittgenstein que conhecemos hoje, nós não conhecíamos todo o panorama em que Wittgenstein estava inserido".

A discussão começa desde a tradução do primeiro aforismo – *Die Welt ist alles was der Fall ist* – e que Giannotti traduziu por *o mundo é tudo o que acontece*. Flusser objetava: não, é preciso manter *o que é o caso*. Giannotti achava "*o mundo é tudo que é o caso*" muito violento na língua portuguesa corrente, que devia ser a língua do Wittgenstein. A objeção de Flusser foi: "Ah, você está fluidificando o que acontece, sendo hieraclitiano quando isso não é o caso do Wittgenstein!". A solução do filósofo paulista seria inadequada por haver transformado sentença de grande originalidade em lugar-comum; logo, o problema central para Flusser não era o da fidelidade ao original, mas o do empobrecimento.

Hoje, Giannotti concorda com a solução de Flusser – José Henrique Santos a adotou na tradução atual –, mas não concorda com o argumento. A seu ver, é preciso traduzir para *o mundo é tudo o que é o caso* porque é preciso manter a noção de caso, se a relação que se estabelece é entre regra e caso. Então, o mundo é tudo o que acontece *segundo a regra, acontece como caso da regra*.

No artigo "Do caso" (provavelmente inédito), Flusser pergunta: "Mas o que é o caso?". Sua resposta empresta caráter dinâmico à expressão de Wittgenstein que, soando estranha em português, no entanto remete à fala cotidiana:

> A resposta sugerida pela etimologia é esta: o caso é aquilo que caiu. O termo "caso" não passa de uma latinização do termo "o caído". Esta resposta mergulha a nossa especulação no clima teológico, com efeito no clima da teologia protestante. O mundo é tudo que caiu. É um bom ponto de partida. Duvido que seja o ponto de partida wittgensteiniano. Pouco importa. Resolvemos (não é verdade?) filosofar por própria conta. Continuemos. Tudo é o caso. Que pretendo se digo "não é o caso"? Pretendo negar algo num determinado contexto, mas não absolutamente. Se digo: "agora não é o caso de comer mas de escrever um artigo", digo: "comer é um caso, escrever é outro". Agora caiu escrever na prova chamada "vida" (para recorrermos à terminologia escolar). Amanhã cairá o comer, e este será o caso. A "vida" é uma caminhada de caso em caso. Uma caminhada pelo mundo que cai, qual chuva de granizo, em forma de casos. O mundo incide sobre mim em forma de casos. A incidência de casos sobre mim: isto é o mundo.

Em outro trecho do *Tractatus*, na proposição 4.121, Giannotti traduzira *Was sich in der Sprache spiegelt, kann sie nicht darstellen* por *Não é possível representar o que se espelha na linguagem*, em nova fuga do problema wittgensteiniano. A tradução correta seria *A língua não pode exibir aquilo que se espelha nela*, o que é bastante diferente, uma vez que recoloca a língua como sujeito (que na solução de Giannotti se indeterminara) não apenas da frase mas, principalmente, do humano. Sem entrar no mérito dessas divergências, porque demandaria estudo que foge ao objetivo presente, observe-se que a acusação de fluidificação partindo de Flusser para Giannotti equivale àquelas que Giannotti fazia a Flusser – isto é, ambos parecem ter procurado com afinco o rigor, apenas entendendo por rigor coisas diferentes.

Não é preciso tomar partido entre o escolástico Giannotti e o irreverente Flusser, mas pode-se afirmar que a filosofia com que estamos trabalhando não era de modo algum fascista. Recusava-se progressista, é certo, porque via no mito do progresso, com tinturas destras ou canhotas, a mesma *hybris*. Ao comentar a obra de Vicente Ferreira da Silva, admite que alguns aspectos do seu pensamento teriam nascido do mesmo húmus do qual brotara o nazi-fascismo, a saber, o romantismo alemão e suas conseqüências nefastas. Logo, Vicente se prestaria, sim, à interpretação filofascista por espíritos politicamente ingênuos (entre os quais incluía o próprio Vicente), mas considerava o pensamento do amigo inassimilável por qualquer fascista, já que "fascismo pressupõe ou falta de inteligência ou má-fé patente".[16] Em carta dramática para a viúva de Vicente, Flusser dá um bom exemplo de sua maneira de ler a pessoa e a política:

> Não recrimino em Vicente não ter ele percebido o evento central da nossa época, Auschwitz, como crime medonho. Recrimino não ter ele percebido que Auschwitz era tudo o que ele deveria ter combatido de acordo com o seu próprio estar-no-mundo: aparelho administrativo, vulgar, antifestivo. Não recrimino nele a falta de engajamento nos valores da decência e da dignidade: isto não estaria em concordância com a visão que tinha dos valores. Recrimino que Vicente tenha traído a sua própria análise do estar-no-mundo humano ao não se ter engajado contra a vulgaridade massificante e romanticizante daquela sujeira nojenta que era a pequena burguesia fascista. A meu ver, tal leitura errada dos anos 30 falsifica toda a posição de Vicente. Pensador penetrante e honesto, com aguda sensibilidade estética e

filosófica, permitiu ele ser obnubilado pelo que havia de mais desprezível em Heidegger e em poetastas de segunda categoria como era George. Havia, em Vicente, duas rupturas: uma entre a análise ontológica e a posição política, entre o desvelamento do Ser e a tolerância da obnubilação pela demagogia, e outra entre a posição política e seu estar-no-mundo palpitante e aberto. Tais duas falhas trágicas fazem com que Vicente seja testemunha da trágica convulsão intestina que caracteriza o centro do nosso século (1930-1960), e fazem com que Vicente não possa servir de guia na atualidade, embora sua visão das coisas tenha sido tão penetrante.[17]

Na primeira versão de *Bodenlos,* escrita provavelmente pouco antes de sair de vez do Brasil, Flusser mostra como a acusação de "direitista" o incomodava:

> Minha atitude crítica era tomada, pela juventude, como reacionária, e eu sofria com isso. Combatia a radicalização esquerdista, para mim barata e irresponsável. Isto me rendeu o rótulo de "direitista" por parte dos intelectuais de esquerda, rótulo do qual jamais consegui libertar-me. Dois aspectos eram comuns a todas as formas (de rebeldia): ofereciam perigo pessoal e eram inteiramente ineficientes. Simultaneamente, a juventude passou a ser vítima de agitadores irresponsáveis que se aproveitavam da situação para perseguir metas que a própria juventude ignorava. Destarte, a juventude acadêmica passou a bola de pingue-pongue entre agitação e repressão, e ia-se desestruturando. Diariamente desapareciam alguns entre eles, e o medo e o desespero tomavam conta deles. O embrião da nova cultura ficou assim abortado. (...) Restavam-me duas alternativas: fingir que sabia de uma saída, ou admitir minha impotência, ambas impossíveis. *Minha tarefa de professor tinha cessado.*[18]

O grifo é dele: *"Minha tarefa de professor tinha cessado".* Isso significa que até então empenhara-se, mais do que politicamente, existencialmente, em sua tarefa de professor.

A pedra que carregava o cansava. A quantidade indigestível de comentários "políticos" nos jornais parecia indicar consciência política da sociedade, mas o que articulava não seria qualquer senso de responsabilidade intersubjetiva, e sim curiosa mistura de sensacionalismo lúdico, revolta econômica privada e tentativa de racionalizar a própria impotência em face das decisões dificilmente localizáveis e analisáveis. A discussão política, indigente, estaria a revelar precisamente falta de politização.

Avalia-se dramaticamente: "Minha falência enquanto brasileiro não é a minha única derrota. Falhei igualmente enquanto judeu, e enquanto engajado nos valores da esquerda. Talvez minha atividade de ensaísta tenha tido resultado um pouco mais positivo, mas não ouso esperá-lo. O confronto com a morte tem isto de positivo: obriga a olhar-se no espelho".[19]

O vínculo entre política e estética é angustiadamente retomado em dois contos/ensaios das suas *Ficções filosóficas*: "Comunicação I" e "Comunicação II, ou: a segunda face da moeda".

No primeiro conto, um intelectual tcheco (que seria e não seria o próprio Flusser, como sói acontecer nas narrativas ficcionais) se encontra preso na mesma cela que um outro, que o intelectual imagina criminoso, e pensa em como estabelecer um mínimo de comunicação com ele, acabando por escolher frase banal para entabular o contato. No segundo conto, a voz pertence ao outro personagem, na verdade um guerrilheiro que já fora filósofo e lógico. Ele também pensa em como estabelecer um mínimo de comunicação com aquele que supõe intelectual imerso em meditação profunda, verdadeira torre de marfim metafísica, acabando por se surpreender com a frase escolhida pelo primeiro.

Mostrando auto-ironia muito forte, a frase com que o primeiro prisioneiro tentava entabular comunicação foi: "Mulhé faz falta à gente, não é?". A resposta do guerrilheiro que um dia fora filósofo então só poderia ser: "É".

A incomunicabilidade é a tônica dos contos intitulados "Comunicação I" e "II". Flusser, que conhecia na versão nazista o que o Brasil vivia, recusava o clichê da vítima ou do herói indignado, intelectual capacitado a orientar as massas ignaras e oprimidas na direção do sol democrático, obrigando-se a compreender a lógica do aparelho que permitira Auschwitz e permitia o DOPS (Departamento de Ordem Política e Social) brasileiro. Entretanto, sabia o quanto não sabia: seu companheiro de cela, metonimicamente representando seus colegas de academia e circunstância, não podia enxergá-lo no "escuro", como ele (ou seu *alter ego* aprisionado) não podia ver o rosto do outro.

A frase que o primeiro personagem escolhe é antes de tudo patética, fragilizando quem fala, quem escuta e quem os lê. O monólogo interior do guerrilheiro-professor padece da mesma dificuldade de compreender aquele que se encontra tão perto e se dá tão estranho, mas o contato estreito com a morte de amigos e de muitos o torna pelo menos disposto a exclamar, com autenticidade, a palavra "merda". É dessa merda, nem apenas brasileira ou européia, que se fala.

É dessa merda que falava o químico Primo Levi, lembrando o momento em que, preso há meses em Auschwitz, reconhecido como um *Häftling* de número 174517, defrontou-se com o *Doktor* Pannwitz que lhe faria perguntas sobre química. Era a sua chance de revelar-se "útil" para não ser morto; era também a sua chance de perceber a distância imensa entre dois homens tão próximos: "Se eu soubesse explicar a fundo a natureza desse olhar, trocado como através do vidro de um aquário entre dois seres que habitam dois meios diferentes, conseguiria explicar a essência da grande loucura do Terceiro Reich".[20]

Os problemas da recepção do pensamento de Vilém Flusser no Brasil não traduzem apenas conjunto de limitações nossas. Tais problemas estavam ligados às problematizações que ele efetuava e à circunstância em que pensava. Quando se radicou na França, sofreu do mesmo silêncio e descaso. Fred Forest, pioneiro da videoarte na França, também protesta: "Brilhante, excessivo e extático, ele teve todas as qualidades necessárias para assustar os intelectuais de gabinete em seus ternos e gravatas. É por isso que ele foi marginalizado na França. Sua personalidade, seus paradoxos e seus gestos diferiam muito das afetações acadêmicas na terra de Descartes".[21]

Amigos de Vilém Flusser desenham a imagem de personalidade exuberante mas intimidadora. Alan Meyer conta que, depois de briga dura e desagradável, Flusser telefonava para a pessoa no dia seguinte, afirmando que precisavam continuar a discussão: ele não se ofendia nem achava que tinha ofendido, indo ao fundo do problema ainda que o problema fosse muito pessoal. O caráter afirmativo do seu pensamento passava pela necessidade do reconhecimento do caráter *negativo* de todo pensamento.

Rainer Guldin, que em Lugano estuda como Flusser trabalhou e reformou a língua alemã (sua inimiga íntima), relaciona aquele caráter à atração pelo diabo e pelo nada, na medida mesma em que o espírito é e só pode ser o sempre-negado – *der Geist, der stets verneient*. Wolfgang Iser já dissera, a respeito da compreensão da obra de arte, que o valor estético só pode ser "uma qualidade negativa, que se mostra no que provoca".[22] As experiências de leitura como as de vida são momentos primeiro de *desaprendizado* e de *perda*, minando o que se sabe para se poder saber o que não se sabia, como na fórmula de George Bernard Shaw: "Você aprendeu alguma coisa; isso parece, no primeiro momento, como se você tivesse perdido alguma coisa".[23] Ou, como pontuara Mikel Dufrenne: "O espectador também se aliena no objeto estético, como se sacrificasse a si mesmo em consideração daquele objeto, e como se isso fosse um dever que ele devesse cumprir. Ainda, perdendo a si mesmo desta maneira, o espectador encontra a si mesmo".[24]

A transformação do leitor na leitura é da ordem da negação de si mesmo; não à toa, no século XVII a leitura de romances era considerada uma prova de loucura. Do caráter negativo da leitura e do pensamento advém a necessidade do confronto e da polêmica. Quando se insiste no confronto de idéias, não é incomum a acusação de grosseria, até porque entre nós o consenso é procurado como o cálice do Santo Graal. O estilo contundente corre o risco da parcialidade, mas fecunda o adversário e demais interlocutores com questões-cunha. Dessa maneira, o discurso de Flusser termina por honrar os adversários.

Dora Ferreira da Silva fez retrato poético dessa personalidade que buscava com sofreguidão o diálogo, no poema "Retrato de amigo":

> Olhavas – óculos na testa –
> e vias com a lupa da alma
> calando mistérios.
> Bastava a tarde
> que dizia a superfície das coisas.
>
> A luz se espreguiçava no terraço
> com seus dedos de sombra. Amigos
> iam chegando, a festa do pensamento
> se iniciara. Conceitos fugiam
> (ou símbolos)
> e eram capturados na tapeçaria do dia
> quase findo. Cachimbo na mão
> investias contra argumentos
> vacilantes e os deitavas por terra.

> Amavas decifrar o sutil e ambíguo,
> erguias paradoxos cambaleantes.
> Nomes não davas
> acaso os suprimias e ao chão em que andavam –
> *Bodenlos* – assim olhavas o esvoaçar
> de gente, pensamentos. *Bodenlos*.
> Enfim te atiravas à poltrona segura –
> sorrindo – em silêncio.[25]

A última estrofe de Dora detalha a *epoché* flusseriana, sua suspensão cotidiana dos mapas: o gesto de erguer paradoxos cambaleantes associado à recusa em dar nomes para tirar o chão de baixo do interlocutor. No limite, o cachimbo e um sorriso silencioso.

5

IRONIA

Desde minha primeira infância, uma flecha de dor plantou-se em meu coração. Enquanto nele permanecer, sou irônico – se a arrancarem, morro.[1]

AS FRASES DE SÖREN KIERKEGAARD são suficientes para dimensionar a ironia. Vizinha da comédia, começa e termina na tragédia. Sabendo-se que por trás da realidade, como do espelho, não há nada, resta o exercício melancólico da ironia. Suspeitar, principalmente de si mesmo, é preciso – mas dói.

Antoine Compagnon definira a teoria não apenas como uma escola de relativismo, mas também como uma escola de ironia.[2] A ironia se define pela formulação do dever-ser como se já o fosse quando o interlocutor sabe que não o é. Ao se afirmar uma falsidade que o interlocutor sabe que é uma falsidade, o contexto e suas pressuposições desfazem a falsidade e a transformam em uma verdade – irônica. Como na melhor ficção, o interlocutor e o leitor sabem que se diz "metáfora" querendo dizer "coisa", dentro de um jogo de faz-de-conta-que-eu-não-sei-o-que-eu-sei, que por sua vez é não apenas intelectualmente estimulante como epistemicamente necessário.

Merleau-Ponty vai um pouco além: "O sentido está para além da letra, o sentido é sempre irônico".[3] Levar esta formulação ao pé da letra supõe relações lúdicas com a filosofia – por isso Nietzsche terá sugerido, com mordacidade, que se tentasse classificar os filósofos de acordo com a qualidade do seu riso, o que aproxima a ironia do ceticismo: "O cético inquieto é um humorista em potencial; e o humorista em ato é um praticante lúdico do ceticismo".[4]

Flusser distingue a ironia barata, quando se disfarça sem necessidade, da ironia que deve "custar os olhos da cara". A ironia exige ouvido atento porque é empregada numa batalha chamada "agonia", como o prova a autoironia. O fraco, para defender-se do forte, corta-se ironicamente em pedaços, terminando por mostrar ao forte o quanto ele é fraco ao oprimir o fraco. Quando um judeu, à época do nazismo, brincava noticiando que um pastor alemão havia sido mordido por um agiota judeu, a ironia era a arma da sua agonia, atingindo a si mesmo como ao outro. A ironia, quando sabe voltar-se sobre si mesma, mostra não apenas o quanto é fraco o forte, mas também o quanto é forte o fraco.[5]

A ironia é arma lingüística contra o nada: ficção contra ficção. A vida "é a ficção *não há morte*, e o pensamento é a ficção *não há vida*".[6] Vivemos negando a morte e construímos a civilização, a família, este livro, o futebol e a cerveja aos domingos. Pensamos negando a negação anterior, tentando frear o fluxo do sempre diferente num quadro de categorias compreensíveis, vale dizer, comprimidas. Quando nos definimos como os únicos seres vivos que se sabem mortais (os elefantes que caminham à beira da morte para o mesmo lugar obrigam a duvidar também disso), nos distinguimos como seres irônicos. A vida animal, nessa perspectiva distintiva, é uma ficção séria – teatro triste. A vida humana, na perspectiva mais elevada, não deixa de ser o mesmo teatro, mas pode superá-lo como paródia quando assume a ironia como atitude existencial.

Dentre os livros de Flusser, aquele desde o título irônico é *A história do Diabo* – para Milton Vargas, trata-se da sua obra-prima. É o primeiro livro que escreveu, em alemão, traduzindo-o mais tarde para o português. Parodiando textos sagrados, faz um longo elogio do Diabo, "príncipe tão glorioso" que a tantos entusiasmou no decorrer da história humana, em louvor do qual tantos enfrentaram as chamas "com dedicação ardente". Procura, seguindo o seu método, suspender os nossos preconceitos a respeito para tentar conhecer, ao menos em parte, esse personagem – que identificará com a própria História:

"É possível a afirmativa de que o tempo começou com o diabo, que o seu surgir ou a sua queda representam o início do drama do tempo, e que *diabo* e *história* sejam dois aspectos do mesmo processo".[7]

Chama de "influência divina" tudo o que procure superar ou negar o tempo, e chama de "influência diabólica" tudo o que procure preservar o mundo no tempo. Concebe o Divino como aquilo que age dentro do mundo para dissolvê-lo e transformá-lo em puro Ser, logo, em intemporalidade. Por oposição, concebe o Diabólico como aquilo que age dentro do mundo para preservá-lo, evitando que seja dissolvido. Forçando um pouco os termos, o Diabólico é ôntico enquanto o Divino seria ontológico. Do ponto de vista de Deus, o Divino é criador, claro, enquanto o Diabólico é o aniquilador – mas, do ponto de vista do homem no mundo, o Diabo é o princípio conservador e Deus é o princípio destruidor. Cabe ao Diabo manter o mundo no tempo, o que nos força a simpatizarmos com ele: reconhecemos no Diabo espírito semelhante ao nosso, e talvez tão infeliz quanto nós.[8]

Flusser estuda o Diabo seguindo a trilha da Igreja católica, a partir dos sete pecados capitais – soberba, avareza, luxúria, inveja, gula, ira e preguiça –, aos quais o Diabo recorreria para seduzir e aniquilar as nossas almas. Só que, na sua ironia, subverte a definição de cada um dos pecados, encarando a *soberba* como a consciência de si mesmo e campo das artes, a *avareza* como a própria economia, a *luxúria* como o instinto e a afirmação da vida, a *gula* como a luta pela melhoria da vida humana e campo da tecnologia, a *inveja* como a luta pela justiça social e pela liberdade política, a *ira* como a recusa às limitações impostas à vontade, portanto, como dignidade e campo das ciências, e a *preguiça*, ou *tristeza*, como o estágio superior alcançado pela meditação calma da filosofia.[9]

A Igreja evita uma hierarquização dos pecados: todo pecado inclui os demais, todos juntos formando uma torrente que conhecemos como civilização ocidental cristã. Mas o filósofo faz a sua hierarquização, considerando a luxúria o primeiro pecado, por ter sido graças a ela que o Diabo se teria encarnado na matéria morta para negar a divindade. A preguiça, ou, melhor dizendo, a tristeza, é considerada o último e o maior dos pecados: nela, o homem se supera a si mesmo, fundindo-se com o Diabo graças à distância filosófica. A tristeza se sucederia à soberba, campo das artes, desenhando a quintessência do Diabo: a beleza.

Então, qual seria a quintessência de Deus? Parece, pelo desdobrar do argumento, que se trata do próprio Diabo: "Cada um deve levar resignada ou desesperadamente a sua própria cruz, que no fim das contas é para todos a mesma: não podemos evitar que o onipotente seja sempre o Outro".[10]

Quando Deus criou céus e terra, arrancou um pedaço do puro ser para mergulhá-lo na correnteza do tempo. Sim, porque o que Deus criou primeiro, no início, foi o início, isto é, o tempo – "o que não havia, acontecia", como diz Guimarães Rosa na bíblica terceira margem do rio. A correnteza do tempo, na qual mergulhara o pedaço do puro ser, altera-o e torna-o fenomenal, porque o arrasta consigo e o submete a modificações sucessivas. Ora, é o Diabo, como princípio da modificação, do progresso, da transformação de realidade em irrealidade – em imaginação –, o próprio tempo.

Se o Senhor criou as formas de ver, terá criado junto o mundo fenomenal e o Diabo: deve-se "desconfiar de que o Diabo é mais que emanação de Deus, sendo instrumento d'Ele, uma de Suas táticas prediletas, uma convenção dramática sua".[11] Não à toa, e sem ironia, Freud chamara a religião de inimiga: "Dos três poderes [arte, filosofia e religião] que podem contestar o território da ciência, somente a religião representa um inimigo real".[12] Não sendo marxista, concordava com o jovem Marx que a crítica da religião fosse a premissa de toda crítica.

Para Peter Gay, a psicanálise – uma das principais hermenêuticas da suspeita – não poderia ter sido fundada por um crente. Que Freud fosse judeu é menos relevante do que o fato de ser ateu. Ele não podia conceber um cientista crente, ou pior, reverente; enquanto as idéias científicas são por definição corrigíveis, as idéias religiosas, também por definição, seriam incorrigíveis. "Nem em minha vida privada nem em meus escritos", disse ele um ano antes de morrer, "jamais fiz segredo de minha absoluta falta de fé." Para fazer par com Flusser, observou: "A dúvida de fato é inseparável da pesquisa e, com certeza, ainda não nos foi dado conquistar mais que um pequeno fragmento da verdade".[13]

Vilém, entretanto, não terá encetado combate tão frontal contra a religião. Seu recurso constante à ironia deixava-o no mesmo campo daqueles escritores criativos que tanta inveja provocavam em Freud, por atingirem, com golpes de imaginação, as verdades psicológicas que o psicanalista lograria alcançar apenas por meio de muitas horas de paciente escuta dos analisandos. Por isso mesmo, o filósofo não escreve *contra* Deus, mas *sobre* o Diabo: um Diabo perigoso, que se faz criminoso para ser artista, torna-se artista para ser criminoso, cria leis para poder infringi-las, e infringe leis para poder criar novas leis.

Teria sido esse Diabo o responsável por tornar a vida líquida, nos termos da química e da existência, não nos permitindo defini-la. Sua correnteza nos arrasta para longe da Divindade, liquidificando os conceitos e borrando os limites das definições. Forjou uma arena para procriar vida, colocando em um canto a luxúria e no outro a inibição. A sexualidade humana, porque é disso que se trata, não é luxúria livre – se fosse livre, não seria luxúria, mas apenas cio. A liberdade reside ela mesma no *pecare posse*, na possibilidade de pecar: a tensão entre a luxúria e a inibição é, *stricto sensu*, o amor. Por isso, a expressão "amor livre" contém uma contradição em termos: o amor nunca pode ser livre, como pontua o narrador de *A doença da morte*: "Você pergunta como o sentimento de amar poderia sobrevir. Ela lhe responde: talvez de uma falha súbita na lógica do universo. Ela diz: por exemplo de um erro. Ela diz: jamais de um querer".[14]

A liberdade, como tudo o que o Diabo cria, é paradoxo: a liberdade realizada transforma-se em escravidão, porque elimina a margem de escolha e a possibilidade de pecar.[15] A liberdade é o apanágio de seu avesso, isto é, do nacionalismo. O nacionalismo, ou o amor à nação, é um substitutivo ao amor à mulher – não à toa os nacionalismos se teriam forjado a partir do romantismo. Para o cristão medieval, a mulher é o próprio pecado, metonímia da carne fraca. Para Flusser, entretanto, ainda que a mulher continue encarnando o pecado, teremos chegado a um ponto em que possamos nos reconhecer na mulher que amamos, nesse reconhecimento ultrapassando de um salto as grades da individualidade, por vislumbrar, por detrás do rosto da mulher amada, o fundamento intemporal: é como se as portas do céu se entreabrissem junto com os olhos dela. O instante em que isso acontece é fugaz mas precioso, ameaçando o próprio Diabo – e então Flusser começa a voltar a ironia contra o seu príncipe, puxando o tapete sob aqueles cascos.[16]

O nacionalismo é a máscara romântica e diabólica da luxúria. A mente nacionalista comporta-se como se não fosse pecaminosa, enchendo o ar com exclamações altissonantes como se fosse a própria voz da consciência tranqüila. Cantam-se hinos militares a plenos e emocionados pulmões, enquanto se mata quem nunca se tinha visto antes, ou enquanto se morre nas mãos de quem não nos conhece. Por isso, pode-se afirmar que "o nacionalismo é uma das vitórias mais impressionantes do diabo":

> Comparemos o amor ao povo e à nação com o amor à mulher, para podermos admirar o progresso do diabo. Reencontramos intacta a languidez, o êxtase orgiástico, os gestos românticos, a conversa-fiada, e o gosto do teatral e da inautenticidade. Mas faltam todos os traços que fazem periclitar a posição do diabo no campo do amor à mulher, por uma razão muito simples. O novo objeto do amor, o "povo", ou a "nação", é um objeto inteiramente fictício. O problema ontológico do amor à mulher é um problema de reconhecimento. Se não reconheço a mulher que amo ela é, para mim, uma ficção pecaminosa. Se a reconheço, torna-se caminho rumo ao transcendente. Mas o "povo" é um conceito sem fundamento (*bodenlos*), e nada posso reconhecer nessa ficção deliberada. Tentativas de fundamentar o "povo", empreendidas por diversas ciências, e pela vivência romanticamente poética, são todas tentativas *ad hoc* construídas. O "povo" não passa de um chavão barato. Não é portanto possível uma autêntica dedicação e um autêntico sacrifício no amor a ele. O diabo não corre riscos no nacionalismo. Os gestos patrióticos que copiam dedicação e sacrifício são inócuos e não representam perigo. O nacionalismo é uma secreção sublimada de testículos estancados, e mesmo assim consegue, periodicamente, insuflar orgasmo extremo.[17]

Sabemos que o nacionalismo é fenômeno recente, pelo qual Flusser responsabiliza, além do Diabo, os pensadores românticos alemães. Se até certo momento a divisão da humanidade em "povos" era fato aceito como castigo pela construção da Torre de Babel, a partir dos românticos alemães se teria operado o milagre às avessas de rechear de luxúria um conceito vazio. A praga transforma-se em motivo de orgulho. A ironia do filósofo contabiliza: "É enormemente fecunda essa inovação introduzida pelo idealismo: já produziu pelo menos quatro guerras, incontáveis fornos de incineração e revoluções sangrentas". Alerta: "Como continuam acesas as chamas do amor patriótico em incontáveis corações, é impossível prever futuros resultados". Prevê, pela ironia, os massacres hediondos que se dariam no fim do século XX, próximo à sua terra natal.

Edgar Morin constata que, apesar de todos os grandes problemas atuais transcenderem a competência dos Estados-nações, multiplicam-se e miniaturizam-se os Estados-nações – por quê? Porque a idéia de nação carrega conteúdo ao mesmo tempo moderno e arcaico. A pátria tem substância materno-paternal: simboliza o envolver da mãe, ligado à terra e ao lar, e a autoridade protetora do pai, encarnada pelo Estado. Perante a decadência da tribo, a pátria ressuscita complexo mitológico familiar que une os filhos da pátria em torno das armas e contra o inimigo da fronteira. A decadência da tribo é o desmoronamento simultâneo das promessas, de um futuro radioso pelo lado comunista, de uma sociedade industrial democrática pelo lado capitalista: por todo lado em que se desmorona esse futuro o presente torna-se angustiado e doentio, facilitando o regresso às raízes étnicas, religiosas e nacionais. Na histeria da guerra, que começa e termina o século XX em Sarajevo, odeia-se um povo em vez de se combater um sistema ou um regime. A irrupção do etnonacionalismo é demencial e deve ser combatida pela universidade, recuperando o valor da problematização renascentista, do diálogo entre os pares opostos, da racionalidade crítica e autocrítica, da resistência ao anátema, à intimidação e ao juízo de autoridade, da tolerância que concede o direito de expressão a idéias que julgamos erradas e encontra-se consciente de que o contrário de nossas verdades profundas são outras verdades profundas.[18]

O nacionalismo é a contraparte política da *epistéme* moderna. O esforço analítico da ciência por dividir os objetos para melhor dominá-los encontra sua manifestação política no esforço dos aparelhos estatais por dividir os povos em nações. Seguindo a trilha aberta pela ironia diabólica, a ira é a contraparte da luxúria. A ira seria o primeiro estágio de uma espécie de esquizofrenia, a ciência, a forma histórica dessa doença, Descartes, seu primeiro formulador teórico, e a vacuidade da ciência, atual manifestação clínica palpável. O projeto da ira realizado nos últimos quatrocentos anos é o de tornar a natureza objeto da mente, obrigando esta natureza a se comportar como um conjunto ordenado de coisas, causas e efeitos. A escola ensina o mundo assim; nós, professores, pensamos acreditar que o mundo é assim. Mas a vivência nos ensina que o mundo é diferente.

A vivência "ensina o mundo como amontoado de acasos, pelo qual se acotovelam as vontades dos seres vivos para penetrá-lo por seu esforço, e se tiverem sorte". Esse é o nosso mundo duplicado: o mundo irado da escola, o mundo luxurioso da vida. Do lado irado, do lado do doutor Jekill, estão as equações matemáticas e as relações necessárias; do lado luxurioso, do lado do senhor Hyde, estão a sorte e o mérito, a vingança e o castigo, a luta e a vitória transitória, bem como a derrota definitiva na morte. É estranho, mas Hyde não é o irado; a ira é a prerrogativa do doutor – que, no limite, revela a sua contraparte de acaso, instinto e fúria. A ira divide, cataloga, engaveta, entuba, arruma, analisa, separa *e assim inventa o Eu*.[19]

A ira precisa de leis que tomem conta dos fenômenos. As leis podem ser encaradas como pontes "construídas de símbolos e ancoradas no caos", visando transportar os acontecimentos, por sobre o caos líquido, na direção do futuro. Algumas dessas pontes, como as da física, pareciam muito sólidas, mas se descobriram fendas graves na infra-estrutura. Outras pontes, como as das ciências sociais, antes se assemelham àquelas de corda, dos índios peruanos: tremem entre estatísticas. "A única ponte ontologicamente válida", para Flusser, "seria aquela que unisse fenômeno e símbolo, vivência e palavra" – mas essa ponte a ciência se confessa incompetente até de considerar, quanto mais de construir.[20]

Por essa ponte inexistente vem passando dragão bastante perigoso e igualmente inexistente. Termos perturbadores começam a solapar, dentro da ciência mesma, o seu edifício verbal: *indeterminação* e *indecidibilidade*, por exemplo. O matemático Kurt Gödel demonstrou, para desespero de outros matemáticos, que a verdade nem sempre é demonstrável. As leis que nos deveriam reger e à natureza ora parecem efeitos ocasionais e não fundamentos, ora se mostram como subjetividade *in extremis* – organizam a organização do mundo, mas não o mundo.

Nossa mente treinada nas aulas de biologia e ecologia admira a perfeição da tal da natureza, porque todo passarinho tem a sua minhoca e todo gatinho tem o seu ratinho. Chamamos a isso "Providência Divina" – mas desconsideramos o ponto de vista da minhoca e do ratinho. A tal da natureza é brutal: todos os seres cantam e chilreiam, rosnam e grunhem, zunem e grasnam, mas não em louvor do Senhor; fazem-no em louvor da fome.

Comparando a ciência às artes plásticas, Flusser dirá que aos poucos e com dificuldade os cientistas vêm saindo do estágio da pintura ingênua para o estágio da pintura abstrata. Muito da obra do gravador holandês Mauritius Escher deriva das fórmulas de matemáticos como Roger Penrose. A declaração de outro matemático, Alan Turing, é emblemática: "Se se espera que uma máquina seja infalível, ela não pode ser também inteligente".[21] As ciências começam a descer da realidade e a acreditar mais um pouco na própria vontade criadora. As ciências naturais começam não a conhecer a natureza, mas a se auto-reconhecerem na natureza. Nesse caminho, a física toma a frente, seguida de perto pela biologia genética, abdicando de se definir verdadeira ou falsa, antes, *consistente*; o critério de avaliação passa a ser estético.[22]

Em *A história do Diabo*, ele volta à mesa para demonstrar a sua inexistência concreta: a ciência já prova que "a mesa não é preta, nem dura, nem qualquer coisa, porque ela não é coisa". A mesa não é cópia de um original platônico, nem manifestação de fenômeno mental, a mesa não existe – o que existem são campos, um eletromagnético e outro gravitacional, logo, apenas estruturas complexas de virtualidades, estas sim, simples. *Campos* são estruturas imaginárias nas quais algo pode se dar; é, portanto, em termos de potencial e probabilidade que devemos falar do mundo das aparências. O mundo dos fenômenos, levado à última equação, não existe: existe tal ou qual conjunto de regras. O retorno husserliano às coisas mesmas passa a conter o retorno às regras fundadoras.[23]

O probabilismo é o eixo da teoria e da tecnologia quânticas de maneira mais radical do que supõem nossas idéias a respeito de como o mundo funciona. Postula-se um mundo "onde os computadores operam sem ser ligados e onde os objetos podem ser achados sem que se procure por eles. Onde um computador de potência inimaginável pode ser construído a partir de uma só molécula. Onde as informações se deslocam instantaneamente entre dois pontos, sem fios nem redes. Onde objetos distantes são examinados sem contato algum. Onde os computadores fazem seus cálculos em outros universos. E onde o teletransporte – *me manda de volta, Scotty* – é algo prosaico, usado de várias formas diferentes".[24]

Em 1995, em Los Alamos, os físicos mediram a espessura de um cabelo humano usando *laser* que nunca chegou a ser lançado de fato sobre o cabelo – que apenas *poderia* ter sido. Esse resultado é bizarro porque parece contrário aos fatos, mas abriu novo campo: o da detecção sem interferência, quando se encontra sem procurar. É como se aquela situação de jamais encontrar uma chave quando se procura, para descobri-la logo depois de desistir, se tornasse não uma curiosidade, mas método científico.

A vontade criadora teria feito surgir a ilusão do Bem e do Mal, da Verdade e da Mentira, e portanto da Ilusão ela mesma, para tornar consistente o mundo ilusório. Para se permitir descansar no sétimo dia, a vontade criadora teria criado, na véspera, Deus e o Diabo. Deus e o Diabo são obras-primas e complementares: emprestam a aparência de objetividade ao mundo. Sem eles, o mundo impõe-se obscuro, subjetivo e absurdo: "Sem Deus e sem o Diabo seria o mundo uma representação tediosa. Seria obviamente um *idem per idem*".[25]

Nietzsche pretendeu decretar a morte de Deus. Tudo seria permitido porque o Diabo teria morrido ao mesmo tempo. Mas, em todos os instantes em que jogamos fora, com a água do banho, as duas ilusões soberanas, a vontade não encontra resistência e se precipita no abismo. O dilema se configura porque o pensamento se depara com duas alternativas, ambas desagradáveis: ou articula equívocos, quais sejam, estruturas gramaticais ambíguas, erradas, e então produz ruído, e não comunicação nem obra, ou articula universos, quais sejam, estruturas gramaticais corretas, e então produz o nada – silêncio.

Flusser relembra Wittgenstein: a língua é uma escada para alcançar a meta do silêncio, escada essa que precisa ser derrubada uma vez alcançada a meta. Se reconhecemos que, quanto mais falamos, menos dizemos, logo, mais diremos quanto menos falarmos – no limite, quando falarmos o nada. Quando tivermos aprendido o silêncio. Mas o silêncio, esse nirvana lingüístico, é perigosa soberba: aniquila o pensamento, ao desvelar a ilusão dos limites do mundo.[26]

Eva Batlièková, em tese recente que escreveu na república tcheca sobre as obras de Vilém Flusser publicadas em português, chamada *Vilém Flusser Jako Filozof Jazyka* – Vilém Flusser como filósofo da língua –, comenta a aproximação do seu pensamento com a filosofia budista. O conceito do "indizível", em Flusser, pode ser aproximado ao conceito do "nirvana". A quietação do nirvana equivale a um lugar em que "o eu perde a sua subjetividade e se assimila ao ser absoluto".

Toda a filosofia deseja o silêncio, que coroa a dissolução do Eu. Ainda que se fale na primeira pessoa do singular, deseja-se a dissolução do Eu na verdade perseguida. Os gregos antigos comparavam música a matemática, com o que a nossa sensibilidade grosseira não concorda: um campo pouco teria o que ver com o outro, se música implica sons enquanto matemática implica silêncio. Todavia, quando conseguimos solucionar problema matemático intrincado ou quando certa vivência musical nos arrebata, percebemos a força mística das duas disciplinas: são ambas métodos de dissolução do Eu no Logos, suspendendo-nos onde nenhum Eu jamais esteve:

> Sabemos que somos um nó criado pelo espasmo da língua, um erro da gramática, um mero ruído que empana a harmonia da língua. Somos uma dissonância que surgiu porque os aspectos lógico e musical da palavra foram dissociados. Somos um Eu, porque somos o ponto no tecido da língua no qual o aspecto lógico e estético da língua se chocam. Somos um Eu, porque interrompemos o fluxo da língua em sua procura pelo zero. Somos um distúrbio na pura estrutura, e é por isso que somos um Eu. É por isso que pensamos e é por isso que vivemos. Pensar é sinal de um erro lógico no tecido da língua. Viver é sinal de um erro estético no tecido da língua. Pensar e viver é sofrimento. Sofremos, e é por isso que somos um Eu. No nosso Eu a língua é sedenta por paz e por calma. Em nós a língua procura restabelecer o equilíbrio entre matemática e música, entre pensamento e vida. Somos um Eu, porque em nós a sede da língua por paz e por calma se manifesta. O nosso Eu é manifestação de sede. O nosso Eu é uma deficiência, o nosso Eu é doença. Pensar é doença e viver é doença. Aflitos por essa sede, por essa deficiência, por essa doença que é o Eu, sofremos. É devido a esse sofrimento que acreditamos poder pensar e poder viver, é por isso que queremos. Querer é sinônimo de sofrer, e vontade é sinônimo de Eu. Mas quando os dois aspectos da língua se reúnem, quando o *logos* se restabelece em sua plenitude, o sofrimento acaba. Somos salvos. O nosso Eu desaparece.[27]

Por isso a salvação é tão desejada quanto postergada. Por isso as representações vulgares do céu e do inferno são tão semelhantes – e tristes. Não queremos sofrer, mas sem o sofrimento não se pode sequer querer. Uroboricamente, perseguimos pelo pensamento o fim do pensamento, pelo desejo o fim do desejo, pela escrita e pela ficção o fim da palavra. Talvez por isso Camus precise considerar Sísifo feliz: a cada vez deve deixar cair a pedra de volta ao vale, para descer e recomeçar sem que os deuses percebam que foram enganados.

Para Flusser, não devemos filosofar com sede de iluminação, conhecimento ou felicidade; devemos fazê-lo ironicamente resignados. Não interessa tanto o que filósofos dizem, mas como o dizem; a essência da filosofia reside não nos enunciados, mas no seu clima. Captar leve aroma desse clima é o que se precisa. "Se incomodamos a filosofia com perguntas impetuosas, como o faz a ira, ou se pedimos que ela nos liberte da ilusão, como o faz a soberba, seremos soterrados pela avalanche de respostas contraditórias, ou seremos congelados pelo hálito frio e cortante do seu silêncio desinteressado."[28] Não podemos considerar a filosofia como mestra, mãe ou provedora. A filosofia é o que somos – amigos do que não somos, do tudo de diferente – ou ela é nada. A filosofia é a ficção de si, expressa na alegoria flusseriana da torre de marfim:

> A torre de marfim, na qual o espectro da mente habita, consiste em degraus da lógica, ricamente ornamentados e cobertos de sininhos de prata que badalam eticamente. O espectro sorridente sobe, serenamente indutivo, os degraus da lógica, para descê-los, serenamente dedutivo, quando o ritual o exige. Nessa passagem graciosa agita levemente os sinos do ensinamento ético, e a turba dos leigos ao pé da torre recebe, respeitosa, a mensagem. Cansado, as pálpebras semicerradas, espia o espectro filosófico essa turba informe, e eis que ela desaparece ante o seu olhar vago. E quando o filósofo dirige o seu olhar para a torre que habita, dissolve-se essa torre na névoa do nada. E o espectro paira por cima das nuvens como o sábio nas gravuras chinesas. Estende o braço cansado para dentro das nuvens, e estas se formam de acordo com o movimento do braço. E, quando olha para si, ele próprio se transforma em nuvem, e paira por entre as nuvens, e é por elas formado.[29]

A beleza dessa descrição da torre filosófica persiste irônica. Ortega y Gasset afirmava que todo conceito está montado em sua própria ironia.

Dizemos seriamente que "esta coisa é A e esta outra é B", mas a seriedade só se pode quedar instável. Nem esta coisa é A de maneira absoluta nem a outra pode ser B sem reservas: "O que o conceito pensa a rigor é sempre uma coisa um pouco diferente do que diz, e é nessa duplicidade que consiste a ironia". Falando com rigor, esta coisa não é A nem aquela é B; só que, admitindo que são A e B, sabemos o que fazer.[30]

A forma primitiva do conceito seria o gesto que se executa com o dedo indicador. A criança começa por querer agarrar todas as coisas, supondo-as a seu lado. Depois de muitos fracassos, renuncia a colher as coisas mesmas e se contenta com o mero gesto de estender a mão na direção do objeto. É nesse sentido que "conceito" seria não mais do que assinalar ou apontar, no desenvolvimento do substitutivo infantil que, mais tarde, se chamará "ciência", para a qual não importam verdadeiramente as coisas, mas apenas o sistema de signos que pode substituí-las. A arte teria missão oposta, movendo-se do signo habitual para a coisa mesma de modo a emprestar-nos visão dos objetos que, no trato cotidiano, nos escapariam.[31]

No mundo se passa a todo instante uma infinidade de eventos. Logo, a pretensão de dizer o que se passa agora no mundo pode ser entendida apenas como ironia. A despeito disso, precisamos supor que as coisas são de uma certa maneira, o que nos proporciona pelo menos um mapa. Com o mapa, como através de um postigo, "olhamos" a realidade efetiva e só então formulamos uma visão aproximada. Nisso consiste o método científico: um exercício de ironia que às vezes não se reconhece.

Flusser, porém, reconhece a ironia – por meio, por exemplo, de unicórnios:

> Embora não sejam, a rigor, animais domésticos, são, no entanto, extremamente úteis ao homem. A sua utilidade varia com o tempo. Na Antigüidade o seu chifre servia, apropriadamente moído, como remédio contra todos os venenos. Na Idade Média o unicórnio servia como atributo da virgindade, portanto tinha utilidade pública incontestável. No romantismo e pós-romantismo foi amplamente utilizado como tema de poesias (embora a palavra "unicórnio" não tenha muitas rimas nas línguas latinas). E atualmente é indispensável para livros de lógica e teoria do conhecimento.
>
> Com efeito: tais livros não poderiam existir se o unicórnio não existisse, e nem se existisse. Para prová-lo, tomemos as seguintes sentenças: "A maçã é verde. O san-

gue é verde. Deus é verde. A liberdade é verde. O presente rei da França é verde. O unicórnio é verde".

A primeira sentença pode ou não ser verdadeira. A segunda é falsa. Ambas têm sentido. As demais sentenças não têm sentido. Pois isto é fácil dizer-se, e fácil verificar-se, já que, ao dizermos tais sentenças, estamos segurando a risada. Por não terem sentido tais sentenças, são ridículas e divertidas. Difícil é dizer por que tais sentenças não têm sentido.

Seria fácil se pudéssemos dizer que tais sentenças não têm sentido, porque os seus sujeitos, a saber: Deus, a liberdade, o presente rei da França e o unicórnio, não existem. Mas não podemos dizê-lo.

Não se pode dizer que Deus não existe, porque seria primeiro necessário definir o termo "Deus". Coisa impossível. Não se pode dizer que a liberdade não existe, porque a sua presença ou ausência são nitidamente constatáveis. A sentença "a liberdade é verde" não tem sentido, embora a liberdade exista. Não se pode dizer que o presente rei da França não existe, sem se dizer, também, quando se está falando. Por exemplo: no século XVII existia um rei da França que estava presente, e a sentença era então provavelmente falsa, e tinha portanto sentido.

Mas, quanto ao unicórnio, todos estão de acordo que não existe. Portanto, podemos dizer claramente por que a sentença "o unicórnio é verde" não tem sentido. O único caso nítido entre os exemplos fornecidos.

Não fosse o unicórnio, e os livros de lógica e teoria de conhecimento não teriam sentido. Não teriam sentido porque não poderiam exemplificar o que quer dizer "não ter sentido". Isto seria uma pena, especialmente para professores de lógica e teoria do conhecimento.

Mas, felizmente, há unicórnio, e Sócrates é seu fiel companheiro. Assim: Sócrates é mortal, e o unicórnio é verde. Viva a cultura.[32]

A ironia retorna o rigor do método contra ele mesmo. Os unicórnios demonstram a necessidade de demolir as premissas dos manuais de lógica, porque "a filosofia é constitutivamente um paradoxo".[33] Filosofar é suspender a crença para inventar a quimera. Se há quimeras aparecem "centauros e tritões, grifos, sátiros, unicórnios, pégasos e ardentes minotauros". Durante milênios, o Universo não se compôs de gigantes e quimeras? O que nos garante que a mecânica quântica não seja gigante fingindo que é um moinho de vento? O que nos garante que a lingüística não seja uma quimera envelhecida?

O fundamento da ironia de Flusser abeira-se perigosamente do niilismo: "A grande conversação da qual participamos, e que é toda a realidade, vem do nada e trata do nada".³⁴ O *nada,* sinônimo do *indizível,* nessa formulação é paradoxo e tautologia. Paradoxo porque parece dizer que a conversação discute o indiscutível. Tautologia porque parece dizer que a conversação significa algo além de si, a saber, o *significado.* Mas é desta maneira que a língua caminha, oscilando entre os dois pólos, vibrando entre os dois horizontes. No processo da oscilação, progride. O estilo errático – a oscilação forçada entre o paradoxo e a tautologia, que faz expandir o pensamento – contém a ironia: o movimento da escrita analisa-se ao mesmo tempo em que se desenvolve. Aceita-se o limite do círculo hermenêutico para torcê-lo em uma espiral.

Flusser reconhece três tipos de explicações científicas: as finalísticas, que dizem "para"; as causais, que dizem "por causa"; as estruturais, que dizem "desta forma". Pela explicação [1], pássaros fariam ninhos *para* neles guardarem ovos; pela explicação [2], pássaros fariam ninhos *por causa* dos instintos, ou *por causa* do código genético; pela explicação [3], pássaros fariam ninhos *em forma de* cones. Ora, o tipo [1] de explicação parece mais satisfatório, porque empresta sentido ao explicado. A explicação [3], por sua vez, parece menos satisfatória, porque explica apenas de modo formal, isto é, apenas constata.

Só que a história do pensamento começa por explicações do tipo [1], para percebê-las indemonstráveis; vê-se obrigada a abandoná-las em favor de explicações do tipo [2], para senti-las insustentáveis; e então abandona, mas com muita relutância, a causalidade em prol do formalismo. A história do pensamento seria a história de explicações que se tornam menos satisfatórias com o correr do tempo.³⁵

A insatisfação leva a ciência ao campo da arte. No Ocidente, entretanto, a arte se converteu em trabalho que aponta para uma obra final. Esta conversão faz da arte o tipo supremo de trabalho, porque dele se espera que seja *criativo* e produza obras *novas* e *originais.* Essas funções, para o filósofo secundárias, dificultam perceber a essência do gesto artístico, qual seja, apurar a sensibilidade. O gesto de fumar cachimbo, por exemplo, revelaria melhor a condição artística, implicando possibilidade de ritual na medida da gratuidade que devolve a fumante, artista e sacerdote a vivência íntima de si mesma. A arte se apresenta com finalidades nobres – "criar" e "comunicar" – que escondem sua essência gratuita e absurda. De modo equivalente, as diferentes ideologias religiosas explicam os seus ritos ocultando sua essência gratuita (igualmente absurda).

Apenas o gesto de fumar cachimbo pode mostrar às claras a absurdidade, "precisamente porque segue sendo profano e permite por isso reconhecer o absurdo como a essência do sagrado". É necessário ainda distinguir, por prosaico que pareça, fumar cachimbo de fumar cigarro. Fumar cachimbo implica preparação do fumo e do cachimbo, da qual se segue limpeza do cachimbo, da qual se segue nova preparação do cachimbo e do fumo. Fumar cigarro implica tirar um cigarro do maço, acendê-lo e fazer uma pose; não há rito, apenas compulsão. O essencial da vida ritual, sagrada ou mágica é o abrir-se à vivência religiosa por meio de gestos estéticos e portanto absurdos. Entendendo esta dimensão por meio de ato tão vulgar e profano (além de politicamente incorreto) como o de fumar um cachimbo, percebe-se como cada um de nós é um artista, um monge e um profeta. Dizendo de outro modo, a entrega sem reservas, pelo gesto, ao gesto mesmo, constitui a essência do artista, do monge, do profeta e do filósofo.[36]

A ironia do conceito não é risonha: ela estabelece dialética perversa entre falta e excesso. O que marca a ironia e funda a pós-história, para Flusser como para muitos outros, é Auschwitz. Auschwitz terá realizado uma das virtualidades inerentes à cultura ocidental; por Auschwitz a humanidade se reconhece como capaz do pior (por Hiroshima, se reconhecerá como capaz do nada). O inaudito em Auschwitz "não é o assassinato em massa, não é o crime. É a reificação derradeira de pessoas em objetos informes, em cinza. A tendência ocidental rumo à objetivação foi finalmente realizada, e o foi em forma de *aparelho*".[37]

Os SS eram funcionários de um aparelho de extermínio; as suas vítimas funcionavam em função do seu próprio aniquilamento. Os SS e os judeus funcionavam uns em função dos outros, em engrenagem impessoal que até contribuiu para a derrota do nazismo – não importa. Como lembra Anatol Rosenfeld, que como Flusser fugira da guerra para o Brasil, "o nazismo é apenas a expressão política e militante de uma atitude espiritual que não se derrota nos campos de batalha".[38]

O modelo, portanto, se realizou. O modelo, a partir daí, se reproduziu. O químico judeu Primo Levi, um dos poucos que sobreviveu a Auschwitz, fala disso:

> Muitos, pessoas ou povos, podem chegar a pensar, conscientemente ou não, que "cada estrangeiro é um inimigo". Em geral, essa convicção jaz no fundo das almas como uma infecção latente; manifesta-se apenas em ações esporádicas e não coordenadas; não fica na origem de um sistema de pensamento. Quando isso acontece, porém, quando o dogma não enunciado se torna premissa maior de um silogismo, então, como último elo da corrente, está o Campo de Extermínio. Este é o produto de uma concepção do mundo levada às suas últimas conseqüências com uma lógica rigorosa. Enquanto a concepção subsistir, suas conseqüências nos ameaçam. A história dos campos de extermínio deveria ser compreendida por todos como sinistro sinal de perigo.[39]

Levi, de dentro do campo, refere-se ao lado de dentro do fim da história: "Acabara o tempo no qual os dias seguiam-se ativos, preciosos e irreparáveis; agora o futuro estava à nossa frente cinzento e informe como uma barreira intransponível; para nós, a história tinha parado".[40] Para Lyotard, Auschwitz configurou terremoto tão poderoso que foi capaz de destruir os instrumentos de medida. A Solução Final – *Endlösung* – representou o limite do evento. Extrapolando as expectativas da sociedade que se queria civilizada e longe da irracionalidade, gerou tal acontecimento excessivo precisamente pelo abuso da racionalidade ocidental. A razão técnica quis vencer a qualquer preço e de certa forma o conseguiu, pagando o preço do horror.

Romance de Bernhard Schlink toma distância do acontecimento para mergulhar no afeto da história, perguntando-se como lêem os alemães o depois-de-Auschwitz. *Der Vorleser* (1995), o romance, foi traduzido no Brasil como *O leitor*, mas o título mais preciso seria "aquele-que-lê-em-voz-alta", termo que não existe em português ("o leitor" seria *"Der Leser"*).

No enredo, um jovem de quinze anos se apaixona por Hanna, mulher bem mais velha, habituando-se a fazer amor e depois ler poesias, romances e filosofia para ela. Depois de algum tempo, ela sai da cidade sem deixar pistas, mas ele a reencontra mais tarde, aluno de direito, como ré: Hanna havia sido guarda feminina em Auschwitz. No processo a que o narrador assiste siderado, Hanna se incrimina cada vez mais, porque diz apenas a verdade e não consegue compreender a retórica do tribunal. Descobre-se que algumas das prisioneiras, as mais jovens, fracas e frágeis, eram mais bem cuidadas por Hanna, para lerem em voz alta para ela. Os jurados, em dúvida se o fato constituía atenuante ou agravante (implicando evidência de abuso homossexual), optam pela pior alternativa. Havia por fim um relatório que incriminava todas as guardas; as outras acusaram Hanna de tê-lo escrito. Primeiro ela nega, mas quando o juiz sugere um exame grafológico, volta atrás e confessa que o escreveu. Nesse momento, o narrador percebe, espantado, que Hanna era analfabeta, preferindo a prisão à vergonha – por isso ela gostava tanto de que ele lesse em voz alta.

Hanna é condenada à prisão perpétua. Toda a vida do narrador, a partir de então, fica atada à prisão da amante: seu sofrimento pelo amor a Hanna mostra o destino da sua geração. Casa-se, tem uma filha, separa-se, tem culpa. Na profissão, não se sente bem em nenhum dos papéis que vira os juristas exercendo no processo contra Hanna. Acaba se tornando professor de história do direito, em fuga consciente da responsabilidade.

Anos depois, resolve gravar fitas cassete para Hanna, enviando-as para a prisão. Começa pela *Odisséia*, impressionado como os livros lidos em voz alta guardam-se melhor na própria memória. Não faz nenhuma observação pessoal nas fitas, apenas lê o título, o autor e o texto. No quarto ano daquele contato rico em palavras, mas sem palavras, recebe um bilhete: "Menino, a última história foi especialmente bonita. Obrigada. Hanna".[41] O bilhete vinha escrito no que parecia letra de criança, mas violenta, quase rasgando o papel. Hanna aprendia a escrever já bem depois dos cinqüenta anos de idade. Depois de cada fita, agora vinha como resposta um pequeno bilhete, contendo inclusive observações sobre literatura, como: "Os poemas de Goethe são como pequenos quadros em molduras bonitas" ou "Lenz certamente escreve com máquina de escrever".

Passam-se muitos anos e o narrador recebe carta da diretora do presídio informando de indulto para a prisioneira e pedindo sua ajuda para apoiá-la na volta à sociedade. Quando a encontra no presídio, é uma velha e está gorda (a voz, no entanto, permanecera jovem). Ela lhe pergunta: "Agora terminou, não é?", referindo-se às fitas gravadas. Ele lhe responde, sem graça, com outra pergunta: "Por que deveria terminar?". Despede-se dela e combina pegá-la na semana seguinte, quando será libertada. No dia marcado, Hanna amanhece morta; enforcara-se na cela.

Quando ele vai ver a cela, cheio de "lágrimas por dentro", encontra numa estante, na prateleira de baixo, as fitas que gravara, e nas outras os livros "Primo Levi, Elie Wiesel, Tadeusz Borowski, Jean Améry – a literatura das vítimas, ao lado dos cadernos autobiográficos de Rudolf Hess, o relato de Hannah Arendt sobre Eichmann em Jerusalém e literatura científica sobre campos de concentração".[42] Ela mesma encomendara os livros depois de ter aprendido a ler. Nas últimas páginas o narrador diz que escreveu essa história para livrar-se dela, embora saiba que "ao lado da versão que escrevi há muitas outras. A garantia de que a história escrita é a certa está no fato de eu tê-la escrito e de não ter escrito as outras versões. A versão escrita quis ser escrita, as muitas outras não quiseram".[43] Pensa que é uma história triste, que Hanna foi infeliz por toda a vida, mas que esses adjetivos não fazem sentido, se antes e sempre ela fora verdadeira.

Flusser diz: nos resta "analisarmos o evento Auschwitz em todos os detalhes, para descobrirmos o projeto fundamental que lá se realizou pela primeira vez, para podermos nutrir a esperança de nos projetarmos fora do projeto. Fora da história do Ocidente. Tal o clima *pós-histórico* no qual somos condenados a viver doravante".[44] Auschwitz funda a pós-história porque "história", para Flusser, é um conceito ocidental. Implica as noções articuladas de linearidade e progresso. A escola e a academia ainda fingem que têm fé na história, isto é, no progresso linear. Mas os modelos que informam a sociedade não são mais lineares nem se apóiam em vetores de mão única. Se o século XVIII via o seu ambiente como contexto de mecanismos, se o século XIX percebia o seu ambiente como contexto de organismos, nós tendemos a enxergar o nosso ambiente como contexto de jogos. Semelhante tendência para a ludicidade não é necessariamente lúdica, ou seja, divertida, pois deriva da práxis simbólica que constitui o programa: vivemos programados, e programas são jogos.

Uma passagem figura bem a concepção de progresso para Flusser:[45] certa vez, ele e seu assistente, Gabriel Borba, encontraram numa rua de São Paulo o professor João de Escatimburgo, que ao "Como vai, professor" respondeu: "Progredindo, professor. Progredindo". Flusser abaixou a cabeça, proferiu um compungido "Sinto muito" e foi-se embora. Se só se progride em direção à morte...

Seu jogo era outro: queria pensar os jogos em que nos encontramos imersos. Captamos a nossa existência social não como se fôssemos rodas de uma engrenagem, nem como se fôssemos órgãos, mas já como peças de um jogo. Não se pergunta mais: quais as forças que movem a sociedade? Não se pergunta mais: que propósitos motivam a sociedade? A pergunta passa a ser: quais as estratégias que estão em jogo? Embaralham-se as fronteiras entre ficção e realidade, se tudo faz parte de um jogo. Os jogos se tornam o nosso terreno ontológico; logo, a futura ontologia é necessariamente *game theory*. Os jogos se regulam e reproduzem a partir dos aparelhos, cumprindo função divergente que termina por despolitizar a sociedade. Despolitiza objetivamente, ao convencer a sociedade da futilidade de toda ação política; despolitiza subjetivamente, ao entorpecer a faculdade crítica da sociedade. O problema da droga, contraparte lógica e sintomática das funções do aparelho, situa-se do lado subjetivo. Podem colocar o exército na rua, podem lançar *ene* campanhas de esclarecimento dos malefícios da droga, que o "problema" apenas recrudesce – porque não é o problema, mas sim semblante da verdadeira questão.

A pós-história está raiando, diz Flusser, e sob duas formas de estupidez: dos aparelhos programadores e dos bárbaros destruidores de aparelhos (que não percebem que os *games* têm por objetivo final serem "zerados"). Não se luta contra a estupidez do progresso chamando a si mesmo de "progressista", como faz a esquerda. Luta-se contra a estupidez do progresso retardando-o ou trocando a solidão na massa pela solidão do guarda de um farol. Não se trata de apenas cultivar samambaias na varanda, mas sim daquela solidão privada em que Deus aparecia os profetas. É apenas de dentro dessa solidão que se pode diagnosticar a loucura e a estupidez que assolam o nosso tempo: um tempo que combina maior democracia com muito mais ignorância: combinação explosiva.

Tal diagnóstico "exige ironia crítica quanto a nós mesmos, distanciamento de si próprio que cada qual é obrigado a efetuar por si próprio, na solidão de um ensimesmamento que perfura o si-mesmo".[46] Ironia e autoironia crítica lembram o distanciamento brechtiano porque tomam a si mesmas pelo espetáculo e dependem da suspensão das crenças, o que equivale a não acreditar piamente nos conceitos. Por isso, "pós-história" é um conceito irônico, em contraposição à seriedade patética que cerca o chamado "pós-moderno".

A sua pós-história remete ao fim da história, que por sua vez remete a 1806 e a Hegel. Entretanto, quando Fukuyama, em 1992, recunha a expressão "fim da história" de forma neoliberalista, prejudica toda a discussão. Depois de Fukuyama, parece não ficar pedra sobre pedra no terreno da história. A concepção de história, e em conseqüência de pós-história, para Flusser, é diferente. A história, para Flusser, é produto e ferramenta de e para uma explicação abstrata e unidimensional do mundo. Andreas Ströhl esclarece que o conceito flusseriano de pós-história parte de uma mudança básica de paradigmas nos códigos com os quais nos comunicamos: enquanto outros teóricos contemporâneos usam métodos indutivos, acumulando dados para explicar os fenômenos da cultura que entendem pós-moderna, Flusser argumenta por abstração dedutiva, assumindo o risco de formular hipóteses por meio das suas fabulações filosóficas. Enquanto para eles um dos efeitos da pós-modernidade seria também uma mudança nas formas de comunicação, para Flusser o surgimento da imagem técnica é a causa central de todos os efeitos descritos como pós-históricos por ele e como pós-modernos pelos outros.[47]

Esses outros perceberam mutações gigantescas na organização das sociedades ocidentais e anunciaram então o advento de uma nova formação social que batizaram de pós-moderna, na qual a comunicação eletrônica se tornaria a forma predominante de interação social. No lugar de explorar o potencial oferecido por este mundo governado pelos *media*, os teóricos da pós-modernidade dedicam-se a lamentar a decadência dos valores tradicionais ou, ao contrário, dedicam-se a lamentar o colapso da síntese modernista que tentava conter a decadência por meio de equilíbrio incerto ou de estabilidade paradoxal. Se, como é menos típico, esses teóricos conseguem evitar a nostalgia, terminam por cair na tentação de fazer predições otimistas sobre a liberação do ser humano pela maravilha da tecnologia. Entretanto, essas predições logo se revelam pueris, em face da multiplicação das guerras e do espetáculo midiático das guerras "limpas" e *on-line*.

Uma ressalva deve ser feita àquele a que mais se liga o conceito de "pós-moderno". O autor de *La condition postmoderne* escapa das dicotomias fáceis e do vale-tudo de conceito tão abrangente ao entender como pós-moderna a incredulidade em relação aos metarrelatos, compreendendo as novas narrativas do saber dentro do campo da cibernética, da hipertextualidade e dos jogos de linguagem. Abdicando, a seu modo, da totalização hegeliana, Jean-François Lyotard percebe os atos de linguagem como parte de uma agonística geral, isto é, como elementos de uma arte da luta ou da polêmica, cujas regras e técnicas quando se alteram modificam a natureza de todo o jogo. Falar e escrever implicam combate, que por sua vez implica árbitro e legitimação.[48]

O pensador francês discute as condições do saber, estabelecendo vínculos produtivos entre a filosofia e a literatura – como quando vê no *Discurso do método*, de René Descartes, um romance de formação. Entendendo o consenso como horizonte que não apenas jamais pode ser atingido, mas que jamais *deveria* ser atingido, enfatiza em contrapartida o dissentimento, supondo necessário um poder que desestabilize as capacidades de explicar e que se manifeste, em termos científicos, pela morfogênese. Esse poder tem regras tal como uma catástrofe ou o próprio caos tem regras, mas sua determinação é sempre local, donde a imprevisibilidade das descobertas e a indecidibilidade das interpretações.[49] O consenso seria um estágio das discussões, mas de modo algum o seu fim. No campo político, é preciso então não subsumir a justiça ao consenso: é preciso "chegar a uma idéia e a uma prática de justiça que não seja relacionada à do consenso".[50]

Fugindo ao consenso, Flusser recusa tanto a nostalgia simples como o elogio oportunista, *à la* Bill Gates, da "estrada do futuro". Esse caminho, nem lá nem cá, dificulta a sua recepção: os acadêmicos europeus, como já acontecera no Brasil, se irritaram com aquele estilo provocativo de filosofar. Andreas recorda a lei não-escrita dos anos 80, que obrigava os intelectuais a serem pessimistas, se possível apocalípticos. A geração *sem futuro* do fim dos anos 70 teria sido seguida pela geração *Null Bock* (sem vontade, sem tesão) na Alemanha dos anos 80.⁵¹ Ambas se relacionavam de forma muito próxima com um *Zeitgeist* (espírito de época) intelectual, que era já um *Endzeitgeist* (fim do espírito de época).

À náusea da sociedade de consumo sucedia-se a convicção de que o fim estava próximo: aniquilação total por guerra nuclear ou catástrofe ecológica. Neste quadro, Flusser ficou conhecido na Alemanha. À frente do pano de fundo negro, sua figura e seu pensamento pareciam irradiar luz benevolente e radical ao mesmo tempo, fascinando e afastando: os otimistas achavam-no ou muito pessimista ou otimista demais, enquanto os pessimistas não o entendiam. Ele contradizia o humanismo tradicional. Definir os seres humanos como meras protuberâncias de um aparato para a criação de informação chocava-se não só com as noções usuais a respeito da natureza dos seres humanos como também com noções correntes acerca da natureza da informação. Sua análise sobre o processo da desmaterialização foi mal-entendida e criticada como cínica pelos próprios cínicos. Suas visões se baseavam na suposição de que o Apocalipse, a grande catástrofe da História, *já tinha acontecido*. Os escritores e leitores necessitados de predições libidinosas e aterrorizantes da catástrofe que estaria por vir precisavam não entender as questões ambivalentes daquele desmancha-prazeres.

O primeiro livro publicado em alemão, *Für eine Philosophie der Fotografie*, tornou-se um sucesso, surpreendendo autor e editor. Antes da morte de Flusser, o livro foi traduzido em dez línguas e reeditado cinco vezes na Alemanha. No entanto, a recepção foi prejudicada pelo título. Nas resenhas do volume, o autor foi comparado a Walter Benjamin (consideraram-no o "Walter Benjamin da pós-modernidade"), Marshall McLuhan, Roland Barthes, Pierre Bourdier e Susan Sontag, sem que se percebesse a diferença mais importante entre eles.

Todas as outras teorias focalizam o documento fotográfico e pesquisam a relação entre a realidade e a representação, o que explica certo ar de pessimismo e melancolia. Para Flusser, porém, a fotografia supera a divisão da cultura em ciência e tecnologia, de um lado, e em arte, do outro. O conhecimento científico e o comportamento técnico são agora experimentados na imagem. A fotografia insere a imagem na história para, surpresa do espectador, interromper o fluxo da história.

Segundo o pintor Francis Bacon, nosso sentido de aparência é hoje o tempo todo *assaltado* pela fotografia e pelo filme (em última análise, sucessão de fotografias); quando se olha para algo já se "fotografa" ou se "filma", como se a própria percepção se encontrasse enquadrada.[52] Segundo Arthur Omar,[53] ainda que a cronologia estabeleça o cinema depois da fotografia, sucede o contrário: a natureza estática da fotografia supõe estágio posterior, mais avançado, da experiência cinematográfica – "o cinema tem parentesco com o movimento do mundo, e de alguma forma o decalca. A fotografia tem uma outra originalidade. Um toque de violência, que estrangula esse movimento, e parte para além do olho nu desde o início. Supõe uma visão fracionada, uma construção". Omar define fotografia como "uma espécie de escultura que se realiza a partir do negro original, por *esgarçamento das trevas*".

As fotos são, para usar metáfora de Ströhl, diques inseridos no meio do fluxo da história, pois elas retêm os eventos. Do ponto de vista da consciência formal, fotos são informação produzida a partir de uma nuvem de possibilidades feitas de pontos. As fotos são pós-históricas porque feitas num processo de concretização, e não de abstração; sua estrutura não é a das representações tradicionais, mas sim a de projetos e projeções. A teoria de Flusser centra-se no cálculo, na computação e na projeção, enquanto os teóricos tradicionais ainda tentam responder a perguntas antigas, do tipo o quão confiável é uma fotografia ou se há uma sintaxe geral inerente à fotografia. O livro de Flusser, muito mais uma análise de códigos culturais do que um livro sobre fotografia, foi resenhado por quase todas as revistas especializadas de fotografia na Europa, que no entanto não podiam compreender os seus aspectos avançados de antropologia cultural ou de análise dos *media* como um sistema.

Como Jean Baudrillard e Paul Virilio, Flusser desprezava os limites estreitos das disciplinas tradicionais, supondo-as distinções artificiais criadas pelo pensamento linear. Tentou, tanto quanto possível, não registrar distinções sujeito-objeto em seu trabalho; argumentava que a realidade e a ficção só diferem no grau de probabilidade, não em essência, nesse ponto estabelecendo a sua diferença com Baudrillard. Enquanto o filósofo francês afirmava que a realidade propriamente dita está sendo confundida com sua própria imagem, corroborando a concepção da sociedade do espetáculo de Guy Debord, Flusser não reconhecia diferença significativa entre imagem e realidade. Ele tinha aversão ao termo *simulação*, porque entendia implicar uma idéia do real teoricamente insustentável. Lúcia Santaella entende que, enquanto alguns perdem o fio da continuidade das tecnologias na passagem da escrita para a imagem, como seria o caso de Paul Virilio, e outros elaboram sínteses facilitadoras, como seria o caso de Pierre Lévy, Flusser nos lega intrincado diagrama conceitual apto a funcionar como uma máquina para pensar.[54]

Na sua concepção tanto da realidade quanto do imaginário, portanto, a ironia tinha de ser parte constitutiva. Entretanto, a ironia maior é a do destino.

Na república tcheca, Vilém Flusser permanecia desconhecido antes de o Instituto Goethe de Praga, dirigido por Andreas Ströhl, convidá-lo em novembro de 1991. Desde 1939, quando fugira da barbárie, Flusser não voltava à sua cidade natal. Naquele ano, improvisou pequena palestra na Dum Fotografie – Casa da Fotografia – e fez uma conferência sobre a mudança de paradigmas no Instituto Goethe para um auditório abarrotado, que logo questionava tudo aquilo em que a sociedade tcheca pós-totalitária acreditava. Flusser descortinou os fracassos intelectuais de cinqüenta anos, empolgando-se a tal ponto que de repente começou a falar português.

Quando discorreu sobre seu sonho de seres humanos como projetos de programação, como seres sem teto e errantes, que têm de aprender a conquistar as máquinas, entender e dominar seus novos códigos digitais, a audiência protestou, assustada: "Mas só agora começamos a usar o telefone...". Suas idéias pareciam absurdas e ininteligíveis àqueles acostumados a pensar com base em categorias políticas e morais. Ali estava algo novo, alguém que defendia que só o pensamento formal levaria a uma existência mais humana, enquanto as revoluções seriam esforços tão inúteis quanto o próprio comunismo, porque presas em um paradigma linear e histórico.

Depois da conferência e seu sucesso atordoante, Vilém e Edith, juntamente com Andreas Ströhl, Michael Bielicky e Petr Rezek, passaram longa e alegre noite no Café Slavia. Seria a última noite de Vilém Flusser – antes de um caminhão branco aparecer de repente de dentro da neblina.

6

NEBLINA

"QUEM HOJE CONSEGUE REGISTRAR uma coisa que surge na sua frente como um fato sem danificar profundamente a imagem?", pergunta Francis Bacon.[1] Essa é uma questão estética, que serve tanto para a fotografia quanto para a pintura, mas também é uma questão científica.

Inspirado por essa questão, Flusser pediu a seu leitor um exercício de imaginação: transformar-se em sal de cozinha. O filósofo sabe que não é fácil para o leitor atender a seu pedido, uma vez que não sabemos mais da origem imaginária do mundo da realidade. Tanto não é fácil que o filósofo, tentando transformar-se em sal de cozinha e carregar consigo o leitor, reconhece que fracassa, realizando mera caricatura: a imaginação, ao estabelecer mundos além da "realidade", transfere para os novos mundos a estrutura do projeto dentro do qual nasceu.[2]

Eis as paredes de vidro da imaginação. Elas são encontradas em "Axolotl", conto de Cortázar que fala da fascinação de um escritor por um animal anfíbio em forma larval, provido de brânquias e com olhos de ouro, exibido em um aquário público. Realizando experiência imaginária semelhante à de Flusser, olha-o dia após dia, tentando compreender esse outro tão outro. Em determinado momento, o escritor descobre-se um axolotle, vendo seu ex-rosto do lado de fora do aquário:

> Só uma coisa era estranha: continuar pensando como antes, saber. Notar isso foi, no primeiro momento, como o horror do enterrado vivo que desperta para seu destino. Fora, minha cara voltava a se aproximar do vidro, via minha boca de lábios apertados pelo esforço de compreender os axolotles. Eu era um axolotle e sabia agora instantaneamente que nenhuma compreensão era possível. Ele estava fora do aquário, seu pensamento era um pensamento fora do aquário. Conhecendo-o, sendo ele mesmo, eu era um axolotle e estava em meu mundo. O horror vinha – soube-o no mesmo momento — de me acreditar prisioneiro em um corpo de axolotle, transmigrado a ele com meu pensamento de homem, enterrado vivo em um axolotle, condenado a me mexer lucidamente entre criaturas insensíveis. Mas aquilo acabou quando uma pata veio roçar na minha cara, quando, mal me mexendo para um lado, vi um axolotle junto de mim que me olhava, e soube que também ele sabia, sem comunicação possível, mas tão claramente. Ou eu estava também nele, ou todos nós pensávamos como um homem, incapazes de expressão, limitados ao resplendor dourado de nossos olhos, que olhavam a cara do homem grudada no aquário.[3]

O homem continua a visitar o aquário, mas cada vez menos. Enquanto isso, o axolotle que fora homem consola-se em pensar que talvez ele faça um conto sobre eles. Porque a compreensão que se procurava revelara-se impossível, mostrando-se possível apenas a ambigüidade da última sentença: "Ou eu estava também nele, ou todos nós pensávamos como um homem, incapazes de expressão"; dependendo da maneira de ler, ora os axolotles pensam como um homem, mas são incapazes de expressão, ora os axolotles pensam como os homens, os quais são incapazes de expressão. Como sair do aquário para olhá-lo, sem sufocar por falta de água, ou como entrar no aquário para entendê-lo, sem sufocar por falta de ar?

O axolotle de Cortázar é tão anfíbio quanto a ficção, fazendo par com o *vampyrotheutis* de Flusser. Sua fábula animal *Vampyrotheutis infernalis* fala de uma espécie rara do gênero octopodal que pode chegar a vinte metros de diâmetro: apenas três espécimes teriam sido encontrados em regiões abissais do mar da China. O animal serve a Flusser como o axolotle serviu a Cortázar: olha-o tão intensamente que de repente espanta-se olhando o próprio olhar. Flusser assume que o encarou tanto para "alcançar suficiente distância da condição humana" quanto para escrever uma fábula que fosse ao mesmo tempo "cientificamente exata e fantasia desvairada (*fantasia essata*)".[4]

Este é o livro que melhor realiza, segundo Abraham Moles, a ficção filosófica de Vilém Flusser, uma vez que oferece *science fiction* no sentido inverso àquele que os seriados de televisão nos habituaram. O texto de Flusser é acompanhado por quinze pranchetas, carimbadas pelo igualmente fictício Institut Scientifique de Recherce Paranaturaliste, do biólogo e artista plástico Louis Bec. Segundo Klaus Sander, não seria correto entender o livro como de co-autoria, uma vez que o manuscrito de Flusser antecede as pranchetas de Bec de alguns anos, mas é certo que o francês, em trinta anos de pesquisa-invenção, "desenvolvera uma espécie de parabiologia, de biologia paralela que, com inacreditável minúcia, minudência, pseudocientificidade e espírito lúdico, concebeu, por assim dizer, um sub-ramo da biologia, correspondendo de perto às atividades teóricas e filosóficas de Flusser".[5]

A primeira frase de *Vampyrotheutis infernalis* contém duas afirmações, uma física e outra ética: "O gênero octopodal é representado por 140 espécies, o gênero humano por uma única sobrevivente: liquidamos com as demais".[6] A seguir, fala da dificuldade de compreender esse ser:

> A classificação taxonômica da espécie é difícil. É difícil captarmos *Vampyrotheutis* nas redes de pesca e nas do conhecimento. Vivemos separados por abismo, nós e ele. A pressão que ele habita nos achata, e o ar que respiramos o asfixia. Se conseguimos encerrar parentes seus em aquários a fim de observar seu comportamento, eles tendem a suicidar-se devorando os próprios braços. Ignoramos o nosso próprio comportamento, se ele conseguisse arrastar-nos na profundeza e encerrar-nos nas suas redomas a fim de observar-nos.

A barreira que separa o ser humano do *Vampyrotheutis*, entretanto, pode ser compreendida. O estudo dessa barreira é a epistemologia, nesse caso investigada com instrumentos ficcionais. Realiza-se a suspensão da crença "ciência" por meio de uma outra maneira de olhar e de falar do que se olhou, encontrando semelhanças e diferenças entre humanos e esses seres não desinteressada e objetivamente, mas assumindo interesse em entender para se entender. Nesse sentido, *Vampyrotheutis* e homens poderíamos sustentar dignidade animal por nos definirmos como *Bilateria*, quer dizer, vermes dialeticamente organizados: com cabeça e ânus, distinguimos entre progresso e recuo, e como *Eucoelomata*, quer dizer, "seres inacreditáveis se nós mesmos não o fôssemos", compostos por três tecidos: o ectoderma, que nos define do mundo, o endoderma, que secreta líquidos e digere o mundo, e o mesoderma, que permite ao animal orientar-se no mundo e agir sobre ele. Mas, não obstante o parentesco existencialmente decisivo, há diferenças profundas: nós somos resultado de desenvolvimento dos *Eucoelomata* rumo à digestão, enquanto os *Vampyrotheutis* são resultado de desenvolvimento dos *Eucoelomata* rumo ao enervamento.

Biólogos podem arrepiar os olhos em frente a esse tipo de descrição, assim como geógrafos terão dado passos atrás perante a fenomenologia do brasileiro. O propósito do seu estudo, porém, não é esboçar zoologia "vampyrothêutica", mas captar (ação um ponto abaixo da de capturar), a estrutura biológica fundamental do *Vampyrotheutis*:

> Nela reconhecemos vários traços da nossa própria existência no mundo. Outros traços nossos, embora reconhecíveis, são nele curiosamente deformados. Destarte podemos iniciar um jogo com espelhos deformadores, um oposto ao outro. Jogo de reflexão de reflexão, durante o qual vamos descobrindo nossa própria estrutura existencial de um ponto de vista que nos é muito distante. Trata-se, no entanto, de reflexão não-transcendente. Embora *Vampyrotheutis* esteja muito afastado de nós, está não obstante conosco no mundo. É um ser-conosco (*Mitsein*) de maneira que nos convida à reflexão imanente ao mundo. O resto deste ensaio será fábula: tentativa de criticar a nossa existência vertebrada do ponto de vista molusco. Como toda fábula, esta também tratará sobretudo do homem, embora um "animal" lhe sirva de pretexto. *De te fabula narratur*.[7]

Seu programa científico se resume aqui: olhar buscando outro olhar e buscando captar o momento em que se olha, por meio de conjunto de espelhos não-planos. Esse programa, todavia, é igualmente literário: a fábula comparece no lugar da realidade e do objeto para que objeto e realidade sejam. Assim se poderia classificar – ironicamente – os animais em apenas duas categorias: os que evoluem em nossa direção, "homens imperfeitos", e os que divergem de nossa direção, "homens degenerados".

Mamíferos são homens imperfeitos enquanto aves, répteis e moluscos moles representariam a degeneração do humano. Flusser levanta a seguinte hipótese: "o nojo recapitula a filogênese" – quanto mais afastado um animal do homem, tanto mais nojo lhe causa. Quando a vida esmagada (sob o nosso sapato) é mole, sentimos nojo. *Vampyrotheutis* é animal mole, lento e viscoso, mas de estrutura complexa: "a espiralidade é o tema fundamental do organismo molusco" porque são animais retorcidos sobre si mesmos, tendendo a aparente involução em todos os detalhes e como um todo.[8] Em *Vampyrotheutis* a tendência para a retorção é tão violenta que seu corpo se retorce até que a boca devore a cauda – como se o uróboro estivesse vivo o tempo todo no fundo do mar.

Os *Mollusca* são cosmopolitas, habitando em todos os mares e continentes, de modo geral lentos ou imóveis, presos pelas conchas ou enterrados em rochas. Os *Cephalopoda*, entretanto, aos quais pertence o *Vampyrotheutis*, são animais rápidos e ferozes. Da boca saem oito ou dez tentáculos que parecem pernas, mas insuficientes, já que ainda têm outro órgão de locomoção: o jato. Expelem água na água para se propelirem para trás em grande velocidade. Alimentam-se e respiram provocando vórtice centripedal que aspira o ambiente, e locomovem-se expelindo a água e provocando redemoinho; logo, *Cephalopoda* são animais-redemoinhos com respiração e locomoção sincronizadas. Os *Vampyrotheutis* têm dois olhos surpreendentemente iguais aos nossos, mas funcionam de modo um pouco diferente: enquanto os nossos captam raios solares refletidos por objetos, os deles captam raios emitidos pelos próprios órgãos, que iluminam as regiões abissais, e são então refletidos por objetos.

A relação sexual é interna, complexa e muito longa, precedida e seguida de ritos nupciais prolongados. Os *Octopoda* são monógamos, com vida social caracterizada pelo suicídio e pelo canibalismo: ou estão copulando ou comendo ou se comendo, devorando os próprios braços, ainda quando haja alimento disponível. *Vampyrotheutis* está empenhado em jogo que não podemos jogar: nós brincamos de amor, e por isso somos ameaçados pela morte; ele brinca de morte e recalca o amor, nele mais evoluído do que em nós. A nossa meta é nos fundirmos no outro para transcendermos a morte; a sua meta é fundir-se no outro a fim de poder devorá-lo e suicidar-se. Trata-se de modelo que não podemos imitar, "porque não estamos suficientemente evoluídos para tanto". *Vampyrotheutis* nos fascina porque é nosso outro.[9]

O oceano, hábitat do *Vampyrotheutis*, pode ser visto por dois modelos. Como a maior parte da vida se encontra no mar, pode-se vê-lo como um paraíso fluido repleto de sons e luzes, noite eterna iluminada pelos raios emanados de seres vivos: "um jardim que sussurra, brilha e dança". Mas, como não nos encontramos no mar, de nosso ponto de vista vemos um abismo, ou melhor, o inferno: "buraco preto e frio, sob pressão achatadora, repleto de temor e tremor, habitado por seres viscosos e repugnantes que se entre-devoram com alicates e dentes".[10]

Ambos os modelos são verdadeiros, mas ambos não podem dar conta do que descrevem. É preciso passar de um modelo a outro, suspendendo crenças e forjando, no lugar e como jogo, outras crenças. Precisamos, sobretudo, libertar-nos de crença irrestrita em modelos, sobretudo do modelo segundo o qual a existência seria encontro de um conhecedor com um a-ser-conhecido. Tal modelo pressupõe que poderia haver sujeito sem objeto e objeto sem sujeito, e que estes podem se encontrar como podem não se encontrar – o que é absurdo. Tal modelo empaca no problema eterno do "realismo-idealismo" – quem vem primeiro: o objeto ou o sujeito? – que é eterno por ser falso. Devemos, pelo contrário, admitir que a existência é um estar-no-mundo, que há sempre sujeito relacionado a objetos, e objetos relacionados a um sujeito, e que a realidade é precisamente o relacionamento.[11]

Nessa lógica, a estrutura do mundo espelha a estrutura do organismo. O mundo da visão próxima contempla os objetos que nos tocam, o mundo da visão ampla contempla as teorias e os modelos que nos orientam; a coordenação humana entre mãos e olhos é que reparte o mundo em regiões ontológicas, construindo então toda ética e estética. Como isto vale para qualquer ser no mundo, vale para *Vampyrotheutis*: "seu organismo espelha o abismo, seu abismo o organismo". Mas, ao encontrarmos *Vampyrotheutis* no abismo, reconhecemos existência comparável à nossa, que nos permite salto de mundo a mundo. Este salto é propriamente a *metáfora*: transferência de mundo para mundo de maneira que "tal tentativa metafórica não é *teoria*, mas *fabula* no exato significado do termo. Estamos saltando de mundo habitual para mundo fabuloso".[12]

A cultura de *Vampyrotheutis* revela a cultura humana. Mas os *Vampyrotheutis*, espécie de polvo gigantesco e abissal, têm cultura? Segundo Flusser, sim. Definindo-a por modificação deliberada do mundo por um sujeito, a cultura encontra-se no programa dos dois animais, mas com uma diferença. Para os homens, o mundo é feito de problemas que barram o caminho (de pedras-no-meio-do-caminho), logo, cultura implica remoção de problemas para abrir caminhos: trata-se de um projeto de remoção da natureza. Para os *Vampyrotheutis,* o mundo é feito de impressões que se precipitam, logo, cultura implica incorporação de impressões para digeri-las: trata-se de um projeto de crítica da natureza.

A arte humana não seria, como fazem crer burgueses bem-pensantes, fabricação de objetos "belos", mas sim o gesto pelo qual o homem imprime sua vivência sobre o objeto, a fim de nele se realizar e se imortalizar: "Todo objeto destarte informado é *obra de arte*, seja ele equação matemática, instituição política ou sinfonia".[13] Toda vivência implica simultaneamente conhecimento, valor e sensação; toda obra humana é arte. O nosso mundo fenomenal parece que emite raios – na verdade reflete, através dos objetos, raios emitidos pelo Sol. Como as aparências enganam do princípio, nós homens devemos ir além das aparências.

Já o mundo de *Vampyrotheutis* é noite escura, por isso ele precisa emitir os raios que fazem aparecer os objetos: os seus órgãos luminosos são as suas categorias de percepção. A existência do *Vampyrotheutis* é retorção que visa abrir-se para o mundo. Se para os homens o espaço é extensão inerte sustentada por esqueleto interno cartesiano, para ele o espaço é tensão retorcida sustentada por concha em espiral externa; se para os homens a distância mais curta entre dois pontos é a reta, para ele a distância mais curta é a mola que faz coincidir os dois pontos quando retraída.

Em conseqüência, sua geometria é dinâmica: ele não pode ser platônico, mas sim orgástico; sua atitude não será a da contemplação filosófica, mas sim a da vertigem filosófica. Tentando estabelecer a relação entre os dois seres, Vilém percebe o *Vampyrotheutis*, de nosso ponto de vista, como existência odiosa, assim como supõe que, do ponto de vista "vampyrothêutico", o homem é existência chata. Se para nós ele é horroroso, para ele somos insípidos – indigeríveis.

Não somos complementares, mas opostos como espelhos: "Não adianta querer minimizar: *Vampyrotheutis* é o nosso inferno".[14] Não adianta querer monumentalizar: "Que evitemos todo romantismo, porque *Vampyrotheutis* ilustra a essência do romantismo: o inferno".[15] É preciso contar fábulas nas quais *Vampyrotheutis* possa agir a fim de poder nos alterar, mas que não sejam meras teias secretadas por pesadelos. As fábulas devem recorrer às redes das ciências, não como "ficções científicas", mas como ciências fictícias, isto é: "superações da objetividade científica a serviço de um conhecimento concretamente humano".[16]

Sua fábula fabulosa é exercício rigoroso de ciência fictícia – de ficção filosófica. Relaciona-se também com a bela *Prosa del observatorio*, do mesmo Cortázar. Em contraponto à solução do professor Maurice Fontaine, da Academia de Ciências da França, para o enigma das enguias que se suicidam aos milhões nas eclusas e nas redes dos rios – tratar-se-ia tão-somente de uma reação de seu sistema neuroendócrino em face do adelgaçamento e da desidratação que acompanha a metamorfose dos leptocéfalos em jovens enguias –, Córtazar responde com caudalosa frase, à maneira da enorme serpente feita de enguias:

> Bela é a ciência, doces as palavras que seguem o percurso das enguiazinhas e nos explicam a sua saga, belas e doces e hipnóticas como os terraços prateados de Jaipur onde um astrônomo manejou em seu dia um vocabulário igualmente belo e doce para conjurar o inominável e vertê-lo em pergaminhos tranqüilizadores, herança para a espécie, lição de escola, barbitúrico de insônias essenciais, e chega o dia em que as angüilas penetram no mais fundo de sua cópula hidrográfica, espermatozóides planetários já no ovo das altas lagoas, dos açudes celestes onde sonham e repousam os rios, e os flexuosos falos da noite vital se acalmam, se acamam, as colunas negras perdem sua flexível ereção de avanço e busca, os indivíduos nascem para si mesmos, se separam da serpente comum, tateiam por sua própria conta e risco as perigosas bordas das poças, da vida; começa, sem que ninguém possa saber a hora, o tempo da enguia amarela, a juventude da raça em seu território conquistado, a água por fim amiga, cingindo sem combate os corpos que repousam.[17]

À formulação científica, necessária mas ao mesmo tempo barbitúrico de insônias essenciais, contrapõem-se tanto a metáfora quanto o não parar de dizer. Ao falar de estrelas guiando enguias, o narrador não quer submeter a natureza ou usufruir satisfação acadêmica. Como Flusser com o seu *Vampyrotheutis*, "aqui se pergunta pelo homem, embora se fale de enguias e de estrelas; algo que vem da música, do combate amoroso e dos ritmos estacionais, algo que a analogia tateia na esponja, no pulmão e na sístole, balbucia sem vocabulário tabulável uma direção para outro entendimento".[18]

O que o escritor se recusa a aceitar, enquanto o acadêmico disserta sobre o percurso dos leptocéfalos, é "o sórdido paradoxo de um empobrecimento correlato com a multiplicação das bibliotecas, microfilmes e edições de bolso".[19] É nesse momento que o escritor se afina com o filósofo que observara a contradição do tempo: quanto mais valor adquire a ciência instituída, menos se sabe e menor o valor do saber. Por isso, ambos se perguntam: o que será real? Não-real? Ou virtual?

Em *Angenommen – Suponhamos*, Flusser tenta elaborar cenários improváveis de futurologia com suposições que se querem menos comprovadas do que exploradas. Na apresentação da versão manuscrita em português (que difere em várias frases da versão alemã, como de resto costumava acontecer), fala das suas hipóteses-ficções:

> No entanto, este livro dançará sobre as pontas dos pés como se fosse futurologia. Este livro procurará fazer com que suposições (hipóteses, ficções) saltem dele sobre a escrivaninha do leitor como as lagartixas de Escher que saem do papel para invadir a mesa. Tais lagartixas são verossímeis: a sua cabeça é verdadeira, seu rabo é simulacro. São quimeras. Não são nem verdadeiras, nem falsas. São mais ou menos prováveis. O futurólogo procura fazer saltar lagartixas muito prováveis: cabeça grande, rabo curto. Este não é o propósito deste livro. Homem é bicho que se nutre de improbabilidades. Futurologia é indigesta, por ser tão provável. As lagartixas que saltarão deste livro serão improváveis. "Futuro" tem outro nome: "aventura" (*ad-venire* = aquilo que se aproxima).[20]

As lagartixas do gravador holandês Mauritius Cornelius Escher saem da folha de papel desenhada (mas não, ainda, da folha que suporta o desenho), assumem tridimensionalidade (embora permaneçam bidimensionais), passeiam por cima de um livro e retornam àquela folha de papel. Por não serem nem verdadeiras nem falsas, permitem que o filósofo abrace o simulacro e espose a improbabilidade. Poeta e cientista encontram-se nas ilusões de óptica, como a da velha-jovem ou do pato-coelho: elas constatam a impossibilidade de se experimentarem interpretações alternativas ao mesmo tempo: se vejo o coelho não vejo o pato, se vejo a moça não vejo a velha. Não podemos observar a nós mesmos sofrendo uma ilusão, tal como não se pode olhar o próprio olhar.

Para comprovar a realidade da ilusão – paradoxal expressão –, Gombrich propõe experiência banal com o espelho do banheiro quando embaçado pelo vapor da água quente do chuveiro: trace-se com o dedo o contorno da própria cabeça na superfície do espelho e a seguir limpe-se a área englobada no contorno. Só depois de fazer isso se pode perceber o quanto é pequena a imagem que nos dá a ilusão de nos vermos "cara a cara": ela terá a metade do tamanho da cabeça real.[21] Geometricamente o fato é fácil de demonstrar, com o auxílio de triângulos semelhantes e com a constatação de que o espelho, por parecer estar a meio caminho entre o reflexo e o sujeito, gera imagens com metade do tamanho real. A despeito de toda geometria, porém, cada um de nós insistirá que vê a sua cabeça em tamanho natural, supondo, no máximo, que o tamanho na superfície do espelho é que é o fantasma – não podemos fazer uso de uma ilusão e desmascará-la ao mesmo tempo.

Experiência semelhante à de Gombrich pode ser feita com uma paisagem refletida na água. O resultado nunca é simétrico, já que cada ponto do objeto é visto ao mesmo tempo de duas perspectivas diferentes; a forma resultante intriga devido à ambigüidade espacial que engendra. A fotografia de uma paisagem refletida em um lago, no entanto, registra com nitidez tanto o espelho quanto o reflexo, gerando no espectador sensação onírica.

Quod erat demonstrandum, não podemos distinguir a percepção da ilusão: as ilusões não seriam erros, mas sim parte da experiência e, portanto, parte da realidade. Não é que vivamos na ilusão ou na percepção: a realidade é que se mostra antes um argumento, isto é, uma maneira de explicar a experiência. O problema não reside em diferenciar realidade (hipotética), ilusão, simulação ou realidade virtual: o que distingue as diversas realidades que se percebem é *como* o sujeito experimenta e incorpora as vivências. Górgias, bem antes, relacionara os atos de iludir e ser iludido com a sabedoria, na contramão do senso comum: "Aquele que ilude é mais justo do que o que não ilude, e o que é iludido mais sábio do que o que não é".[22]

Experiência perturbadora articulando linguagem e ilusão foi realizada no Massachusetts Institute of Technology. Uma psicoterapeuta chamada Eliza e uma adolescente tiveram o seguinte diálogo:

– Todos os homens são iguais.
– Em que sentido?
– Sempre estão nos perturbando com uma coisa ou outra.
– Pode pensar em um exemplo específico?
– Meu noivo me fez vir aqui, por exemplo.
– Seu noivo a fez vir aqui?
– Disse que fico deprimida muitas vezes.
– Lamento ouvir que você fica deprimida.
– É verdade, sou uma infeliz.
– Acredita que vir aqui te ajudará a não ser infeliz?
– Preciso de ajuda...
– Que significaria para você conseguir ajuda?
– Queria aprender a me dar bem com a minha mãe.
– Diga-me mais coisas sobre a sua família...[23]

Uma típica conversa de divã, se *Eliza* não fosse um programa de inteligência artificial criado em 1966 por Joseph Weizenbaum. O inventor comentou em seu livro *Computer power and human reason* que breves exposições a este programa de computador podiam infundir idéias deformadas em gente normal. O programa levava as pessoas a revelar os seus segredos mais íntimos e às vezes mostrava-se difícil convencê-las de que *Eliza* não era um ser humano autêntico. Descobriu-se que a própria secretária do cientista escondia-se no laboratório para ter sessões privadas com sua "psicóloga". As experiências alarmantes das reações humanas ante *Eliza* converteram seu inventor em um adversário das Inteligências Artificiais.

O programa empregava uma estratégia técnica, a comparação de padrões, com o objetivo de provocar a ilusão no usuário de que o computador poderia compreendê-lo. Nada muito diferente se faz hoje quando nos referimos a *softwares* "amigáveis", isto é, que suscitam a ilusão de uma relação humana. A experiência do MIT pode ser observada pela perspectiva inversa, fazendo-nos perguntar se os psicoterapeutas "reais", aqueles aos quais pagamos caro para confessar segredos de que nem sabíamos, são seres humanos *autênticos* ou apenas biomáquinas treinadas em determinada técnica de extrair (ou produzir) informações pessoais.

No começo das pesquisas sobre inteligência artificial, Alain Turing se perguntava se uma máquina pode pensar, mas depois o filósofo John Searle inverteu a pergunta: o cérebro é um computador digital? Desdobrando a questão, seria o cérebro uma espécie de *hardware* enquanto o espírito funcionaria como seu *software*? Continuando nessa direção, passa-se a perguntar (e a experimentar) se os processos cerebrais podem ser simulados por um computador, se o computador pode simular a capacidade criativa, enfim, se os computadores podem produzir poemas ou quadros melhores que os de Neruda ou Mondrian...

No momento, a resposta a essas questões é: ainda não. Enquanto isso, voltamos a Gombrich, que se perguntava, em relação à representação pictórica do mundo: os pintores têm sucesso na imitação da realidade por verem mais, ou vêem mais por terem adquirido a habilidade da imitação?

A disjuntiva é falsa: é preciso observar com diligência para imitar, mas é imitando que se aprende a observar melhor. No domínio da pintura, o artista não pode transcrever o que vê: "pode apenas traduzi-lo para os termos do meio que utiliza". Aquilo que um pintor investiga "não é a natureza do mundo físico, mas a natureza das nossas reações a esse mundo", idéia próxima da concepção fenomenológica. O pintor se preocupa menos com as causas do que com o mecanismo de certos efeitos, procurando conjurar imagem convincente que não corresponda ao real, mas se torne real. O artista tende a ver o que pinta ao invés de pintar o que vê.[24]

O espectador deve saber disso para poder olhar. Conta-se a história da mulher que visitava o ateliê de Matisse e, ao olhar um quadro, comentou: "Mas o braço dessa mulher está comprido demais!". O artista, polido, respondeu: "Madame, a senhora está enganada. Isso não é uma mulher, é um quadro".[25] A mulher exigindo "realidade" equivale ao boboca que vai assistir a um filme de James Bond e logo nas cenas iniciais se irrita: "Mas que mentira!". Ambos necessitam de ficção, tanto que vão ao ateliê de um pintor ou a uma sala de projeção, mas ao mesmo tempo ambos não suportam ficção. Parece que o quadro e o filme, colocando sob suspeita o que vêem, põem em questão o restante, ou seja, a própria realidade. O leitor de um romance, o observador de um quadro, o espectador de um filme, precisam suspender a descrença, mas também, lado a lado com o artista, precisam desmontar a matéria do real para refazê-la.

No século XI, o chinês Sung Ti ensinou a sua técnica a outro pintor. Orientou-o a escolher um muro em ruínas e jogar por cima um pedaço de seda branca, olhando dia e noite para a seda até conseguir ver as protuberâncias, as reentrâncias, as saliências do muro, fazendo do que relevasse as montanhas, da parte mais baixa a água, das concavidades as ravinas, das fendas os riachos, até começar a descobrir as plantas, os pássaros e as pessoas – só então poderia começar a pintar.[26]

O que deve fazer o leitor? Tomar o livro como um muro em ruínas e jogar por cima um pedaço de seda branca, lendo-o e relendo-o até aprender a ler não o livro, mas a sua leitura. O artista não vê necessariamente mais do que o leigo – em certo sentido, ele precisa ver *menos*, como fica patente quando semicerra os olhos. Apenas vendo menos poderá fazer ver-nos a mais: o que não há, mas poderia haver. As ilusões são movidas pelo "princípio do *et cetera*"; ao ver os elementos de uma série, supomos de bom grado ter visto todos. Esse princípio se associa ao nosso egocentrismo original, permitindo que determinados quadros contenham personagens que pareçam estar sempre olhando para o observador enquanto ele se desloca. Esse efeito é reforçado pelo pintor com um pequeno truque: deixar o personagem retratado ligeiramente vesgo. Mas, mesmo que não se use o truque, desde que a imagem não esteja olhando para determinado lugar, o efeito se realiza porque nos assumimos no centro do mundo – o olho olha para nós, a arma aponta para nós.

Até aonde se quer chegar? Até a dimensão contemporânea da realidade virtual, expressão contraditória nos seus termos e bem anterior à informática. Vilém Flusser destaca duas dificuldades para falar sobre o tema, uma etimológica e outra ontológica. A evolução etimológica do termo "virtual" do latim a nossos dias revela mudança substantiva: de *vis* (força) a *vir* (varão), a *virtus* (virtude), chegamos a *virtual*, de significado distante dos termos de origem. Refletir sobre a virtualidade implica refazer conceitos que supúnhamos estabelecidos, como os de realidade e verdade.[27] Ele propõe definição provisória: "O virtual significa aquilo que provém do possível e se aproxima da realidade".[28]

Segundo Edmond Couchot, o virtual, resultado de uma evolução das técnicas de figuração, leva a uma ruptura com os modelos de representação. A imagem virtual não mais representaria o real, ela o simularia.[29] Essa concepção, todavia, é problemática: nenhuma arte reproduz com fidelidade o real. Cada meio de expressão artística representa a realidade em função dos processos de modelagem que lhes são próprios: se a arte busca uma ilusão referencial, esta ilusão muda continuamente. Quando se define o virtual nos termos de uma imagem tecnicamente auto-referente que não reproduz o real preexistente, pode-se dizer que tanto a pintura, de todas as épocas, quanto o cinema, na nossa época, produzem imagens virtuais: "Toda arte produz, em algum nível, uma ilusão referencial que depende da fé perceptiva do espectador, ou, o que dá no mesmo, de uma voluntária suspensão da incredulidade a que Coleridge chamava de *fé poética*".[30]

A despeito, Paul Virilio e Jean Baudrillard insistem na estética do simulacro como condição exclusiva da época que entendem pós-moderna. Virilio compara a internet a uma espécie de droga: como a multiplicação dos alucinógenos seria um fenômeno de busca de desrealização, a droga eletrônica reforçaria essa necessidade, ao lado dos chamados esportes radicais: os indivíduos não mais procurariam praticar um esporte para desenvolver seus corpos, mas sim para brincar com a morte como se estivessem no picadeiro do circo romano, o que revelaria uma patologia mascarada.[31]

Baudrillard leva a questão adiante em perspectiva ainda mais negativa: a estética do simulacro implicaria a desaparição do real na medida em que a imagem virtual, auto-referente, constituiria um significante sem referência social. Baudrillard segue os passos de Guy Debord e assegura que a imagem tem se tornado "cada vez mais" virtual ao encenar a ficção pela ficção, remetendo-se como imagem a si mesma. A revolução na Romênia e a Guerra do Golfo teriam mostrado uma televisão que aniquila o referente pela informação, em processo fatal de auto-referência que nos impediria de propor a questão da verdade do acontecimento histórico. Com o fechamento do simulacro sobre si mesmo, a criação abastarda-se ao fazer do criador apenas um usuário refém da razão cinicocomunicacional. O signo ou a imagem absorveriam e reificariam o referente, tornando-se mais reais do que o próprio real. Logo, o simulacro assume uma função diabólica ao transformar o real na sua sombra.

A perspectiva de Baudrillard é, por um lado, interessante, mas por outro se revela conservadora. É interessante porque desde Kant se sabe que o ideal pode ser mais real do que o real, ou seja, a representação imaginária da realidade pode ser mais intensa, portanto com mais "força de realidade", do que as percepções do cotidiano; em conseqüência, a intensidade da representação sempre pode absorver e reificar o referente – só que tanto nas imagens televisivas da Guerra do Golfo quanto nas paradas militares do 7 de Setembro na avenida Presidente Vargas.

Colocar o nosso momento como ponto nodal do apocalipse obriga a um equívoco narcísico, portanto, conservador – conservando imagem de si que se deseja preservar, ainda que para isso seja preciso borrar as demais. A era do simulacro teve início antes das novas tecnologias da imagem, com a separação, introduzida pela linguagem, entre natureza e cultura.[32] Mas Baudrillard tenta se explicar:

> Não encontraremos mais a história anterior à informação e à mídia porque o excesso de história, ou o excesso de *acontecimentalidade*, anula a própria possibilidade de ação histórica. Não é que os acontecimentos se tenham tornado mais numerosos, é que o próprio acontecimento se multiplicou devido à sua difusão, através da informação. Eu diria que é porque tudo se tornou história que não é mais possível acreditar nela. As mentalidades, a vida cotidiana, a sexualidade, tudo foi historicizado. É então mais por excesso do que por rarefação que pouco a pouco se perdeu o conceito e o sentido da história. Não se trata do fim da história no sentido de Fukuyama,

ou seja, pela resolução de todas as contradições que ela havia levantado, mas sim da dissolução da história enquanto acontecimento: seu cenário midiático, seu excesso de visibilidade. Com a instantaneidade da informação não existe mais tempo para a própria história. Ela não tem tempo para acontecer, está curto-circuitada. Constatar isto não é não acreditar em mais nada, mas encarar este recuo da história e tentar escapar a seus efeitos mortais.[33]

Seu argumento é menos simplista do que a difusão de suas idéias; a concepção do excesso de *acontecimentalidade* permite reflexão equivalente à de Bertolt Brecht, em 1927: "De repente, dispomos da possibilidade de dizer tudo a todo mundo, mas nos damos conta de que, na verdade, não temos nada para dizer".[34]

Quando Baudrillard diz que não acredita em nenhuma forma de realismo, aproxima-se do que vimos discutindo, mas tropeça ao opor o real ao virtual. Ora, o virtual não se opõe ao real, mas sim aos ideais de verdade, por sua vez ficcionais tanto quanto. Não é o mundo em si que é ficção, "mas sim o conjunto de nobres explicações com que o (des)figuramos".[35] A ilusão se encontra em todo lugar, quer como ideais de verdade, quer como ilusão do fim das ilusões, quer como potência de fabulação. A fábula da substituição do real pelo virtual deriva da mesma dicotomia que encerra as categorias da representação: imagem no lugar do objeto, máquinas no lugar do homem, imaginário no lugar do real. A operação que conduz à simulação é própria da imagem e da linguagem onde quer que se dêem; não é acidente nem armadilha.

Jean Baudrillard se autoproclamou um intelectual terrorista, facilitando perceber seu pensamento como apocalíptico. Entendendo que a dinâmica do capitalismo alterava-se do primado da produção para o primado do consumo, viu no segundo uma nova forma de alienação e controle social, no que tem razão. Descartando o marxismo como uma espécie de imperialismo conceitual e pseudo-revolucionário álibi do capitalismo, buscou desconstruir com bombas retóricas a proliferação de objetos e imagens que, criando um *ruído branco* de informação, pretenderia dissolver indivíduos e classes sociais em uma massa homogênea, *colapsando* a distinção entre realidade e irrealidade. Haveria a implosão das oposições clássicas para que espécie emergente de hiper-realidade fosse dominada pelo indeterminado jogo dos simulacros quase sempre observados como negativos. Para ele, a história chegava ao final porque os eventos se tornavam inconseqüentes. No entanto, seu desconstrutivismo mostra-se uma caricatura da crítica. Debord e Baudrillard têm razão em muitos aspectos de suas críticas à sociedade do espetáculo e do consumo, mas quando reivindicam *toda* a razão, enfraquecem seus argumentos.

A conotação pejorativa do simulacro é anterior a Baudrillard, derivando no mínimo de Platão e mostrando-se presente no discurso do senso comum, que toma toda ilusão por mentira ainda quando precise da ilusão dos mágicos, dos jogos e das narrativas. No entanto, tanto fenomenologia como cibernética reconhecem a impossibilidade de apreender os aspectos do mundo em sua fugacidade, optando pelo esforço de reconstruí-los. Aquele que reproduz por meio de um simulacro (de um modelo) fenômeno ou objeto sabe axiomaticamente algo de essencial sobre o objeto ou o fenômeno.

Flusser, esboçando ontologia baseada na estrutura da língua, afirma que universo, conhecimento, verdade e realidade são aspectos lingüísticos. Aquilo que nos vem por meio dos sentidos e que chamamos "realidade" é dado bruto, que se torna real no contexto da língua, única criadora de realidade. No entanto, como as línguas, plurais, divergem na sua estrutura, divergem também as realidades criadas por elas. A língua portuguesa, por exemplo, dispõe de uma estrutura que exprime causalidade ("por causa de"), enquanto as línguas alemã e tcheca não disporiam de termo equivalente. A palavra alemã *Ursache* não significaria, etimologicamente, causa, e sim *Ur-sache*, isto é, "arquicoisa", a prima causa dos antigos. Em conseqüência, alemães e tchecos conceberiam o processo causal de maneira diferente dos portugueses e dos brasileiros, bem como difeririam entre si: os alemães conceberiam a causação como processo genético, ao passo que os tchecos estabeleceriam relações sobretudo morais, não causais.

Anatol Rosenfeld, ao resenhar *Língua e realidade*, discorda das teses de Flusser, mas recomenda a leitura do seu livro, por jogar com o pensamento fenomenológico "de modo magistral". Reconhece intuições profundas, bem como entende algumas das análises como modelos de argúcia. Pela originalidade, considera-o um livro "poético", formulando talvez o elogio mais perseguido pelo próprio filósofo.

Anatol admite haver alguma verdade, mas apenas parcial, na afirmação de que a língua determina a nossa visão da realidade. Reclama de que teria sido melhor se Flusser tivesse se limitado ao exame cuidadoso dessa verdade parcial, "em vez de pregar logo um mito e arrancar dos seus diversos nadas toda uma mística". Todavia, admite o conselho como "filisteu" ante esta filosofia lúdica, chegando a considerar preferível que Flusser continue escrevendo livros como aquele: "esplêndidos, conquanto errados", até porque certos erros podem ser mais fecundos do que tantas verdades. Este é o interlocutor que Flusser sempre procurou: aquele que, quaisquer que sejam as suas convicções, aceita participar da "grande conversação geral". Este tipo de interlocutor vê erro, mas admite que o erro que vê possa ser "esplêndido".

Rosenfeld considera baldado o esforço de estabelecer uma ontologia reduzindo a estrutura do ser a camadas lingüísticas. Este idealismo seria radical, resultando em espécie de solipsismo lingüístico que veria a realidade apenas como a língua cercada de nadas. Ora, isto seria o contrário da ontologia, implicando a retomada da posição kantiana com a exclusão da coisa-em-si. Não considera as teses de Flusser fecundas no campo específico da ontologia, porque elas borram os limites dos vários tipos de ser, impedindo que se entenda bem a diferença entre o centauro, ser imaginário, o triângulo matemático, ser ideal, e a árvore, ser real.

Tudo se nivelaria na noite dos gatos pardos, a língua produzindo sua própria realidade, espécie de divina causa de si mesma. O crítico contrapõe os exemplos de Flusser aos contextos objectuais: não admite que os alemães vivam numa realidade não-causal apenas porque na sua língua faltaria o termo que simboliza a causalidade; considera que *Ursache*, no alemão moderno, significa, para além da sua etimologia, "causa" – e que o "por causa de" português pode modificar o seu sentido conforme o contexto: em "vou à montanha por causa do ar puro", por exemplo, a função não seria mais causal, mas final.[36]

Flusser replica afirmando que a primeira motivação do seu livro era responder ao desafio que lhe era lançado pela língua portuguesa, entendendo que a literatura brasileira de filosofia seria uma literatura alienada de sua própria língua.[37] Do seu ponto de vista de imigrante, tratava-se de uma literatura de erudição que parasitava obras inglesas, alemãs e francesas. Para se contrapor, tomou a língua portuguesa como personalidade autêntica, sujeitando-se aos seus mandamentos e tentando formular pensamentos por ela ditados. Deixou-se arrastar pela beleza dos verbos "ser" e "estar", saboreou o misterioso "há", esforçou-se por desvendar o segredo do futuro formado por "haver" e "ir" – mas procurou não perder o contato com a conversação filosófica geral, apelando sempre para as três línguas que então lhe eram íntimas: o alemão, o inglês e o tcheco. Aos poucos, a língua portuguesa tornava-se o seu laboratório, as outras três passando a constituir um sistema de controle.

Admite que possa ter pecado contra a língua portuguesa com os seus preconceitos tchecos e alemães, mas ressalva que alertara o leitor desse perigo. A segunda motivação do seu livro seria o desespero no qual a leitura de Wittgenstein, provando que a língua gira em circuito fechado, o tinha mergulhado. A língua espelharia um *Sachverhalt*, e o *Sachverhalt* espelharia a língua. Rosenfeld traduzira o termo *Sachverhalt* como "contexto objectual" e Flusser por "situação".

A língua espelha o comportamento das coisas entre si, o qual, por sua vez, espelha a língua, como dois espelhos pendurados em paredes opostas num quarto vazio. Se um juízo reflete uma situação, é certo, mas vazio. Se não o reflete, é mero ruído. As situações consistem em conceitos que são as sombras das palavras, como as palavras são as sombras dos conceitos. Em suma, a realidade para além das situações, para além do comportamento das coisas umas em relação às outras, seria intelectualmente inatingível: "O que não pode ser falado, deve ser calado".

Como escapar dessa prisão intolerável dentro da qual a língua, segundo Wittgenstein, nos encerra? O livro de Flusser tenta duas saídas.

Primeiro, abole a situação e o contexto, tornando a língua independente do significado extralingüístico; segundo, salienta a dinâmica inventiva (inventora de realidade) que propulsiona a língua, insistindo no caráter aventuroso da conversação da qual participamos como seres pensantes. Em conseqüência, a terceira motivação do seu livro seria a inquietação que lhe causava a fluidez da realidade. Semelhante fluidez não estaria contemplada pela rigidez dos sistemas ontológicos fornecidos pela tradição filosófica.

Nesse ponto, Flusser toma os exemplos levantados por Rosenfeld e os demole. Com que direito, pergunta, posso afirmar não ser uma árvore um ser imaginário para o ecólogo – que só reconhece a floresta como real? Com que direito, insiste, posso afirmar a idealidade do triângulo, se não estiver mergulhado numa camada geométrica de conversação? Com que direito, conclui, posso afirmar ser um centauro de fato imaginário para o grego do século IX a.C., a não ser com o direito da minha própria superioridade autodesignada?

Sistemas ontológicos que dividem as coisas em imaginárias, reais e ideais não servem, porque não refletem, de modo algum, a fluidez da realidade. É preciso permitir ao centauro (como ao seu unicórnio) condição de idealidade, em determinado nível de conversação, como é preciso permitir à árvore o *status* imaginário (sem o que não haveria ecologia) e ao triângulo a chance de realizar-se. Rosenfeld não estaria percebendo o conceito de "realização", que aparece melhor na língua inglesa: *"Do you realize it?"*, isto é, "Você compreende?". Logo, algo se realiza, algo se torna real dentro do processo lingüístico, quando esse algo é compreendido pelos intelectos em conversação autêntica.

A isto Rosenfeld chama de idealismo solipsista – mas, se idealismo é a crença de que a realidade está nas idéias, o termo não procede, porque Flusser entende que a realidade é dada pelas palavras, e não pelas idéias nem pelos conceitos. Se solipsismo implica a crença no isolamento incomunicável, o termo também não procede, desde que Flusser institui a língua, portanto a própria comunicação, como o campo da realidade.

Depois de discordar do exemplo do crítico – a frase "Vou à montanha por causa do ar puro" estaria errada, porque, se tomada como certa, significaria que "Vou à montanha impelido pelo ar puro" – o filósofo aplaude a crítica. A publicação do desacordo, no seu entender, enriquece a conversação e, portanto, amplia a realidade. Com a mesma elegância do resenhista, considera a crítica recebida da maior importância para a propagação do seu próprio pensamento.

O agradecimento não é retórico: em seu segundo livro, *A história do Diabo*, publicado no ano seguinte, Flusser faz questão de explicitar no prefácio a importância daquela relação divergente:

> A importância que Anatol Rosenfeld tem para mim não é, infelizmente, recíproca, porque não consegui conquistá-lo. Esta é, com efeito, uma das minhas derrotas mais amargas. Para mim (embora talvez isto seja uma projeção que faço sobre ele), ele representa a honestidade do intelecto fechado humildemente sobre si mesmo. Representa portanto para mim o modelo do crítico, e é em função e em temor desse tipo de crítica que escrevo. Embora saiba que a limitação deliberada que este intelecto se impõe a si mesmo não pode abranger todo o terreno no qual vagueio, admito que a sua crítica é pertinente, porque desvenda a soberba e a tristeza. É portanto em constante luta contra essa limitação deliberada que escrevo.[38]

A passagem é reveladora da relação apaixonada que Flusser mantinha com o pensamento e com os outros intelectos, como os chamava, que pensassem. A paixão, aqui, não pressupõe louvação, mas antes enfrentamento com a diferença, para melhor se habilitar a enfrentar o de tudo diferente. O enfrentamento, por sua vez, não exclui a sedução, que não deixa de ser uma atitude intelectual. Por isso, lamenta não haver conseguido conquistar Anatol para o seu terreno.

Nos arquivos de Edith, encontramos texto dedicado a Anatol Rosenfeld por ocasião de sua morte, que provavelmente não foi publicado. Nele, Flusser assume que Anatol sempre o irritava, insistindo no respeito às fontes: "Tal insistência cortava as asas da minha imaginação e encurtava o seu vôo". Irritava-o, sobretudo, a modéstia intelectual do outro, que o impedia de formular sínteses do seu pensamento, que parecia falta de coragem para dar um passo além do estreito campo de competência que ele mesmo tinha fixado: "Porque isto mergulhava as minhas próprias tentativas em tal direção num clima de irresponsabilidade".

Vilém Flusser confessa: "A existência de Anatol Rosenfeld era, para mim, irritante, porque questionava a minha própria *forma mentis*". E a morte, a ausência, funcionava como freio ainda mais irritante. Toda esta irritação, entretanto, implicava elogio radical: "Estou convencido de que tal irritação continua efetiva. Em outros termos: estou convencido de que a cultura brasileira tem, e terá doravante, a marca da sua passagem. Admitamo-lo e inclinemo-nos perante a sua memória para que seja uma bênção para nós e para a sociedade a qual dedicou o seu engajamento por escolha lúcida e livre".

À honestidade de Anatol, Vilém contrapõe a sua própria honestidade, explicitando o risco e os dilemas da sua maneira de pensar e argumentar por meio do confronto com a maneira de pensar e argumentar de Anatol Rosenfeld.

O húngaro Paulo Rónai – que como Vilém Flusser, Anatol Rosenfeld, Otto Maria Carpeaux e tantos outros viera para o Brasil fugindo da perseguição nazista aos judeus – faz resenha favorável do livro *Língua e realidade*.[39] Puxando a brasa para a sua sardinha de tradutor, entusiasma-se com as demonstrações de Vilém Flusser: "Se cada língua é um mundo diferente e, ao mesmo tempo, o mundo inteiro, o problema da tradução e do poliglotismo reveste-se de importância descomunal. Antes que uma conversão, a tradução é uma comparação; mais do que isso, uma ressurreição". Deslumbra-se com a leitura de obra de horizontes tão vastos, assinalando o mérito de ser escrita por um forasteiro em português, dando impulso considerável à plasticidade e à maleabilidade que também vê como inerentes à língua portuguesa. A tradução, forçando uma língua a dobrar-se, a acompanhar as curvas de um pensamento estrangeiro, seria talvez o meio mais requintado de comunhão espiritual entre as nações. Este requinte é tão mais fino quanto mais difícil, ou mesmo impossível, se revela toda tradução.

Flusser dominara o português a ponto de escrever com estilo, mas chegou ao Brasil sem falar a língua – poliglota, no entanto, "virava-se" comunicando-se em latim: *Quod est telefonum*, perguntava na rua, e era compreendido (em tcheco, a sentença seria semelhante: *Kde je telefón?*). Rónai, ao contrário, aprendera a língua na Hungria, porque ela lhe parecia "alegre e doce como um idioma de passarinhos". Sob o aspecto escrito, porém, dava-lhe antes a impressão de um latim falado por crianças ou velhos, "de qualquer maneira gente que não tivesse dentes. Se os tivesse, como haveria perdido tantas consoantes?".[40]

Lia espantado palavras como "lua, dor, pessoa, veia", procurando o que nelas restasse das palavras latinas, cheias e sonoras. Em seu relato de como aprendera o português, Paulo Rónai demonstra a mesma relação afetiva intensa de Flusser com a língua, embora sua descrição fosse muito mais carinhosa do que a do tcheco:

"Fenômenos sintáticos também me provocaram reações sentimentais. A descoberta do infinitivo pessoal foi uma surpresa e abalou-me bastante o orgulho patriótico, pois julgava-o riqueza exclusiva do húngaro. Afeiçoei-me logo às formas mesoclíticas dos verbos: falar-te-ei, lembrar-nos-íamos apresentavam-me como que em corte anatômico palavras já irreparavelmente fundidas no francês ou no italiano, e faziam supor dotes de análise e síntese em todos os que as empregavam. Admirei também a sábia economia que se manifestava em expressões compostas de dois advérbios, como demorada e pacientemente, só imagináveis numa língua que teimasse em não se afastar de suas raízes etimológicas".[41]

O carinho se explica também por que o húngaro traduzira poemas brasileiros e os fizera publicar em Budapeste em volume intitulado *Mensagem do Brasil*; era agosto de 1939, apenas quatro dias antes de os tanques nazistas cruzarem a fronteira da Polônia – Paulo Rónai, preso num campo de concentração, apenas no ano seguinte conseguia fugir para o Brasil. Ao passar por Portugal, angustiou-se por "não entender patavina" da língua de que já era tradutor, mas quando chegou ao Brasil foi recebido "com uma linguagem clara, sem mistérios. Ainda não desembarcara, e já não perdia nenhuma das palavras do carregador, que, em compensação, perdeu uma das minhas malas".

À relação de estrito carinho que Rónai estabelecera com o português, Flusser parecia opor uma relação de íntima inimizade, dramatizando, por meio das línguas, o seu estar no mundo. O fenômeno alarga a dramaticidade contida no axioma de Flusser: "Estrangeiro (e estranho) é quem afirma seu próprio ser no mundo que o cerca". Ser estrangeiro, portanto, é necessário, tanto quanto viajar ou imigrar. Navegar é preciso, viver não é preciso. E o filósofo navega não apenas entre dois continentes, mas também entre dois e mais idiomas.

No manuscrito (provavelmente inédito) *Retradução enquanto método de trabalho*, Flusser mostra-se fascinado com o confronto com os acordos e desacordos entre as várias línguas e seus "espíritos", como os chama. O alemão desafia a sua mente a não se entregar ao convite sedutor da profundidade e então buscar clareza. O francês, ao contrário, desafia-o a resistir ao virtuosismo verbal e então obrigar a língua a tocar em surdina. O português seria para ele a língua das digressões, logo, da indisciplina, convidando-o a conter-se. O inglês, língua síntese, contendo tanta ciência, técnica, filosofia e *kitsch* quanto nenhuma outra, o desafia a podar a profundidade alemã, o brilho francês, a genialidade portuguesa, para reduzir o texto ao essencial.

Ora, se ninguém pensa além do idioma – se é o idioma "quem" pensa, ou pelo menos é "ele" que pensa primeiro –, como fica a verdade, e em particular a verdade científica? Um poliglota como Flusser obriga-se a desconfiar das verdades, porque um idioma precisa desconfiar do outro. A chamada verdade científica não goza de imunidade. Para Ortega, a "verdade científica flutua, pois, em mitologia, e a própria ciência, como totalidade, é um mito, o admirável mito europeu".[42] O que, por sua vez, não implica a negação da racionalidade: o pensamento mitológico reside no cerne de todo pensamento, como forma de explicação primeva do mundo e do homem, ou seja, como realização privilegiada da razão ela mesma. Ainda que a ciência esbarre no portal dos mistérios fundamentais sem poder sequer esboçar sua solução final, isto não a torna "mero mito", no sentido pejorativo e positivista do termo, mas a faz, como totalidade, um mito "admirável", porque nos permite admirar novos horizontes a representar o quanto ainda não sabemos.

Sabemos o que é uma laranja? À primeira vista, sim, se vemos uma laranja. Mas, "olhando o nosso olhar" na direção da laranja, podemos reconhecer curioso erro quando dizemos que vemos uma laranja. A laranja tem um exterior e um interior; já não vemos o seu interior, a menos que a cortemos ao meio com uma faca afiada, e ainda assim estaremos vendo duas novas superfícies exteriores planas na aparência escondendo dois novos interiores inacessíveis. Podemos cortar a laranja em rodelas muito finas, mas nunca serão essas rodelas tão finas que nos permitam dizer com rigor que vemos a laranja completa, tal e como a pensamos. Substituindo a faca afiada por raios *laser* associados a modelagem computacional podemos chegar mais perto da realidade de cada mínima fatia, mas nunca estaremos "lá". Mesmo pressupondo a realidade da laranja apenas pelo seu exterior, por ser um sólido esferoidal perceberemos nela, embora nunca ao mesmo tempo, duas metades ou hemisférios. Por uma inexorável lei da percepção, a metade da laranja que temos em frente dos olhos oculta a outra metade.

É evidente, portanto, que cometemos um erro, em termos absolutos, quando dizemos que vemos uma laranja: "Nunca tudo o que pensamos ao referir-nos a ela o achamos patente numa visão nem em muitas visões parciais. Sempre dela pensamos mais que o que temos presente, sempre o nosso conceito dela supõe algo que a visão não põe diante de nós".[43] Em qualquer momento podemos cortar um pedaço mais fino da laranja para tornar patente o que antes se encontrava oculto, mas isso indica apenas que a intuição dos corpos materiais (que se dirá dos não-materiais) pode ser aperfeiçoada indefinidamente – mas nunca se dará de maneira total. A esta intuição inadequada, mas sempre passível de aperfeiçoamento, chamamos "experiência".

Entretanto, por que este raciocínio todo é contra-intuitivo, ou seja, por que não faz parte do senso comum? Como não vejo uma laranja? Não importa que não a veja toda num só instante, se posso vê-la toda no decorrer de alguns instantes. Como a língua criando a realidade? Esse tipo de raciocínio é aistórico. Ora, a língua é uma criação do ser humano, que portanto a antecede; por sua vez ele, ser humano, está contido pela realidade física, que portanto o antecede; logo, em última instância, a realidade criaria a língua, e não o contrário.

O silogismo fundado numa relação histórica de causa-efeito combinada a uma relação de conjuntos contidos uns nos outros é válido – mas estas relações são as que se criticam. A crítica filosófica, todavia, não pretende vencer o debate; não pretende, em última análise, "ter" razão. Isto seria incorrer na armadilha que se deve desmontar. O historiador tem razão – quem dispensa o conhecimento histórico é uma folha que não sabe fazer parte de uma árvore –, mas não pode ter toda a razão.

Ortega y Gasset explica, com uma fórmula simples, a dificuldade de se compreender Flusser, em particular, e o pensamento fenomenológico, em geral: *"La querencia es real, pero lo querido es irreal"*.[44] Querer é real, mas o que se quer não é real.

Demonstra-se o aparente paradoxo pela situação conhecida: deseja-se algo ou alguém; enquanto se deseja, a presença do objeto desejado é intensa, tão intensa que mesmo a ausência contribui para intensificá-la; quando se realiza o desejo, entretanto, no mais das vezes o objeto conquistado começa a se evaporar no ar, perdendo "realidade". Desejar é preciso; realizar o desejo, em contrapartida, nem tanto. "O ideal é mais real do que o real", já o dissera Gaston Berger.

Aproximamo-nos da filosofia oriental que separa o desejo da sua consecução, entendendo que o desejo se refina se e somente se não for nunca ultimado, como estabelecem as suas *ars eroticas*. Aproximamo-nos da fórmula do jagunço-narrador, Riobaldo: "O real não está na saída nem na chegada: ele se dispõe para a gente é no meio da travessia". Ou da "simpatia" que o compadre lhe ensinou: "Todo desejo a gente realizar alcança – se tiver ânimo para cumprir, sete dias seguidos, a energia e paciência forte de só fazer o que dá desgosto, nojo, gastura e cansaço, e de rejeitar toda qualidade de prazer".[45]

É preciso experimentar a falta e deixar a necessidade acontecer. Flusser e Rosa tecem o elogio da virtualidade. Entretanto, essa virtualidade que se elogia, para não derivar alienação e outras formas de autismo, deve se dar no concreto. Quelemém esclarece o paradoxo: sua "simpatia" não pede mentalização profunda, com o sujeito desejante sentado na posição de lótus até que o desejo se realize pela força da mente. Sua reza exige transformar o desejo em não-desejo pela força não da mente, mas do corpo e seus atos concretos, até que o ente admita a fenda que o constitui e através da qual as coisas possam acontecer.

O elogio da virtualidade reforça-se na comparação entre o mito platônico da caverna e a sala de cinema. Vejamo-nos vendo um filme: por cima de nossas cabeças e lá atrás se encontra uma máquina que projeta sombras à frente. Temos conhecimento dessa lanterna mágica porque somos bem informados sobre o progresso técnico do mundo. Apesar disso, como espectadores não voltamos a cabeça para trás (a não ser quando o operador foi tomar café e deixou o filme fora de foco), nunca desejamos olhar a "verdade" (a máquina). Estamos "programados" para aceitar como verossímeis os deuses aparentes que transitam na tela grande.[46]

Percebemos que um mesmo filme visto na televisão e no cinema nunca parecem o mesmo. A diferença fundamental não reside no tamanho da tela, ou na possibilidade irritante de intromissão do telefone, da campainha da porta ou da criança chorando, em casa, mas sim na expressão "o escurinho do cinema". Este "escurinho" junta no mesmo lugar pessoas desconhecidas que podem então, auxiliadas pela penumbra, pelo espaço primitivo (que simula tanto caverna quanto útero), pelo tempo marcado de duas horas, enfim, pelo ritual, não ser quem são (quem somos) para viver, no limite da estética e da terapia, a catarse aristotélica mais antiga e necessária. O espaço do cinema existe como um lugar de culto (ao imaginário); existe como espécie de igreja profana.

Todavia, é possível encontrar no cinema muitas pessoas que não agem como se estivessem numa igreja. Que agem como se estivessem na sala de visitas da sua casa, onde falam alto no celular, comem pipoca e "explicam" para a namorada o filme todo. Do mesmo modo que algumas crianças têm medo do escuro e dormem com luzes acesas, alguns cidadãos têm medo do ritual e o enfraquecem com a conversa-fiada e com o aparelho celular ancorado na orelha.

Não à toa o filósofo compara o cinema também ao supermercado.[47] O cinema seria o lado avesso do supermercado, por um jogo de sincronia eficaz. Os aparelhos que nos programam são sincronizados. Por exemplo: o aparelho administrativo se sincroniza com o aparelho do divertimento. O supermercado simula espaço político (mercado coberto onde se trocam bens e idéias), enquanto o cinema simula espaço teórico (espaço coberto destinado à contemplação).

Mas há fraudes. O supermercado é labirinto colorido e barulhento, composto de mensagens codificadas em imagens e sons, que devora os receptores das mensagens. Dispõe de entradas amplas para criar a ilusão de espaço público, apresentando-se como lugar de trocas, de diálogos, de avaliação de valores. Na realidade, o diálogo é impossível, pelo bombardeio constante das mensagens coloridas. Mas a cilada principal se encontra na saída: em contraponto às entradas amplas, o receptor-consumidor encontra a saída apertada por longas filas, no fim das quais precisa pagar um resgate.

A entrada do cinema, pelo contrário, é abertura estreita que obriga os que querem participar dos seus mistérios a fazerem fila. Em compensação, o cinema abre as suas portas, uma vez terminado o seu programa. O cinema cria a ilusão de ser espaço contemplativo, destinado à teoria (de *theorein*, contemplar). Parece com um teatro, mas isto é outra fraude. O cinema não é estrutura teatral, se não há nele palco com emissor que enfrente os receptores – o que existe é aparelho projetando mensagens de um emissor ausente. O cinema é "uma das antenas de um discurso cujo centro se acha no além do horizonte dos receptores".

Essa discussão sobre a imagem e os *media* é que tornou Vilém Flusser mais conhecido na Europa. Acreditava ele antes na superfície do que na profundidade das coisas. Flusser procura mostrar como a busca da profundidade tem por horizontes a mentira e a verdade. O reconhecimento dos fenômenos desenha para a teoria os novos horizontes do *necessário* e do *impossível*, balizando as regiões do provável e do improvável. Não nos cabe perguntar se as imagens técnicas são fictícias, mas sim o quanto são prováveis. Da mesma maneira, não nos cabe perguntar o quanto nós mesmos somos reais, mas apenas o quanto seríamos prováveis.

O campo da virtualidade pertence ao terreno das convenções ou dos jogos. Quando se filma a tela da televisão, surpreende-nos um tremor que o olho não detectara – porque já havíamos ensinado o olho a não enxergar os saltos entre um quadro e outro. Quando se olha uma foto digital ampliada, surpreendem-nos as formas geométricas que constroem figuras nada geométricas – porque havíamos nos ensinado a preencher os pontos para não perceber os intervalos. Quando se olha com atenção para um rosto familiar, ou quiçá para o próprio rosto no espelho, surpreendemo-nos em dúvida sobre "quem é você", ou, "quem sou esse eu" – porque havíamos nos ensinado a atribuir identidade visual, portanto verdade, a um campo dinâmico de probabilidades.

As imagens técnicas também são conhecidas como "imagens digitais", em referência às teclas que pressionamos com os dedos. Encaramos essas teclas como instrumentos mecânicos, mais ou menos da mesma maneira como encaramos ferramentas em geral. No entanto, as teclas se movem ou provocam movimento em espaço para o qual não temos régua e em tempo para o qual não temos relógio: no espaço do infinitamente pequeno e no tempo da instantaneidade. Ao apertarmos teclas, fechamos ou abrimos circuitos complexos, ligamos o rádio, damos partida ao carro, tiramos fotografias – mas também explodimos montanhas ou encerramos a vida humana na Terra:

"Ao apertarmos teclas, estamos destruindo o famoso sanduíche que estrutura o nosso mundo em três níveis: no das dimensões nucleares, no das dimensões humanas, e no das dimensões cósmicas. As pontas dos nossos dedos são feiticeiros que embaralham o universo".[48]

O gesto de redigir na velha máquina de escrever era transparente. Observávamos como a tecla pressionada levantava mecanicamente a alavanca que iria imprimir a letra escolhida sobre a folha de papel no carretel. Observávamos como o rolo avançava ou girava para permitir a impressão da letra ou da linha seguinte. No computador, porém, as teclas detonam centenas de processos matemáticos para fazer surgir na tela uma simples letra num espaço-tempo que não é nem bidimensional nem tridimensional – melhor seria se o compreendêssemos *zerodimensional*. O processo é o mesmo da produção de fotografias a partir das caixas-pretas que os turistas penduram no pescoço: codificação e decodificação de fórmulas matemáticas.

Todo fenômeno observado modifica-se conforme o observador, o ângulo e a distância da observação. Chave vista de muito perto com microscópio eletrônico deixa de ser chave e "se torna" um conjunto de moléculas, o que altera o seu significado. A mesa sobre a qual Flusser datilografava os seus textos não passava, sob *close reading* radical, de enxame de partículas que giravam no vazio. Sabemos disso porque aprendemos na escola, mas, em termos da vivência imediata, não sabemos nada sobre isso: basta-nos reconhecer a solidez da mesa, mesmo que, sob perspectiva quântica, não o seja de modo algum.

Se a máquina de escrever do filósofo atravessasse a sua mesa e despencasse no chão, não ocorreria um milagre, mas apenas acontecimento muito pouco provável. Essa remota possibilidade não perturba o escritor, e não apenas por ser remota: a mesa foi fabricada pelo carpinteiro para ser sólida, e os físicos com as suas partículas que giram no vazio vieram depois, tentando observar a mesa de muito perto. Mesmo os físicos precisam voltar a tomar distância para digitar as suas descobertas, usando como apoio mesas novamente sólidas.

Entretanto, a confiança na solidez da mesa não se transfere para as imagens técnicas. As imagens técnicas não foram fabricadas por carpinteiros, mas por físicos, e graças àquelas partículas microscópicas que giram no vazio. As imagens técnicas são "imaginadas", isto é, são imaginações de segundo grau. No cotidiano, até se imagina a mesa sólida, quando "realmente" é vazia, assim como se imagina que se viu na televisão um filme de Win Wenders, quando "realmente" aconteceram traços de elétrons – mas Flusser chama a atenção de que são modos de imaginar na essência diferentes. No caso da mesa damos as costas às explicações abstratas para nos prendermos à percepção do concreto, como se o fosse; no caso do filme nos esforçamos para concretizar o abstrato, nos esforçando para imaginar que a experiência abstrata é concreta, isto é, que o fenômeno do filme, que se dá na zerodimensionalidade, tem significado.

Adquire-se, então, sentido novo para o verbo "imaginar": a capacidade de olhar o universo pontual de distância superficial a fim de torná-lo concreto. Se quisermos decifrar as imagens técnicas pelo par causa-efeito, não descobriremos o significado das imagens. Se vemos uma casa ou um avião na tela do computador, a casa não é a causa da fotografia nem o avião o efeito da imagem: nas imagens técnicas o que conta é o significante, isto é, o que e para onde as imagens apontam. As imagens técnicas não são espelhos do mundo como as imagens tradicionais o foram, mas sim projetores de projetos de mundo. As imagens técnicas não "apanham" o significado do mundo para torná-lo visível por reflexão; elas conferem significado ao insignificante. Por não serem refletores, mas projetores, não "explicam" o mundo como as imagens tradicionais e a escrita histórica, mas "informam" o mundo, no sentido de gerar informação para o mundo e de injetar forma no mundo. A diferença é substancial.

Prevendo a ressalva, Vilém apressa-se em esclarecer que não se trata de "idealismo dos aparelhos". Não se afirma que os aparelhos produtores de imagens produzem aviões e casas, mas sim que *projetam* aviões e casas. Não se diz que a idéia por detrás dos aparelhos é real. A eterna querela, eterna porque mal formulada, do idealismo *versus* realismo, não faria mais sentido. O que se diz é: fotografias são projeções de casas sobre superfície plana de papel, imagens computadas são projeções de aviões sobre superfície plana em uma tela, e tais superfícies nada encobrem (ou encobrem o nada).

Nada haveria de "real" ou de "ideal" nisto; o que há é projeto conferindo significado.⁴⁹

Pode-se desconfiar de todo esse desenvolvimento, entendendo que ele leva à supremacia da ficção sobre a realidade, ou à noite dos gatos imaginários, na qual tudo é invenção e, portanto, não há mais compromisso ou responsabilidade. Se a fotografia é ficção, se o *Jornal Nacional* na televisão só anuncia ou projeta ficções, então se desvaloriza a ficção *stricto sensu*. No império do significante, tudo é permitido e podemos todos ser superficiais no mau sentido, isto é, academicamente vagos e politicamente amorfos. Se, por exemplo, os historiadores nazistas insistem em que não há provas documentais do Holocausto, e que, portanto, o Holocausto é uma ficção dos vencedores da Segunda Grande Guerra, teríamos de aceitar o argumento e pedir desculpas por Nuremberg, se, afinal de contas, tudo é ficção.

A ressalva é pertinente, mas o exemplo não é bom. A ressalva é pertinente quando de fato se observa o uso desonesto da ficção por parte da indústria cultural, quando a notícia só é notícia não quando verdadeira, mas somente quando espetacular. O clássico filme de Billy Wilder, *A montanha dos sete abutres* (1951), mostrava um jornalista aumentando o sofrimento de um homem (com a conivência de quase toda a cidade) para vender mais jornal e fazer carreira. A ressalva é pertinente, ainda, quando observa a promoção de uma espécie de cinismo entre emissores e receptores de todo tipo de comunicação, cinismo esse que substitui a dúvida metódica pela certeza de que todos são corruptos e de que tudo é mentira. A ressalva permanece pertinente quando lamenta, com razão, pela desvalorização da ficção *stricto sensu* que perde terreno para a ficção desonesta dos *media* e da política associada aos *media*.

A pertinência da ressalva, entretanto, não invalida o argumento flusseriano. Primeiro, o argumento não se refere a jornalistas carreiristas ou a historiadores nazistas, mas sim a produtores de imagens técnicas, o que é bem mais específico. Segundo, o argumento não é aético, como a ressalva quer fazer parecer, mas sim ético: se as imagens técnicas são projetos que conferem significado, o ato de fazê-lo implica compromisso e responsabilidade. A crítica aos *media* só é pertinente quando revela uma ficção que não se assume como ficção, ou seja, quando se escreve uma mentira e não um poema – só que não é disso que Flusser trata.

Reconhecer a dimensão ficcional das imagens técnicas implica explicitá-la, não camuflá-la, o que invalidaria as conseqüências cínicas e estetizantes pressupostas na ressalva. O exemplo, tentando por absurdo defender um historiador nazista para poder concluir, já que é absurdo defender um historiador nazista, pela não-validade do argumento flusseriano, é por sua vez inadequado, porque vê o Holocausto como representação reificada do mal, não o enxergando como o que de fato é, isto é, como *ficção sim* – como projeto nazista que não se apresentou como uma ficção dentre tantas, mas como a Solução Final. Portanto, o Holocausto foi uma ficção que fingiu que não o era – também por isso as suas conseqüências foram tão *reais* e tão trágicas.

A República ideal de Platão e a Utopia de Morus seriam catastróficas se realizadas, mas permanecem como obras fecundas porque permanecem no campo da ficção – ou da ficção filosófica, se quisermos.

Fazendo o elogio da superficialidade, Flusser, no entanto, não faz a apologia rasteira da sociedade informática e das novas *webs*. O que McLuhan chamara, com todo o otimismo que se permitira, de "aldeia cósmica", pode ser antes "massa de indivíduos solitários unidos entre si pela identidade cósmica dos programas".[50] A inversão de história em espetáculo e de evento em programa seria sintoma flagrante da pós-história: os atos não mais se dirigem contra o mundo a fim de modificá-lo, mas contra a imagem, a fim de modificar e programar o receptor da imagem; os gestos não mais se realizam visando a isto ou àquilo, mas visando a câmeras fotográficas ou filmadoras – jogos, casamentos, saques, revoluções, suicídios, um assassinato ou uma caridade, tudo "acontece" em função das câmeras presentes.

A rigor, nada mais acontece: a linha reta da história enrola-se em si mesma. As imagens tornam-se barragens do real, acumulando eventos e os recodificando; buscam nem beleza nem verdade, mas índices de audiência – como se estivessem nos puxando para fora da correnteza histórica. A tecnologia organiza os acontecimentos diários e prevê seu curso, obrigando-nos a confiar antes no registro de uma câmera de segurança do que na nossa própria memória. Após quinhentos anos de tipografia, cento e cinqüenta anos de fotografia, um século de cinema e cinqüenta anos de televisão, a programação da realidade atinge a sua maturidade.

Já na Segunda Guerra Mundial navios de guerra "bombardeavam" as rádios de propaganda inimigas com sua própria programação. Hoje em dia, as corporações dos *media* são verticalmente integradas e tão poderosas como a Companhia das Índias Orientais o foi duzentos anos atrás. Os consumidores vivem vidas roteirizadas, com máquinas criadoras de realidade antecipando cada um de seus movimentos. O fenômeno é tão forte que cada indivíduo é constituído na realidade por dois corpos: um real e um fictício (moldado pela informação recebida). Em todo o mundo os habitantes dos espaços urbanos vivem suas vidas particulares mergulhados em um mar de informações irrelevantes. Todos os moradores das cidades são em parte produtores, em parte consumidores, em parte presentes, em parte ausentes, em parte reais, em parte fictícios.

Todavia, fazer a crítica ferina da sociedade telemática não implica concordar com o apocalipse iminente: a história não precisa transtornar-se em histeria. Na pós-história é fácil, mas inócuo, criticar o fundo do poço, como se apenas o crítico ainda permanecesse na beira do poço – esse tipo de crítica forma um outro espetáculo. Os observadores pós-críticos preferem falar sobre a decadência da família, da classe, do povo, do tecido social, em vez de tentar captar a sociedade que emerge das fraturas do solo. Por isso, quando nos engajamos politicamente, tendemos a chutar cavalos mortos, como o machismo, as classes opressoras ou o nacionalismo, em vez de analisar a nova estrutura.

Analisar a nova estrutura implica formular questões técnicas do tipo: como é possível alterar os feixes que irradiam imagens e dispersam a sociedade em indivíduos solitários e programados?; será desejável a dispersão atual da sociedade em indivíduos solitários, ou, caso contrário, existem técnicas que permitem reunir os dispersados? De acordo com essa linha de argumentação, quem berra contra o sistema dá espetáculo, logo, não pode despertar a consciência alheia, já que enriquece o programa das imagens que nos divertem: "Os revolucionários autênticos nada podem fazer que seja espetacular, porque o espetáculo é precisamente o seu inimigo".[51] Os novos revolucionários poderiam ser, então, os "imaginadores", os que fazem ficção assumindo que a fazem, quer sejam escritores, fotógrafos ou programadores de *softwares* – gente que recupera o prazer silencioso de todo artesanato, combinado ao prazer estimulante do jogo.

Elogiar a superficialidade implica uma tarefa intelectual: remover as neblinas. Paradoxalmente, o pensamento superficial seria mais "profundo" do que o pensamento dito profundo:

> Remover neblinas, e tentar mostrar que são neblinas e não algo, me parece ser a única atitude digna. Optei contra a profundidade e a favor da superficialidade. Porque creio que por trás da neblina não se esconde algo profundo, mas que a neblina é uma ilusão que encobre superfície concreta por trás da qual nada se esconde. Isto não é, como parece, jogo de palavras. Ao contrário dos pensadores profundos, não creio que a meta última seja chegar até o fundo da neblina, mas que, depois de rasgada a neblina, começa a verdadeira tarefa: a de tentar apreender e compreender a superfície exposta. O pensamento profundo me parece ser mais superficial que o pensamento que procura captar a superfície das coisas. A neblina matinal está encoberta de densa neblina ideológica que precisa ser removida para eu poder ver a neblina não metafórica lá fora. Esse esforço de remoção mostrará que é possível dividir a humanidade em dois tipos: os que gostam, e os que não gostam da luz difusa. Os "fãs" de histórias misteriosas, e os que resolvem palavras cruzadas. Os profundos e os iluministas. Os inspirados e os desconfiados. Os que estão interessados no fundo geral e universal do qual as coisas se destacam vagamente, e os que estão interessados nas diferenças pelas quais as coisas se distinguem. Em suma, os metafísicos e os fenomenologistas. O primeiro tipo procura penetrar pela neblina, o segundo procura removê-la. Porque o primeiro a afirma e o segundo a nega. São, creio, duas atitudes fundamentalmente opostas, e entre elas se ergue o grande divisor de águas que divide a humanidade.[52]

Vilém Flusser coloca-se do lado da fenomenologia contra a metafísica, porque é contra a procura da profundidade. Mostrou a necessidade de distinguir entre dois tipos de "mistérios": a obscuridade da realidade mesma e a obscuridade feita por obscurantistas. A indignidade dos ideólogos não se explicaria por obscurecerem a clareza da realidade, mas sim por fazê-lo em relação ao mistério da realidade. Há marxistas que cometem o erro de crer que desideologizar implica, ato contínuo, desalienar da realidade; ora, tal crença é, ela própria, ideologia. Desideologizar é, pelo contrário, abrir-se para as neblinas concretas.[53]

Seu objetivo "não é vulgarizar o espetáculo, mas desvulgarizar (e sacralizar) o vulgar".[54] Não basta que a fé atravesse a dúvida para se salvar do outro lado; é necessário que permaneça ardendo de dúvida, reconhecendo-se absurda. A pretensão de sacralizar o cotidiano implica proteger o enigma para festejar o mistério.

7

FUNCIONÁRIO

QUANDO FLUSSER NASCIA, algo insalubre acontecia na Europa, segundo Ortega y Gasset: "Há um rumor de que os mandamentos europeus já não valem mais e, em vista disso, as pessoas – homens e povos – aproveitam a ocasião para viver sem imperativos". A festa da liberdade, correlata à desmoralização do poder e ao triunfo de certo marxismo romântico, dura pouco.

Ortega observava que os equívocos do poder não podiam justificar o avesso da força, que no fim também é força – sem controle. Sem mandamentos ou imperativos, a vida transtorna-se em disponibilidade, formando gerações isentas de travas, mas vazias e perigosas: "Porque viver é ter que fazer alguma coisa determinada – é cumprir um encargo –, e na medida em que nos esquivamos de pôr nossa vida a serviço de alguma coisa esvaziamos nossa existência".[1]

A recusa dos imperativos – os direitos humanos se sobrepondo aos deveres humanos – gera o homem-massa: seu triunfo implicando o triunfo da violência:

> Por toda parte tem surgido o homem-massa de que este livro trata, um homem feito de pressa, montado simplesmente sobre poucas e pobres abstrações e que, por isso, é idêntico de um extremo a outro da Europa. A ele se deve o triste aspecto de asfixiante monotonia que a vida vai tomando em todo o continente. Esse homem-massa é o homem previamente esvaziado de sua própria história, sem entranhas de passa-

do e, por isso mesmo, dócil a todas as disciplinas chamadas "internacionais". Não é um homem, é apenas *uma* forma de homem constituída por meros *idola fiori*; carece de um "dentro", de uma intimidade própria, inexorável e inalienável, de um eu que não se possa revogar. Eis por que está sempre disposto a fingir que é alguma coisa. Só tem apetites, pensa que só tem direitos e não acha que tem obrigações: é um homem sem obrigações de nobreza – *sine nobilitate* – *snob*.[2]

Para o filósofo espanhol, a nobreza define-se pelas obrigações, não pelos direitos: *noblesse oblige*. Cita Goethe, para quem "viver à vontade é de plebeu: o nobre aspira à ordem e à lei". Nobre não é aquele que herdou um título e um castelo, mas quem se fez conhecer por sobressair da massa anônima pelo esforço, pela coragem e pela obra. O homem-massa de Ortega já fora chamado antes, por Nietzsche, e será lembrado, adiante, por Flusser, de "funcionário".

Vilém pensa que o homem tem vestido um uniforme de funcionário para funcionar em função do aparelho, e que os funcionários, quando se tornam coisas funcionantes, não podem ser chamados a rigor de seres humanos. O aparelho pode ser um torno, um computador ou uma repartição administrativa: de fora, a diferença entre essas instâncias mostra-se irrelevante. O movimento do aparelho é circular, quando visto de dentro, e linear, quando visto de fora: "Visto de fora o aparelho se apresenta como um vórtice dentro do qual se precipitam estatísticas, ou barras de ferro, ou dinheiro, e o qual jorra informações, ou parafusos, ou projetos para estradas de rodagem. Visto de fora o aparelho não passa portanto de uma função de um superaparelho".[3]

Mas essa visão de fora não se mostra acessível ao funcionário; ele está englobado pela situação; logo, não pode superá-la. Se não pode superá-la, não é propriamente homem, uma vez que o característico do humano seria a superação de situações. O funcionário não consegue compreender a finalidade do aparelho – em última instância, aparelhá-lo. Seus movimentos são caracterizados pela circularidade ou pela serialidade: cada um imita o outro para ser *ninguém*, ou seja, *todo mundo*. Algum dia, todavia, o cansaço do material, pouco importa se com aparência de pessoa, faz com que ele seja aposentado compulsoriamente, ao avesso de sociedades arcaicas em que o mais velho era o mais sábio.

Flusser, sobrevoando a história do Ocidente, vê o pensamento tomando três formas: ontologia, deontologia e metodologia: "A ontologia se ocupa do problema de como é o mundo, enquanto a deontologia cuida de como ele deveria ser e a metodologia, da maneira de transformá-lo".[4] A ontologia cuida do ser; a deontologia, cuidando do dever-ser, implica a ética; a metodologia equivale ao estudo da técnica.

Ele compreende a história como desenvolvimento desta divisão. Na Antiguidade e na Idade Média a história insistiria no dever-ser do mundo, trabalhando "de boa-fé". Na Idade Moderna a história acentuaria o descobrimento do ser do mundo, trabalhando "sem fé". No presente a história se agarra no método, trabalhando "cheia de dúvidas", ou desesperada. Deste modo, haveria três modelos de trabalho: o trabalho clássico (comprometido), o trabalho moderno (investigador) e o trabalho presente (funcional). Entretanto: "A maior parte da humanidade não trabalha. Serve ao trabalho de outros como instrumento".[5]

O seu conceito de "trabalho" é próximo do marxista. Entende trabalho como transformação consciente da natureza que, por sua vez, transforma quem trabalha. De acordo com o conceito de trabalho como transformação da natureza que transforma ao mesmo tempo quem trabalha, de fato a maior parte da humanidade não trabalha, porque está servindo ao trabalho de outros como instrumento. Confunde-se com as engrenagens, atrapalha-se com o teclado do computador. Não transforma. Não se transforma. Essa parte da humanidade só participa da história de forma passiva – em outras palavras, apenas a sofre.

A Revolução Industrial desembocou em aglomerações de máquinas que funcionam como acoplamentos sincronizados; é isso que Flusser entende por "aparelho". A concepção do aparelho é fundamental para identificar o funcionário fascinado. Para chegar a ela é preciso começar a descer o vale da história, a partir do momento em que se dá a tecnificação crescente do trabalho. Quando o aspecto ontológico do trabalho se separa de seu aspecto deontológico, aquele que triunfa é o aspecto metodológico. Não mais se pergunta para que ou por que trabalhar, mas apenas "como?". Minimizam-se, como se fossem janelas virtuais na tela do computador, o bom e o verdadeiro, maximizando-se o eficiente: "Qualquer questionamento de orientação axiológica se faz *metafísico* no sentido pejorativo da palavra, como qualquer pergunta acerca da *coisa-em-si*".

A ética e a ontologia se convertem em discursos sem sentido. Se a pergunta "para quê?" não tem sentido, o gesto do trabalho redunda absurdo. Já não se trabalha para realizar um valor, porque se funciona tautologicamente como funcionário de uma função. Funciona-se "como a função de uma máquina, a qual funciona como uma função do funcionário, que por sua vez funciona como função de um aparelho, e esse aparelho funciona como função de si mesmo".[6]

Quando Flusser fala das máquinas, ele não as exclui. As máquinas são objetos construídos para vencer a resistência do mundo. Para isso são boas. A flecha paleolítica era boa para matar a rena, o arado neolítico era bom para trabalhar a terra e o clássico moinho de vento era bom para converter o trigo em farinha. Ora, nenhum problema em ver máquinas solucionando problemas. Mas há um momento em que as máquinas elas mesmas se tornam problemáticas, criando problemas derivados de seu uso. As máquinas se tornam sistemas que podem servir como modelos do próprio mundo, produzindo modelos mecanicistas do mundo (e do homem).

A reflexão de Vilém Flusser tem muitos pontos de contato com a de Anatol Rosenfeld, que percebia a técnica como dádiva ambígua. "Não há homem sem instrumento e não há instrumento sem homem", até porque homens podem usar e usam seus instrumentos contra outros homens. "As peculiaridades negativas do homem", em relação aos demais animais, "entrelaçam-se de modo inseparável com as positivas. O homem tinha que ser deficiente para ser eficiente", o que garante sua força e determina sua fraqueza.

Ao retirar-se da realidade, embarcando "na frágil escuna dos símbolos e idéias", o homem teria paradoxalmente adquirido a condição de dominar a realidade. Alguns animais parecem capazes do reflexo do riso, mas apenas o ser humano é capaz de conter o riso e... sorrir. A risada é reflexo, o sorriso é resposta. O sorriso implica distanciamento e compreensão da situação. Da mesma forma, "a palavra nasceu no momento em que o homem soltou o grito da dor, sem senti-la; e o instrumento nasceu no instante em que o homem guardou o instrumento, sem usá-lo".[7] Domina-se a realidade pela simbolização e por seu corolário, a técnica, mas esse domínio não implica necessariamente autodomínio. A arma protege a família – mas também mata um filho. A indústria diminui o horário de trabalho – mas se gastam muito mais horas para ir ao trabalho e dele voltar: "Criando riquezas imensas, a técnica parece pôr ao alcance do homem um estado de eterna saturação".[8]

Nas relações pré-industriais, a máquina se encontrava entre o homem e o mundo. Durante seu trabalho, o homem podia substituir uma máquina por outra. O homem era a constante; a máquina, a variável. Na era do aparelho, o homem é que se torna o seu atributo, pois ele pode ser substituído por outro homem. A máquina se faz constante – o homem é a variável.

Kafka já havia desenhado essa concepção do aparelho, procurando a porta da lei e o guarda atrás do guarda atrás do outro guarda. Um aparelho impessoal e multinacional que não tem centro, mas se ramifica ao infinito, controla do capitalista ao *clochard*. Começamos a desconfiar: ser liberado do trabalho pela máquina não equivale a ser o sujeito da história, mas sim a funcionar em forma de consumo-consumidor. O lazer se torna obrigação, quase condenação.

A dependência do aparelho nos impede de colocar questões finalistas ou causais. "Para que existe Brasil?" ou "Por que a industrialização?" são perguntas existencialmente falsas, supondo distância que não possuímos, em relação aos aparelhos. Estamos limitados a formular apenas questões funcionais, e a funcionar de diferentes maneiras:

> Com uma participação pessoal: deseja-se o aparelho, do qual se funciona como uma função (é o caso do bom funcionário que faz carreira). No desespero: gira-se em círculos dentro do aparelho, até que alguém desiste (tal é o caso do homem da cultura de massas). Com método: funciona-se dentro do aparelho, ainda que alternando suas funções por *feedback* e conexão com outros aparelhos (é o caso do tecnocrata). Com uma atitude de protesto: se odeia o aparelho e se pretende destruí-lo, pretensão que o aparelho recupera e transforma em seu funcionamento (é o caso do terrorista). Com enorme esperança: pretende-se desmontar lentamente o aparelho, para enfraquecê-lo; em outras palavras, pretende-se reduzir a "quantidade de funcionamento" a fim de potencializar a "qualidade de vida", que automaticamente se converte em uma nova função (tais são os protetores do meio ambiente, os *hippies*, etc.).[9]

A ironia substitui o consolo. O método pelo método, a técnica como fim e *l'art pour l'art*, ou seja, o funcionamento como função de uma função: temos aqui a vida pós-histórica sem trabalho. Estaríamos na *pós-história*, porque a história é o processo em que o homem transforma o mundo para que seja como deve ser. Ora, se o trabalho se detém, cessa também a história. Poderia ser bom – a existência liberada do trabalho, emancipada para a arte, o consumo ou a contemplação – se não fôssemos incapazes de representar uma vida sem trabalho nem significado.

Flusser também dava o nome de funcionário ao usuário que lida com máquinas fotográficas e delas extrai imagens técnicas. Para este funcionário, tais máquinas semióticas são *caixas-pretas* cujos funcionamento e mecanismo lhe escapam. O termo "caixa-preta" vem da eletrônica, que o usa para designar parte complexa de um circuito omitida no desenho de um circuito maior e substituída por uma caixa (*box*) vazia, sobre a qual se escreve o nome do circuito omitido. As caixas parecem amigáveis: elas funcionam mesmo quando o funcionário que as manipula desconhece o que se passa lá dentro, como o motorista pode dirigir um carro sem se preocupar com o funcionamento da injeção eletrônica. O funcionário sabe como acionar os botões e escolher, dentre as categorias disponíveis, aquelas que parecem adequadas. Uma vez que pode escolher, o funcionário-fotógrafo acredita estar exercendo liberdade, mas a escolha estava programada. Para produzir novas categorias, não previstas na concepção do aparelho, seria necessário penetrar no interior da caixa-preta para desvendá-la.

Máquinas e programas baseiam-se no poder de repetição, e o que elas repetem à exaustão são conceitos de formalização científica. A repetição exaustiva conduz à estereotipia, à homogeneidade e previsibilidade dos resultados. A multiplicação de modelos pré-fabricados, generalizados pelo *software* comercial, conduz à padronização e à impessoalidade, conforme se constata em encontros de *designers*, nos quais tudo o que se exibe parece saído do mesmo computador. Flusser advertia sobre o perigo da atuação apenas do lado de fora da caixa-preta. O artista, não sendo capaz de inventar e programar o seu equipamento, reduz-se a um operador de aparelhos. Nada pode ser mais desconfortável para um desenhista do que aquela pergunta inevitável: "Que programa você usou para fazer isso?".

Flusser perguntava: "O instrumento do fotógrafo ou o fotógrafo do instrumento?".[10] As máquinas fotográficas vão ficando menores e mais baratas, além de eficientes e onipresentes. Torna-se mais fácil e acessível a sua manipulação, ao mesmo tempo em que fica muito mais difícil compreendê-las: "Devido à facilidade da manipulação, os aparelhos parecem funcionar em função do homem; devido à sua complexidade, parece que o homem funciona em função dos aparelhos". A propaganda da primeira câmera popular Kodak, vendida por um dólar em 1900, já dizia: *"Operated by any scholl boy or girl"*, prometendo: *"You press the button, we do the rest"*.

Flusser insistia na pergunta: "A imagem do cachorro morderá no futuro?".[11] A fotografia se distingue das imagens tradicionais por duas características: foi produzida por aparelho e é multiplicável. Essas características têm conseqüências graves para a maneira de ser do homem e da sociedade. Ao inverso das pinturas, a superfície fotográfica despreza o seu suporte (não há tela, mas existe um *negativo*), e está livre de mudar de suporte: jornal, revista, cartaz, lata de conserva. O desprezo do suporte material caracteriza o mundo futuro das imagens e serve de modelo de mundo.

Nas imagens tradicionais a informação está impregnada no objeto que a suporta: o quadro é tela e moldura. Por isso, as imagens tradicionais têm valor enquanto objetos que guardam algo da antiga aura da obra de arte, como comentava Benjamin. Na fotografia, entretanto, a informação despreza o suporte, logo, não tem valor enquanto objeto. O valor se concentra sobre a informação mesma. O valor não está nem na cópia nem no original (no negativo), mas sim no próprio gesto de fotografar.

Querer possuir a fotografia de uma cena de guerra não tem sentido: sentido tem querer ver a fotografia para obter informação quanto ao evento. Se a informação transmitida pela foto interessa, não interessa deter a posse do negativo. Nos antigos romances policiais, chantagistas trocavam fortunas por fotos comprometedoras e respectivos negativos, porque ainda não se percebia que se podia tirar uma fotografia de uma fotografia: o negativo, desde o princípio, é irrelevante. A fotografia, como gesto, permite observar a decadência do mundo objetivo enquanto sede do valor e do real, e a emergência conseqüente do mundo simbólico enquanto centro do interesse existencial.

O que permite responder à pergunta: a imagem do cachorro morderá no futuro? Sim, morderá, no sentido de que modelará a ação e a experiência mais íntima do homem futuro. Isso traz conseqüências funestas, como imaginarmos que, na sociedade do espetáculo, o show estaria substituindo toda a realidade, com os índices de audiência programando a escolha tanto da escova de dentes quanto do amor e do ódio.

Essa abordagem da fotografia e do fotógrafo fazem emblema da cultura em que vivemos. Talvez isso seja possível porque a profissão fotográfica é profissão pós-industrial em contexto ainda industrial. Esse descompasso coloca dificuldades para a inserção do fotógrafo no mundo, mas ao mesmo tempo põe nas suas mãos perguntas recalcadas pelos demais funcionários: como deve ser o mundo?; qual deve ser a atitude do homem informado a respeito do mundo? Algumas fotos podem então mostrar, segurando o aparelho, um funcionário que não está mais fascinado.

Uma foto de guerra pode perguntar: por que o mal é tão banalizado?; por que a banalidade é tão dramática?

Hannah Arendt, ao estudar a banalidade do mal, se perguntou como gente insignificante foi transformada pelo aparelho nazista em funcionários poderosos. Flusser tentou olhar o outro lado do problema: gente responsável e culta sendo transformada em funcionários insignificantes que promovem, sem o perceber, males gigantescos, adequados aos aparelhos agigantados que os empregam.

Quem entra desprevenido na engrenagem do aparelho "chato" (uma firma comercial, um instituto de ensino) tem a sensação do cômico e da futilidade. Se não se importar com isso, pondo os zelosos funcionários na conta de incômodos suportáveis, tende a não perceber a reprodução do aparelho em tentáculos que desenham adiante o monstro. No período de formação do nazismo, os aspectos cômicos eram visíveis – mas o terror os foi borrando. Charlie Chaplin filmou *O grande ditador* em 1940. Anos depois, afirmou: "Se eu tivesse conhecimento das atrocidades cometidas nos campos de concentração alemães, não teria podido filmar O *grande ditador*, não seria capaz de brincar com a demência homicida dos nazistas".

A complexidade das engrenagens faz com que os produtos sejam encobertos. A motivação do funcionário – quer ou não quer produzir aquele produto específico? – não tem importância alguma. Importa-lhe estar funcionando e ser funcionário. O produto transcende o horizonte do funcionário. Cabe distinguir, apenas, entre funcionários natos e naturalizados, pois funcionários seríamos todos. O problema da banalidade do mal se dá apenas para os naturalizados; os funcionários natos se sentem no melhor dos mundos. O funcionário naturalizado ainda tenta transferir valores pré-aparelho para o aparelho, do tipo diálogo, amizade, verdade e realização pessoal. Mas tais valores não cabem no aparelho, deixando o funcionário naturalizado perplexo com as atitudes dos funcionários natos, sem perceber que eles não são mais as pessoas que conhecera fora do aparelho: tornaram-se rodas da engrenagem, na melhor das hipóteses gerentes e consultores de programas de qualidade total. O dilema parece posto para o funcionário naturalizado: ou tentar transformar-se de vez em funcionário nato, feliz com a baia que lhe cabe no aparelho (o que é impossível, para quem uma vez se deu conta de valores), ou sair do aparelho e recusar-se a funcionar (o que também é impossível, sem o recurso do suicídio e da literatura).

Mas Flusser vê uma fenda no dilema que permitiria driblá-lo: a reconquista do senso de ironia. A ironia seria hoje a variante da liberdade, processando-se por meio da luta não contra a natureza ou contra outros homens, mas "contra o aparelho em sua cretinice infra-humana". Esta luta só pode se dar na dependência dos aparelhos, sem os quais sobreviver afigura-se impossível. Por isso, o Grito do Ipiranga é um exagero: "Não se trata de independência ou morte, mas de liberdade na dependência, ou morte. Não podemos ser independentes dos aparelhos, mas podemos constantemente lutar para sermos livres deles". A liberdade reside na atitude irônica que podemos assumir diante dos aparelhos.

Bom exemplo de ironia ativa, para Flusser, residiria na pintura surrealista, cujo representante mais conhecido seria René Magritte. A técnica utilizada por Magritte, intencionalmente acadêmica, contrasta com o conteúdo provocador das obras. Sua originalidade não se encontrava nos objetos que pintava, mas na forma de relacioná-los uns aos outros. Seu quadro A *explicação* (1951), destruído em 1978 no incêndio do Museu de Arte Moderna do Rio de Janeiro, mostra o poder ilusório da analogia, *transformando* garrafa em cenoura (ou o contrário) – a partir da correspondência de suas formas. Este quadro ganha sentido com o título: a formulação verbal é parte da formulação visual. A *explicação* põe sob suspeita as explicações. A suspeita permite a poesia, isto é, conexões inesperadas.

A ponte é clara nos ensaios da primeira publicação de Flusser em inglês, *The shape of things* (A forma das coisas), que traduz os trabalhos de *Von Stand der Dinge* (Da situação das coisas) e acrescenta cinco artigos retirados de *Dinge und Undinge* (Coisas e não-coisas). Martin Pawley, apresentador da edição britânica, entendeu que o conjunto lança uma filosofia do *design*. O mundo das artes e o mundo da tecnologia, separados a partir da Renascença, se reencontram no *design* moderno que, ainda quando sobrecarregado da ideologia do progresso, admite estreito espaço de invenção. Esse espaço, no entanto, além de estreito é traiçoeiro, na medida em que o valor se torna abstração remota. A caneta de plástico em si tem custo praticamente zero, seu valor passando a ser medido pelo *design* – pelo que designa. O trabalho, para Marx fonte de todo valor, torna-se inapreensível no instante em que a automação substitui as já obsoletas linhas de montagem. Os valores são deslocados, em última instância, desvalorizados:

> Pelo fato de que a palavra *design* nos torna conscientes de que toda a cultura é trapaça, de que nós somos trapaceiros que foram enganados, e de que qualquer envolvimento com cultura implica decepção consigo mesmo. Na verdade, uma vez a barreira entre arte e tecnologia tendo sido derrubada, uma nova perspectiva se abre, dentro da qual se criam *designers* mais e mais perfeitos, escapa-se a cada vez mais um pouco da própria circunstância e vive-se mais e mais artisticamente (com beleza). Mas o preço que pagamos por isso é a perda da verdade e da autenticidade.[12]

Os mísseis utilizados na Guerra do Golfo, por exemplo: eles são bons e elegantes para o que se destinam. O fato de que os usuários dos mísseis tenham sido mortos representou apenas um desafio aos *designers* para torná-los ainda melhores, ou seja, para projetar mísseis que matassem os assassinos dos primeiros assassinos a serem assassinados – isso é o progresso.[13] Ser contra a guerra implica tornar-se um anti-*designer*, recusando a estetização e a alienação da existência.

O primado da funcionalidade tenta instaurar o reinado da pura bondade, das coisas que seriam todas boas para algo, como cadeiras projetadas para sentar bem e mísseis desenhados para matar melhor. Ora, esse é o absurdo. O projetista de munição especial, que mata melhor, mais rápido e com mais sofrimento, se alegraria com o seu projeto e então comemoraria com a família na Disneylândia. Tal projetista é o protótipo do funcionário fascinado.

Em Nuremberg, depois da Segunda Guerra, foi encontrada carta de um industrial alemão para um oficial nazista, desculpando-se por falhas na construção da sua câmara de gás: em vez de matar milhares de pessoas de uma vez, matava apenas centenas de pessoas por vez. O episódio demonstrava com clareza: não há mais normas que se apliquem à produção industrial; não há mais algo como o autor isolado de um crime; a responsabilidade se diluiu completamente.[14]

Flusser não pensa a questão da responsabilidade nos termos dos grandes agentes da história; não lhe interessam Himmler, Hitler, Eichmann ou Goering, mas sim o sujeito comum que os permitiu e que os permite – e, se o fez, foi porque assim o quis.

Da perspectiva apocalíptica o filósofo vislumbra um começo: defende a aventura de reinventar os métodos e as casas, tomando a fotografia, janela técnica do mundo, como paradigma de maneira nova de ver o mundo e, portanto, de o mundo ser. A fotografia atesta a presença do objeto de maneira diversa do que o fazia a tela de uma pintura, fazendo do aparelho fotográfico espécie de máquina do tempo *a posteriori*, retendo magicamente o passado. O aparelho fotográfico ora pode ser visto como objeto mágico e *escuro*, ora como espelho *claro* tanto do real quanto do tempo.

Essa tensão aparece no confronto entre os títulos de dois textos filosóficos sobre a fotografia: *Filosofia da caixa-preta*, de Vilém Flusser (versão brasileira de *Für eine Philosophie der Fotografie*), e *A câmara clara*, de Roland

Barthes. Enquanto a caixa-preta remete ao mistério, a câmara clara remete à transparência. Por oposição à *camara obscura*, onde a recepção da imagem e sua reprodução se fazem mecanicamente, sem interferência humana, Barthes preferiu o conceito da câmara clara, também chamada de *camara lucida*: trata-se de instrumento constituído de prismas de reflexão mediante o qual se pode observar ao mesmo tempo um objeto e a sua imagem projetada sobre uma folha de papel. O francês enxergou na fotografia tanto registro realista quanto emanação do real passado, supondo-a antes magia do que arte.

Diz Barthes que a fotografia sempre traz consigo seu referente, "ambos atingidos pela mesma imobilidade amorosa ou fúnebre". A partir do momento em que nos sentiríamos olhados pela objetiva, tudo mudaria: "ponho-me a *posar*, fabrico-me instantaneamente um outro corpo, metamorfoseio-me antecipadamente em imagem". Não paramos de imitar a nós mesmos, inautenticamente. Nesse caso, não é exato que a fotografia trouxesse consigo seu referente: antes, ela o produziria. Ela não apenas determina um ponto de vista, como força o modelo a modelar-se outro – posando, levantando o queixo, olhando de lado, sorrindo fino. Barthes tentou resolver a contradição entendendo que é o "eu" que não coincide jamais com a sua imagem, se a imagem é pesada, imóvel, obstinada. Por isso a sociedade se apóia nela, enquanto o "eu" seria leve, dividido, disperso.[15]

O filósofo francês considerava uma foto não como cópia do real, mas sim como emanação do real passado, permitindo a concomitância entre "o que foi" e "o que é", ou seja, entre um acontecimento passado e a observação presente da imagem. A foto possui força constativa, sim, mas o que se constata é o tempo, não o objeto, o poder de autentificação sobrepondo-se ao poder de representação. Uma foto excluiria a catarse: como o haiku, provoca certo espanto que não se desfaz, não se resolve e mesmo não se move.

Fotografados, não nos reconhecemos na imagem: ah, mas esse não sou eu... Entes incertos, não nos reconhecemos na imagem porque todos seríamos desde sempre a cópia de uma cópia de uma matriz que não há. A imagem estará sempre toda-fora. Ainda que nos jornais atue como testemunho da história, sua lógica pertence ao campo da ficção, reapresentando-nos o que teria havido num recorte impossível de ter acontecido se não fosse a presença do fotógrafo. Parecendo congelar o tempo, na verdade congela o espanto.

On photography (*Sobre a fotografia*), de Susan Sontag, é bem mais próximo de Flusser do que Barthes. Desde seu ensaio contra a interpretação, Sontag combate a hegemonia do conteúdo em detrimento da forma. Segundo a escritora, o zelo contemporâneo pelo projeto da interpretação é inspirado não pela piedade para com o texto problemático que deve ser esclarecido, mas sim por um desprezo pelas aparências, em última análise, pelo próprio texto: "O estilo moderno de interpretação escava e, à medida que escava, destrói; cava debaixo do texto, para encontrar um subtexto que seja verdadeiro. As mais celebradas e influentes doutrinas modernas, as de Marx e Freud, em realidade são elaborados sistemas de hermenêutica, agressivas e ímpias teorias da interpretação".[16]

O interpretante toma o lugar de um universal imaginário e parte do princípio de que sabe ou pode saber a verdade. Freud, por exemplo, classificaria todo fenômeno como conteúdo *manifesto*, investigando-o para descobrir o conteúdo *latente* – este sim verdadeiro. Sontag, ao contrário, deseja não descobrir o maior conteúdo possível em uma obra de arte, mas sim "reduzir o conteúdo para que possamos ver a coisa em si", em pretensão afim à fenomenologia.[17]

Em 1960, René Magritte parecia concordar com Susan Sontag:

> Questões como "o que esse quadro significa, o que ele representa?" são possíveis apenas se não se é capaz de ver um quadro em toda a sua verdade, apenas se automaticamente se entende que uma imagem precisa não mostra precisamente o que ela é. É como acreditar que o sentido implícito (se há algum) tem mais valor do que o sentido evidente. Não há sentido implícito nas minhas pinturas, a despeito da confusão que atribui significado simbólico à minha pintura. Como alguém pode gostar de interpretar símbolos? Eles são substitutos úteis tão-somente para uma mente incapaz de conhecer as coisas elas mesmas. Um devoto da interpretação não pode ver um pássaro; ele o vê apenas como um símbolo.[18]

No prefácio à exposição de seus quadros em Dallas, em 1961, o pintor completa: "Querer interpretar – a fim de exercer não sei que falaciosa liberdade – é desconhecer uma imagem inspirada, substituindo-lhe uma interpretação gratuita que pode, por sua vez, ser o objeto de uma série sem fim de interpretações supérfluas". Outro pintor, Francis Bacon, desejaria evitar toda interpretação "para proporcionar emoções sem o tédio da comunicação" porque, "no instante em que entra uma história, o tédio toma conta de você".[19]

Tais formulações não descartam completamente a interpretação. Elas se aproximam da questão de Kafka: "Podes então conhecer outra coisa senão o embuste? Uma vez destruído o embuste, não poderás olhar ou te converterás em estátua de sal".[20] Em outras palavras, é preciso conhecer o embuste sem, no entanto, desfazê-lo; é preciso estudar o enigma sem, no entanto, resolvê-lo; é preciso ler o mistério sem, no entanto, deixar de protegê-lo.

Como o ensaio de Sontag é curto, alguns equívocos se formaram ao seu redor, facilitados por argumentação provocativa mas insuficiente. No afã de desmistificar a interpretação, expondo a camuflagem da intervenção e do controle, um pouco como que parece jogar fora a criança com a água do banho, até porque o próprio ensaio efetua um exercício de interpretação da cena contemporânea. Passo atrás seria adequado, admitindo a subjetividade de quem interpreta sem necessariamente denegar toda interpretação.

No artigo "Interpretações" (provavelmente inédito), Vilém Flusser especula que o termo derive de *pretium* (preço), deduzindo-se então que o propósito da interpretação é o de ou atribuir valor ao texto ou nele descobrir valores escondidos. O filósofo vai mais longe, supondo que, para poder interpretar, é preciso que se tenha a suspeita de que determinado texto esconde valores. Como não é possível, na avalanche de textos que nos cerca, separarmos os textos merecedores da interpretação, delegamos a tarefa de pescar tais trechos a críticos literários e professores.

Mas "delegar" significa "deixar de ler"; aqueles delegados terminam por representar iletrados. Quando os professores reclamam que os alunos não lêem, não se dão conta de que eles não lêem por haver quem leia para eles. De maneira equivalente, quando os cidadãos reclamam que os políticos, seus delegados, são corruptos, não se dão conta de que a corrupção seja estruturalmente afim à delegação democrática.

O reconhecimento da contradição interna ao projeto da interpretação é mais produtivo do que sua negação panfletária. De que todo texto seja expressão de uma interioridade não se segue necessariamente que toda interioridade de um texto deva ser explicitada. Há um limite para a interpretação que, se ultrapassado, ela se assume projeto de reificação do autor e dos leitores. Precisamente por isso a interpretação polêmica – na formulação flusseriana, *tomar o texto antes como pergunta do que como resposta* – é mais humanista do que a interpretação "analisante".

Se interpreto a propaganda nazista de Goebbels e tento escavar sua intencionalidade, posso concluir que ela é fruto de complexos pessoais derivados da baixa estatura do autor, o que me leva a entendê-lo e a desculpá-lo. Se, entretanto, enfrento a propaganda nazista e a desmascaro, mostrando que o que ela afirma não é o que pretende, admito que Goebbels é gente (por estranho que pareça) e gente responsabilizável, e não, como o faria a fria crítica analítica, mero instrumento de aparelho programado para mentir.

Sobre a fotografia matiza melhor o projeto de Susan Sontag. Nesse volume se buscam discutir os problemas derivados da atual onipresença das imagens fotográficas. Logo nas primeiras linhas distingue, de maneira próxima a Flusser, as imagens clássicas, ou artesanais, das novas imagens fotográficas. Para ela, a humanidade se mantém na caverna de Platão, distraindo-se com meras imagens da verdade que, todavia, não são a verdade. São essas imagens que nos educam e constroem o que supomos depois como verdade.

Entretanto, as antigas imagens artesanais nos ensinaram um mundo que não é mais o mesmo, porque as novas imagens técnicas tomaram o lugar dessa tutoria: em catadupa, bilhões de fotografias penduram-se nas paredes, ilustram os jornais, invadem museus, exibem-se em livros e congestionam a rede mundial de computadores, espelhando mundo e verdade em 16 milhões de cores. O novo código visual altera as noções do que vale a pena olhar e do que se tem o direito de observar. Percebemo-nos subordinados a uma nova gramática da visão.[21]

Ao mesmo tempo em que o século XIX admitia, com Nietzsche, que não há fatos mas interpretações, as imagens fotográficas se mostram menos declarações sobre o mundo do que pedaços do mundo – miniaturas de realidade que qualquer um pode esculpir. A fotografia é arte e rito. As fotografias de família refazem nas imagens instituição que se esfacela, como que substituindo a coisa pela pose. As fotografias turísticas protegem os viajantes da própria viagem, preservando-os da ansiedade de olhar o outro. As fotografias de acidentes transformam aquele que tem uma câmera no único que não é passivo, ao mesmo tempo em que o tornam aquele que não ajuda, não socorre e não intervém:

> Fotografar é essencialmente um ato de não-intervenção. Parte do horror dos golpes memoráveis do fotojornalismo contemporâneo, como as fotos de um bonzo vietnamita tentando alcançar uma lata de gasolina, de um guerrilheiro bengali no ato de transpassar com a baioneta um colaboracionista amarrado, vem da consciência de como se tornou plausível, em situações em que o fotógrafo pode escolher entre uma fotografia e uma vida, escolher a fotografia. A pessoa que intervém não pode fazer o registro; a pessoa que está fazendo o registro não pode intervir.[22]

O fotógrafo tem mais poder do que os não-fotógrafos: o poder de mostrar o quanto nos quedamos impotentes à medida que a espécie humana se torna poderosa. Fotografar pessoas implica vê-las como elas nunca se poderão ver, adquirir conhecimento sobre elas que elas nunca poderão ter, transformá-las em objetos bidimensionais que podem ser simbolicamente possuídos.

Ainda que a fotografia pareça o *medium* da realidade, a quantidade de imagens fotográficas que nos assola deixa-a na mesma ordem da ficção: "Através das fotografias, o mundo se torna uma série de partículas sem conexão; a história, o passado e o presente, um conjunto de casos e *fait divers*".[23] O aparelho fotográfico atomiza a realidade, deixando-a opaca. Se em algum momento Mallarmé disse que todas as coisas no mundo existem para serem colocadas em um livro, hoje tudo existe para virar fotografia. O caráter contingente da fotografia confirma que tudo é perecível e inclassificável: "A insistência do fotógrafo de que tudo é real também implica que o real não é suficiente".[24] De certo modo, a fotografia transforma a realidade em tautologia. Tudo é real, sim; mas o real não basta.

Flusser observa que nenhuma distinção significativa pode ser posta entre realidade e representação porque tais termos diferem em grau de probabilidade, não em essência. Ainda que tenhamos em mente a preocupação de Anthony Minguella – "a vida tornou-se uma vírgula dentro do parágrafo da ficção" – o imaginário é tão real quanto o real é imaginado – fabricado. Para que a ficção não se ponha no lugar da vida ou o imaginário no lugar da realidade, terminando por dispensar, por obsoletas, tanto realidade quanto vida, cabe explicitar o processo de fabricação de modelos da realidade para responsabilizar quem os fabrica.

Ele lembra que os dispositivos utilizados pelos profissionais da informação aparecem como caixas-pretas cujo funcionamento misterioso lhes escapa. Em geral o fotógrafo não conhece as equações utilizadas para o desenho das objetivas nem as reações químicas que se processam nos componentes da emulsão fotográfica. Pode-se fotografar pensando apenas em não tremer o braço. As câmeras modernas estão automatizadas a ponto de até mesmo a fotometragem da luz e a determinação do ponto de foco serem realizadas pelo aparelho.

Roland Barthes escapara do problema quando preferiu pensar a fotografia pelo ângulo da *camara lucida*. Vilém Flusser tenta tratar o problema por dentro da *camara obscura*. Como os técnicos em eletrônica, filósofos e cientistas utilizam caixas-pretas para designar os fenômenos, mas terminam por acreditar que o expediente implica compreensão do fenômeno.

Dá-se a certa classe de fenômenos o nome de *instinto* e acredita-se que isso resolve o problema; entretanto, o que chamamos de *instinto* pode ser apenas uma caixa-preta que se encontre ali para mascarar o que não conseguimos compreender.

8

PÓS

A HISTÓRIA DAS IMAGENS TÉCNICAS conduziu Vilém Flusser ao conceito de pós-história. Segundo ele, as imagens tradicionais antecedem os textos em milhares de anos; elas são abstrações de primeiro grau, formulando-se a partir do mundo imediato. Os alfabetos e as línguas (os textos), partindo das imagens tradicionais (dos hieróglifos), já são abstrações de segundo grau. As imagens técnicas, por sua vez, revelam-se abstrações de terceiro grau, formulando-se a partir de textos que fazem abstração de imagens que, anteriormente, formularam-se a partir do mundo imediato.

O caráter presumivelmente objetivo das imagens técnicas faz com que o observador as olhe como se elas fossem não imagens, mas sim um tipo de janela para o mundo. Ele confia nas imagens como confia nos próprios olhos. Não é capaz de tecer uma crítica da imagem, mas no máximo uma crítica do que vê, pressupondo sempre que vê uma paisagem real por uma janela. Sua crítica, quando acontece, não se preocupa com a produção das imagens, mas com o mundo como visto por elas. A falta de atitude crítica para com as imagens técnicas é perigosa no contexto histórico no qual elas estariam, a ponto de deslocar os textos da sua situação de predominância. A atitude que não consegue criticar o fundamento da imagem técnica, mas apenas o produto final, é perigosa também porque a objetividade da imagem técnica é uma ilusão. Ela é imagem – portanto, imaginária – e, como tal, simbólica.

Há de se fazer a transição do mito ao *software*, para poder reconhecer, no *software*, mito. A fascinação que experimentamos olhando pinturas de caverna ou afrescos de sepulcros etruscos não é a mesma que emana de uma televisão ou de uma tela de computador. A televisão e o cinema existem em um nível diferente de realidade que as cavernas ou os sepulcros etruscos. A magia mais velha é pré-histórica, a magia mais nova é pós-histórica. A bruxaria velha aponta para mudar o mundo lá fora; a bruxaria nova aponta para mudar os nossos conceitos relativos ao mundo lá fora. Estaríamos negociando com magia nova, com um tipo abstrato de bruxaria.

A diferença entre a velha e a nova forma de bruxaria pode ser formulada assim: a magia pré-histórica é uma ritualização de modelos chamados *mitos*, enquanto a magia atual é uma ritualização de modelos chamados *programas*. Mitos são modelos transmitidos oralmente por uma divindade que se encontra fora do processo comunicativo. Programas são modelos transmitidos por escrito por funcionários que estão dentro do processo comunicativo. Pela nova forma de bruxaria, Deus está morto, ainda que a Bíblia já exista em CD-ROM.

Flusser exemplifica a cegueira do observador com a reação acrítica das pessoas perante a caixa-preta chamada televisão. Na televisão, aprofunda-se a indistinção entre apresentação e representação. Telejornais, anúncios comerciais, novelas e filmes confundem-se entre si, porque se sucedem na mesma velocidade e sob molduras parecidas. Assistir à aterrissagem de homens na Lua se apresenta como ficção científica, enquanto assistir à traição dos personagens da novela se mostra como um olhar no buraco da fechadura da casa do vizinho, ou seja, na realidade. Para o espectador de televisão a distinção entre realidade e ficção se esboroa. O critério de distinção entre as mensagens passa de ontológico (se verdadeiro, se fictício) a estético (se sensacional, se enfadonho).

A caixa chamada televisão tem botões que oferecem aos espectadores a escolha de vários canais e a opção de interromper o fluxo da mensagem. Isso cria impressão de liberdade. Mas a escolha é ilusória porque todos os canais provocam o mesmo padrão de comportamento; a caixa, mesmo desligada, permanece em lugar de honra na casa. A ilusão de liberdade ajuda a manipulação dos espectadores. A caixa emite mensagens, mas não as recebe. Propostas interativas do tipo "ligue 0900-10 se acha que o presidente da República deve renunciar, ligue 0900-11 se acha que o presidente da República deve se recandidatar" apenas confirmam a manipulação, dividindo a "massa" em dois ou três blocos estatísticos. Os espectadores são condicionados à recepção passiva, logo, a uma atitude passiva.

Há um grande número de caixas distribuídas pela sociedade e todas elas emitem a mesma informação. O resultado é que as habitações privadas são unidas de perto à esfera pública e perdem sua condição de isolamento. O homem público está presente em milhões de habitações privadas, "conversa" com as pessoas – mas não se pode conversar com ele. A conseqüência imediata da invasão do reino do privado pelo público é a abolição da distinção entre os campos público e privado. Considerando que esta distinção é a base da política, a indistinção implica despolitização, por meio da estetização da política que já assustava Benjamin. Abre-se caminho para o totalitarismo.

O propósito da parede é o de criar um espaço privado separado do espaço público – aquilo que os anciãos chamavam *templum*. A parede proporciona para o homem abrigo no qual ele se torna o que é. A televisão é janela que invade o templo; parece existir para mostrar o mundo, mas permite que o mundo invada o homem. Há abismo crescente entre *percepção* e *concepção*. O número de eventos percebidos é constante, mas o número de eventos concebidos constantemente cresce. Em conseqüência, o mundo em que moramos vai ficando menor e menos imaginável, porque se torna, em progressão geométrica, mais populoso, poluído e abstrato. As distâncias entre as pessoas, graças às cidades, ao automóvel e às telecomunicações, vão se tornando muito menores, ao mesmo tempo em que todos vão se percebendo cada vez mais sozinhos, encolhendo-se nos cubículos em que moram ou nas baias em que trabalham. Em desespero, abusa-se do telefone celular, que já faz parte do corpo de muitas pessoas. A sensação de vazio retorna a cada vez que o telefone emudece, que a companhia telefônica avisa que o número procurado se encontra fora do alcance ou desligado, ou que a conexão na rede virtual, na internet, "cai".

Este vazio pode ser fotografado; na verdade, o vazio é a própria fotografia. A fotografia difere da pintura no seguinte ponto: o sujeito, se era o *sig-*

nificado da pintura, tornou-se a *causa* da fotografia. Uma imagem fotográfica vem a ser como uma pegada que o sujeito deixa em uma superfície, e não bem uma representação, como na pintura. A revolução fotográfica inverte a relação tradicional entre o fenômeno concreto e a idéia do fenômeno. Na fotografia, o fenômeno produz a sua própria idéia.

Em conseqüência, a invenção da fotografia é uma solução técnica para o impasse entre os idealismos racionalista e empirista. Os empiristas ingleses do século XVII supunham que as idéias se imprimiam nos sujeitos como se fossem fotografias (sem conhecê-las ainda), enquanto seus contemporâneos racionalistas acreditavam que os sujeitos projetavam as idéias como pinturas sobre uma tela em branco. A invenção da fotografia trouxe a prova tardia de que as idéias funcionam nas duas direções. As fotografias são vistas como manifestações objetivas, graças à intermediação da técnica e da máquina fotográfica, enquanto as pinturas se vêem como manifestações subjetivas, porque dada intencionalidade se expressa por elas. No entanto, tanto a fotografia como a pintura surgem de movimentos complexos e contraditórios. No ato de pintar há muitas fases objetivas, é claro, assim como no de fotografar se dão fases subjetivas, o que faz problemática a distinção entre objetividade e subjetividade.

O caminho preferencial de Flusser, sempre tentando surpreender o fenômeno antes que ele se torne discurso e se cristalize, é estudar os gestos de pintar e fotografar. Descrever o gesto de fotografar, todavia, provoca estranhamento, pois parece que se tenta fotografar o fotógrafo. É como se pedíssemos ao fotógrafo que se fotografasse fotografando um espelho – estaríamos capturando não mais do que um espectro. A imagem do fotógrafo que não seja a imagem *tirada* pelo fotógrafo só pode ser espectral. Logo, o modelo da fotografia, se escolhido para descrever a própria fotografia, induz-nos a equívoco interessante, porque bom exemplo de como os instrumentos configuram o pensamento. Primeiro, descobre-se a fotografia como instrumento privilegiado da visão objetiva e depois se tenta considerar todas as coisas, incluindo a própria fotografia, através da visão de tipo fotográfico. O instrumento domina o pensamento pela metáfora.

O gesto do fotógrafo não se destina a mudar o mundo ou a comunicar-se com os outros, mas sim a contemplar e a fixar o contemplado. Equivale ao que se entendia por *theoria*: contemplar para formular. O fotógrafo procura uma situação e o melhor ângulo. O ângulo é imposto pela forma da situação, ou seja, o artista deve deixá-lo acontecer. O fotógrafo escolhe um fumante de cachimbo como seu objeto, tentando captar a fumaça que escapa do bocal – mas de repente se queda impressionado pela expressão de quem fuma: "O gesto de fotografar, que é um movimento em busca da posição e que revela uma tensão tanto interna como externa, a qual empurra a busca, vem a ser o movimento da dúvida. Observar o gesto do fotógrafo sob este aspecto significa acolher o desenvolvimento da dúvida metódica. E este é o gesto filosófico por antonomásia".[1]

Na indústria automobilística o trabalhador se converte em função da máquina, o que garante a perda de sua dignidade. No gesto de fotografar, ao contrário, o fato de o fotógrafo precisar adaptar-se ao aparelho não implica auto-alienação. O fotógrafo é surpreendentemente livre – livre da linha de montagem, livre das baias dos escritórios, livre de funcionar como mera função do aparelho que manipula – e o é não apesar de, mas sim justo em razão da determinação temporal do instrumento que maneja. O fotógrafo amador, seja turista no Líbano ou mamãe na festa do caçula, ainda pode pensar que fotografa a realidade, que não a observa nem a modifica. O fotógrafo profissional, entretanto, sente a cada vez a estranha sensação de ser testemunha, fiscal, defensor, promotor e juiz, o que é tão estimulante quanto perigoso: os *papparazi* e suas vítimas que o digam.

Por isso o fotógrafo tenta surpreender seu motivo em um momento de inadvertência para transformá-lo em um objeto. Odeia a pose, ou procura modelar seu modelo em pose inusitada. Dá-se conta de que fotografar é um falso diálogo: monta-se uma armadilha com o motivo. Dá-se conta de que o gesto de fotografar é tão filosófico quanto artístico: não se pode eleger uma posição, um ângulo, um ponto de vista, sem manipular a situação. Como perguntou o pintor Bacon: "Quem hoje consegue registrar uma coisa que surge na sua frente como um fato sem danificar profundamente a imagem?".

O fotógrafo também não pode evitar que a situação o modifique: encontrar-se nela já o terá modificado. A objetividade de uma idéia não é outra coisa que o resultado da manipulação de dada situação. Qualquer idéia percebe-se falsa na medida em que manipula o que é captado por ela, e em tal sentido é arte e ficção. Mas há idéias verdadeiras quando captam o que é considerado por elas. Esse argumento talvez explique Nietzsche e seu aforismo de que a arte seria melhor do que a verdade. Arte é melhor do que verdade se entendemos arte como a construção assumida da verdade e se entendemos verdade como um já-dado. O gesto de fotografar mostra um homem que de vez em quando pode não ser funcionário, porque sua própria profissão exige o domínio do que vê e de si mesmo. O momento em que o fotógrafo deixa de mirar o espelho que o reflete é o momento que caracterizará a sua imagem. Se ele apressa o gesto, a imagem será superficial. Se o faz demasiado tarde, a imagem resulta confusa. Será penetrante, porém, se o fotógrafo for capaz de selecionar um bom momento para interromper a sua reflexão sobre si mesmo.

Ora, insiste Vilém, o que vale para a fotografia se aplica também à vida. A realidade do mundo objetivo está posta em questão há muito. Nós não temos de ser kantianos para saber que não temos acesso aos objetos. Dizer que as imagens produzidas pela cultura hodierna são simulações não faz muito sentido, porque as imagens nos afetam *como se* fossem objetos. Toda obra humana simula a realidade e em conseqüência a fabrica – deixa de existir a realidade prévia à obra.

Na pós-história, então, o que seria real? O que o filósofo chama de pós-história tem pouco a ver com a pós-modernidade: a história teria sido inaugurada com a invenção da escrita linear, promovendo em decorrência a invenção da causalidade. Na nossa época, a invenção das imagens técnicas estaria inaugurando a pós-história, desvalorizando os processos lineares de pensamento para valorizar um processo circular que retraduz textos (que antes traduziam imagens) em novas imagens, todavia mais abstratas do que as imagens clássicas, uma vez que representam fórmulas matemáticas.

O conceito de pós-história é anterior a Flusser. Roderick Seidenberg, em 1950, nos Estados Unidos, publicou tese chamada *Posthistoric man: an inquiry*. Embora Flusser não o cite – de resto, ele cita muito pouco –, não seria de todo impossível que tivesse tido notícia dessa tese.

Seidenberg afirma: "O homem moderno vem aprendendo a se ajustar a um mundo progressivamente mais e mais organizado".[2] Ele procura demonstrar como esse mundo organizado, burocratizado e aparelhado desenha um homem moderno acomodado. A demanda por organização cada vez mais abrangente, por fluxogramas e organogramas cada vez mais subdivididos e precisos, invade os terrenos da existência indistinguindo público e privado: "A cada momento nos deparamos com a demanda por uma organização mais abrangente e completa; e nenhuma censura é tão aguda ou insistente aos ouvidos modernos quanto a reclamação de que nós não somos suficientemente, ou apropriadamente, ou adequadamente organizados".[3] A pressão parece sintomatizar um mundo que perdeu o controle dos seus objetivos – senão, por que a exacerbação com a organização e o controle? O problema, que se ampliou sem se resolver com a informatização, atinge não apenas a administração das instituições, mas a própria produção acadêmico-científica, que se burocratiza na quantidade – *publish or perish* – e na qualidade, demandando-se obscuridade de estilo para angariar respeito na corporação.

O primado da superorganização se instaura à esquerda e à direita, ou seja, tanto no regime stalinista quanto no nazismo alemão. Essas matrizes organizacionais, ainda que limitadas no tempo e no espaço, apontam para o governo de todo o mundo sob a égide do cogumelo atômico. Em 1950, o autor norte-americano já apontava para os paradoxos da globalização anunciados desde a construção das nações e dos nacionalismos. Um só mundo – ou nenhum! – sob a égide da suástica, ou da foice, ou do índice Dow Jones, tanto faz: eis os anúncios, semióticos, da pós-história, ou seja, do fim da própria linha do tempo e da causalidade.

A consciência histórica se percebe limitada a uma maneira de pensar, vinculada à aquisição da escrita linear que faculta a ilusão da apreensão dos acontecimentos. A consciência pós-histórica, por sua vez, dominada pelo princípio organizacional e pelo horizonte da perfeição, esforça-se por fraturar a linha do tempo e da escrita interligando os aparatos de Estado com os aparelhos tecnológicos, a ponto de eliminar as causas e deixar tão-somente os efeitos. O frenesi da organização se articula com as imagens técnicas como um fluxograma transparente apresentado por meio de um *datashow*.

O perigo deriva de uma maneira de olhar as imagens – idolatria – e de uma maneira de ler os textos – textolatria. As imagens sempre tiveram o propósito de representar o mundo para o homem, já que ele mesmo, o mundo, nunca foi acessível. Entretanto, as imagens técnicas criam a ilusão de que já são o mundo, e não imagens, tornando-se biombos. Não mais se decifram as cenas da imagem como significados do mundo porque o próprio mundo vai sendo vivenciado como conjunto de cenas. No momento presente, as imagens técnicas não são decifráveis pela curiosa razão de que, aparentemente, não necessitam ser decifradas. Elas parecem objetivas, contrariamente à escrita.

Em certo momento, para desalienar-se da idolatria, o ser humano arranca os elementos da imagem e os alinha em seqüências: é a escrita que se inventa para explicar as imagens. A sociedade ocidental se divide em duas camadas: a dos letrados-sacerdotes, que se comunicam com o mundo por meio dos textos, e a dos iletrados-pagãos, que continuam se comunicando com o mundo por meio das imagens. Mas, com a invenção da imprensa, os textos se tornam mais baratos e, de privilégio sacerdotal, passam a propriedade da burguesia. Ao mesmo tempo, as imagens são expulsas do cotidiano burguês para encontrarem moradia dentro dos guetos glorificados, isto é, dentro dos museus. Surge o fosso entre a arte e a técnica: a técnica produz objetos bons para algo, a arte produz objetos belos e que servem para nada. O artista, considerado inspirado, portanto inútil, é no entanto glorificado. Após a invenção da imprensa, a escola se torna obrigatória e o texto se torna código universal e, ao mesmo tempo, vulgar. Depois da idolatria grassa a textolatria: o mundo começa a viver em função de textos lidos biblicamente, no sentido acrítico do termo: se está escrito, ou é verdade ou então grave mentira – a filosofia e a ficção parecem subversivas. É preciso transformar a filosofia, escolarizando-a, em história da filosofia, da mesma maneira que é preciso transformar a literatura nos "estilos de época".

Para combater a textolatria, surgem as tecno-imagens. A fotografia é para o texto o que o texto era para a imagem tradicional: no primeiro instante, chega para explicar textos cada vez menos acessíveis ao público. Revistas abrem espaço a ilustrações, reforçando a infantilização do leitor (sem figurinha, não se lê). Os programas de computador que processam texto processam também imagens, tornando o texto novamente imaginável. Entretanto, a imagem não apenas ilustra, mas se sobrepõe ao texto. A nossa capacidade crítica é de tal forma enfraquecida pela imagem que na dúvida entre a imagem e o texto o público acredita na imagem – ainda que tenha alguma idéia de como as imagens fotográficas possam ser retocadas ou alteradas.

As imagens técnicas deveriam constituir denominador comum entre conhecimento científico (verdade), experiência artística (beleza) e vivência política (bondade), mas isto não aconteceu porque as imagens técnicas passaram a predominar. Todo ato quer eternizar-se em imagem técnica, visando-se fotografado, filmado, videoteipado. Filmam-se os livros que já foram escritos, escrevem-se os livros futuros prevendo adaptação cinematográfica. Ora, se a imagem técnica é a meta de todo ato, todo ato se torna um ritual de magia, reconstituível e repetível segundo o programa do aparelho. A noção de aparelho fotográfico remete aos aparelhos que nos programam para programá-los.

Como o programa do aparelho é rico, o fotógrafo se esforça por descobrir potencialidades ignoradas, no afã de esgotá-lo. O mundo lá fora lhe interessa apenas em função do programa; não está empenhado em modificar o mundo, mas em obrigar o aparelho a revelar suas potencialidades. Não trabalha; portanto, brinca. Joga. Porque o aparelho é brinquedo e não instrumento: quem o manipula não é trabalhador, mas jogador: não mais *Homo faber*, mas *Homo ludens*. Enquanto brinquedo, todavia, herda o paradoxo da sociedade industrial, substituindo o convívio pelo desejo da obsolescência. Não se brinca *com* o brinquedo, mas *contra* ele, como faz o adolescente com um jogo de computador: sua obsessão não é *curtir* o jogo, mas sim *zerá-lo*, isto é, torná-lo obsoleto. Nesse contexto, brinca-se, sim, mas na beira do abismo, *desejando* o abismo – ou, ao menos, desejando jogar o brinquedo no abismo. Isso acontece porque, intimamente se sabe, não é o garoto que domina o jogo, mas sim o jogo que o domina; não é o fotógrafo que domina o aparelho, mas todo o contrário.

Para situar esse jogo que nos joga, Vilém Flusser concebe quatro estruturas fundamentais de discurso. Na estrutura [1], os receptores cercam o emissor em forma de semicírculo, como no teatro; essa estrutura exige procedimento *responsável*. Na estrutura [2], o emissor distribui a informação entre retransmissores que a purificam de ruídos para retransmiti-la a receptores, como no exército ou no feudalismo; essa estrutura exige procedimento *autoritário*. Na estrutura [3], o emissor distribui a informação entre círculos dialógicos que a inserem em síntese de informação nova, como na ciência; essa estrutura exige procedimento *progressista*. Na estrutura [4], o emissor emite a informação rumo ao espaço vazio para ser captada por quem nele se encontra, como no rádio; essa estrutura exige procedimento *massificado*.

A distribuição das fotografias dá-se pelo quarto método discursivo. Ainda que pareçam depender de um suporte material, como as telas de pintura, não são objetivas porque se multiplicam. Já dizia Benjamin, a noção de "original" não faz sentido; nem mesmo o negativo pode ser considerado um original. As novas câmeras digitais nem contam mais com filme e negativo, transcodificando impressões luminosas em abstração pura, isto é, em matemática. Distribuir uma fotografia implica multiplicá-la: o aparelho produz protótipos cujo destino é serem estereotipados. O valor de uma fotografia reside na informação que transmite. Logo, a fotografia é o primeiro objeto pós-industrial: pós-indústria é precisamente desejar informação e não mais objetos. A distribuição da fotografia ilustra a decadência do conceito propriedade: tem poder não mais quem possui, mas quem programa informações e as distribui – neo-imperialismo.[4]

Quem possui aparelho fotográfico de último modelo fotografa bem, mas não sabe o que se passa no interior do aparelho. O aparelho propõe jogo estruturalmente complexo, mas funcionalmente simples, e neste sentido oposto ao xadrez, que propõe jogo estruturalmente simples, mas funcionalmente complexo: é fácil aprender suas regras, mas é difícil jogá-lo bem. O fotógrafo amador apenas obedece a *modos de usar*, cada vez mais simples, inscritos no lado externo do aparelho sob a forma de ícones "amigáveis".

Quem fotografa como amador não decifra fotografias, pois acredita ser o fotografar gesto automático graças ao qual o mundo aparece. Quanto mais gente fotografar, tanto mais difícil se tornará o deciframento de fotografias. Em decorrência, habituamo-nos à alteração constante de imagens. O universo fotográfico nos acomoda ao progresso, tornando-o espécie de eterno retorno mágico do novo. Se de repente os mesmos jornais repetissem as mesmas manchetes e as mesmas fotos, dia após dia, aí sim talvez pudéssemos nos comover.

O jogo do progresso exige a fabricação permanente do novo, tornando-o velho e obsoleto para que se possa fabricar o novo que se tornará velho e obsoleto para que... Para que as reticências se imponham. O jogo do progresso é um jogo de reticências. Obedece ao acaso, que por sua vez vai se tornar necessidade como em um jogo de dados: permutam-se os elementos ① a ⑥ ao acaso, todo lance individual é imprevisível, mas, a longo prazo, o ⑥ termina se realizando, *necessariamente,* em cada sexto lance. Logo, todas as virtualidades inscritas no programa, embora se realizem ao acaso, acabam necessariamente se realizando. Se a guerra atômica estiver inscrita em determinados programas de determinados aparelhos, será realidade, *necessariamente* – embora aconteça *por acaso,* como teriam acontecido por acaso as guerras do século XX. É neste sentido subumanamente cretino que os aparelhos seriam oniscientes e onipotentes. Tudo vai se robotizando, obedecendo a um ritmo *staccato.* A invenção do aparelho fotográfico seria o ponto a partir do qual a existência humana abandona a estrutura do deslizamento, linear, própria dos textos, para assumir a estrutura do saltear quântico, própria dos aparelhos. O aparelho fotográfico, o patriarca de todos os aparelhos, mostra-se fonte da robotização da vida.[5]

Quando Flusser fala da robotização da vida, aparentemente entra em atrito com o otimismo da ficção científica propriamente dita. Isaac Asimov, ao publicar em 1950 "as Três Leis da Robótica", que condicionariam toda a criação de robôs, projetava uma sociedade controlada por máquinas de calcular (o termo *computador* ainda não era de uso corrente) e, portanto, melhor:

1. Um robô não pode ferir um ser humano ou, por omissão, permitir que um ser humano sofra algum mal.
2. Um robô deve obedecer às ordens que lhe sejam dadas por seres humanos, exceto nos casos em que tais ordens contrariem a Primeira Lei.
3. Um robô deve proteger sua própria existência, desde que tal proteção não entre em conflito com a Primeira e a Segunda Leis.[6]

Esse otimismo, no entanto, tem base cética. A personagem principal do romance *Eu, robô*, dra. Susan Calvin, gosta mais de robôs do que de homens. Quando lhe dizem que um político que vai galgando todos os postos até assumir o cargo de coordenador-geral da Terra pode ser um robô, sua reação não é de horror – a humanidade poderia perder o controle do seu destino! –, mas de esperança: a humanidade na verdade nunca teve controle sobre o seu destino. Logo, seria melhor que alguém (ou algo) que pudesse obedecer as Leis da Robótica administrasse o planeta:

> Porque, se refletirmos um instante, as Três Leis da Robótica são os princípios essenciais que orientam a maior parte dos sistemas éticos do mundo. Naturalmente, cada ser humano deve ter um instinto de conservação. É a Terceira Lei de um robô. Além disso, cada ser humano "bom", que tenha consciência social e senso de responsabilidade, deve obedecer às autoridades competentes, dando ouvidos a seu médico, seu patrão, seu governo, seu psiquiatra e seus semelhantes, obedecendo às leis, seguindo as normas, agindo de acordo com os costumes, mesmo quando tal obediência interfira com o seu conforto ou sua segurança. É a Segunda Lei dos robôs. Por outro lado, todo ser humano "bom" deve amar o próximo como a si mesmo, proteger seus semelhantes e arriscar sua vida para salvá-los. É a Primeira Lei dos robôs. Para resumirmos tudo de modo bem simples: se Byerley seguir todas as Leis da Robótica, talvez seja um robô – ou talvez seja meramente um homem muito bom.[7]

A suposição de que robôs possam ser melhores do que homens lembra a falácia de que a máquina libertaria o homem do trabalho para o lazer, mas também pode ser lida, uma vez que se trata de ficção, como ironia cética. Os robôs espelham não seus amos, mas os leitores, e, por ser melhores, esboçariam caricatura ao avesso da espécie humana. O ceticismo da ficção científica é que lhe permite, como aos cientistas, suspeitar de concepções arraigadas de mundo para se permitir pensar o diferente.

O romance *Linha do tempo*, de Michael Crichton, publicado 49 anos depois da história de Asimov, fabula uma viagem no tempo a partir de conceitos tão estranhos quanto *espuma quântica* e *buraco de minhoca*. Como em dimensões subatômicas a estrutura do espaço-tempo é irregular, mais próxima de uma espuma que borbulha, foi chamada de espuma quântica. E os tais buracos de minhoca são atalhos no espaço que em teoria permitiriam não apenas vencer anos-luz em poucos minutos como, quiçá, viajar no tempo.

A rigor, o romance não promove uma viagem no tempo porque o tempo não flui: "Só achamos que o tempo passa devido a uma característica do nosso sistema nervoso, devido à aparência que as coisas têm para nós. Na realidade o tempo não passa: nós é que passamos".[8] O tempo em si não varia, simplesmente *é*. O passado e o futuro não são locais separados; por isso seria, em tese (em ficção), possível viajar no espaço para chegar, por exemplo, na Idade Média. Desse modo, o romance combina narrativa histórica, mandando historiadores do final do século XX para um castelo à beira de ser destruído no século XIV, com especulações éticas interessantes: "Quanto à antiga reputação dos tempos medievais como uma época sombria de paroquialismo, preconceito religioso e carnificina em massa, a ficha do século XX deve levar qualquer observador ponderado a concluir que não somos superiores sob nenhum aspecto".[9] A concepção de um período medieval brutal foi uma invenção da Renascença, mas persiste até hoje porque confirma a ilusão consagrada de que a espécie humana se move sempre para a frente.

A ironia de Asimov e Crichton os reaproxima da ficção filosófica de Flusser porque encurrala o ideal cartesiano – realizá-lo é que implica tragédia robotizante. Segundo o modelo cartesiano, o pensamento é um colar de pérolas tão claras quanto distintas. As pérolas são os conceitos; pensar é permutar conceitos segundo as regras do fio que une as pérolas. Todo conceito significaria um ponto no mundo da *res extensa*. Se conseguíssemos adequar a cada ponto um conceito da coisa pensante seríamos oniscientes e onipotentes, porque ao permutarmos os conceitos estaríamos permutando os próprios pontos lá de fora.

Para desagrado do lógico, no entanto, a estrutura da coisa pensante não se ajusta à da coisa extensa. Enquanto nesta os pontos se confundem uns com os outros, naquela há intervalos entre os conceitos – a maioria dos pontos escapa pelos intervalos. Descartes pretendia superar esta dificuldade com a ajuda da geometria analítica e da divindade, mas não conseguiu fazê-lo. As fotografias, todavia, prepararam o salto que os computadores deram. Os computadores reduzem os conceitos cartesianos a dois: ⓪ e ①. Os computadores pensam em *bytes*, binariamente; depois, programam universos adequados a esse tipo de pensamento.

Sua integração com o universo fotográfico não é gratuita. Se as fotografias nos aparecem como janelas para o mundo, os computadores se popularizaram quando se apresentaram como *windows* e não como *doors*. Não precisamos mais sair da casa dos conceitos: não precisamos mais ver, conseqüentemente conhecer, a Guerra da Bósnia *in loco*; bastam-nos as fotos, os *media* e as enciclopédias virtuais. Basta-nos abrir a janela e ver a banda passar junto com *bytes*, textos, imagens e mensagens de *e-mail*.

Esse raciocínio simula o apocalipse, mas não esconde propósito humano, ainda que absurdo. Não resta dúvida de que os aparelhos foram produzidos por projetos humanos. Que projetos seriam esses? Precisamente, chegar a algo que dispense futuras intervenções humanas. O propósito por trás dos aparelhos é torná-los independentes do homem. Seguindo a lei do menor esforço ao contrário, faz-se o maior esforço possível para que, doravante, não se faça mais esforço algum, funcionando-se automaticamente.

Resumindo: *imagem* implica (e contém) magia. *Aparelho* implica automação e jogo. *Programa* implica acaso e necessidade, enquanto *informação* implica símbolo. Logo, define-se fotografia da seguinte maneira: fotografia é "imagem produzida e distribuída automaticamente no decorrer de um jogo programado, que se dá ao acaso que se torna necessidade, cuja informação simbólica, em sua superfície, programa o receptor para um comportamento mágico".[10]

A vantagem paradoxal dessa definição é que ela é inaceitável, porque exclui o homem como fator livre. Logo, é necessário considerar de perto os conceitos que a constituem. Imagens são superfícies sobre as quais circula o olhar que tende a voltar para contemplar elementos da imagem já vistos. Deste modo, o olhar reconstitui a dimensão do tempo: *antes* se torna *depois*, *depois* se torna *antes*. Isto significa que "o tempo projetado pelo olhar sobre a imagem é o do eterno retorno". Ao circular pela superfície da imagem, o olhar sempre retorna para elementos preferenciais que se apresentam a partir de então como portadores preferenciais do significado. Constituem-se relações significativas, mas em um tempo diferente do textual.

No tempo linear-textual, a flecha do tempo é irreversível: "escreveu, não leu, o pau comeu", como se diz. No tempo da imagem, no tempo *imaginário*, a flecha do tempo tem tantas pontas quantas desejarmos: as relações são reversíveis e se dão em contexto mágico. No tempo linear, o nascer do sol causa o canto do galo; no tempo circular, imaginário, o canto do galo dá significado ao nascer do sol e este dá significado ao canto do galo. No tempo da magia, um elemento explica o outro e vice-versa. A concepção da irreversibilidade do tempo estendia a todas as coisas a irreversibilidade do próprio corpo humano: nascemos, crescemos, esclerosamos, terminamos, como diria a esfinge. Mas o tempo da magia provoca interessante desantropomorfização.

Encontramos o mesmo chão de circularidade sob os demais conceitos. Aparelhos são brinquedos que funcionam com movimentos repetidos; programas são sistemas que recombinam os mesmos elementos; informação é epiciclo negativamente entrópico que deverá retornar à entropia da qual surgiu. Como a História é o terreno da linearidade e da causalidade, sem o perceber vamos ingressando no terreno da pós-história, abandonando veleidades deterministas. Pensar pós-historicamente abre novas perspectivas para o pensamento, *ao mesmo tempo* que o condiciona e programa. Que o tempo do eterno retorno seja um tempo mágico não o desqualifica; torna-se tão fecundo quanto o foram desde sempre os sortilégios humanos. O que o desqualifica é não se reconhecer como mágico, veiculando-se por meio de categorias científicas defasadas, como as da causalidade.

Interessa estudar o pensamento modelado pela fotografia para vencer a ilusão de que o criador controla as suas criaturas. O aparelho fotográfico é menos instrumento e máquina do que brinquedo, como as cartas do baralho. Modela-nos e ao nosso pensamento de forma diferente. Como sempre, o problema que se coloca é o da liberdade (e não o da identidade).

9
LÍNGUA

WITTGENSTEIN DIAGNOSTICAVA EM TODA FILOSOFIA uma doença do intelecto, pautada no afã de tudo explicar. Essa doença estaria ligada a um desconhecimento de gramática: os problemas filosóficos surgiriam de confusões gramaticais oriundas do caráter imagético da linguagem. O remédio de Wittgenstein para a doença trata das confusões com um exame cerrado da gramática da língua; sua filosofia será então a descrição do caso singular, progredindo passo a passo, votando-se à descrição cuidadosa das diferenças e dos parentescos entre os conceitos.

A série de descrições minuciosas procura desembocar numa visão de conjunto. A suposta visão de conjunto, no entanto, só pode ser parcial, referindo-se apenas a fragmentos da linguagem, protelando *ad infinitum* o fim do trabalho da filosofia. Conhece-se o último aforismo do *Tratactus*: *Wovon man nicht sprechen kann, darüber umb man schweigen* – sobre aquilo de que não se pode falar, deve-se calar.[1] Wittgenstein escreveu ao editor que a parte mais importante do *Tratactus* era a parte não-escrita, "a catedral afundada ocultando a verdadeira questão, ética, do livro". O imperativo do silêncio parte do reconhecimento reverente do inefável – do que não pode ser falado.

A questão que vem desde Platão é: se o mundo pode ser pensado, pensar sobre o pensamento revelaria os traços essenciais da estrutura do mundo?

Para Wittgenstein, a resposta é sim: "Especificar a essência da proposição significa especificar a essência de toda descrição e, portanto, a essência do mundo".[2] Entretanto, quem pensa? O sujeito do *cogito* cartesiano mostra-se predicativo e judicativo: o mundo é *meu* mundo... No entanto, isso não quer dizer que o mundo sou eu. Na relação entre o mundo e a perspectiva que representa o mundo não se pode isolar o sujeito: o sujeito é o que na perspectiva se mostra, assim como o eu é a propriedade interna do mundo. Em outras palavras, as do tradutor Luiz Henrique Lopes dos Santos no prefácio ao *Tratactus*: "Não há como isolar, no mundo ou fora dele, nenhum ponto de referência com respeito ao qual se pudesse delimitar o campo das possibilidades de existência".[3]

Se houvesse tal ponto de referência, haveria uma ordem *a priori* para o mundo – o paraíso perdido da filosofia teria sido encontrado.

A relação entre o eu e o mundo pode ser comparada à relação entre o olho e o campo visual: assim como o olho não pertence ao campo visual, não se pode inferir que qualquer objeto contido no campo seja de fato visto a partir de um olho. Se posso ver o meu olho, digamos, no espelho, já não posso ver meu olho vendo: a visão não é visível.

Fotografia de Cindy Sherman representa essa impossibilidade, mostrando a tensão entre a imanência fenomenológica – "eu vejo a mim mesmo vendo a mim mesmo" – e o estranhamento psicológico – "eu não sou o que eu imaginava que era". Na foto, uma moça tenta surpreender seu olhar no espelho, virando-se de lado e levantando o rosto, coquete, para convencer ou seduzir... a si mesma? Sherman teria capturado a lacuna entre o corpo imaginado e o corpo real.[4] A moda e as indústrias do entretenimento, células avançadas dos aparelhos entrevistos por Flusser, operam nessa fenda, nutrindo-se das experiências cotidianas de simultâneo reconhecimento e desconhecimento.

Kafka fala desse olhar-se no espelho e vê: "O olhar não é desolado, disso não há sinal, mas não é tampouco infantil, antes incrivelmente enérgico, mas talvez estivesse ele apenas observando enquanto eu precisamente me observava e quisesse me fazer medo". Reencontramos o axolotle de Cortázar e o homem que o olhava até ambos serem o outro. Como comenta Costa Lima, a tematização de si próprio através do olhar-se no espelho "não consegue ser exata e pura porque o observado, em vez de se manter passivo, reage e então interfere sobre o *observador*" – no caso, sobre si mesmo.⁵

Os limites do olhar definem os limites da linguagem, que por sua vez desenham a fisionomia contingente do mundo. Todo o *Tratactus* condensa-se na metáfora da escada que se deve jogar fora assim que se suba por ela: o mestre se furta ao lugar de mestre. Ensina-se basicamente a desaprender, isto é, a suspender o máximo possível de crenças. O discípulo, no entanto, sente que o espera solo firme, só que não onde o mestre se encontraria, mas sim onde ele próprio se encontrará. Trata-se de uma pedagogia da provocação: o professor parece não ensinar, na medida em que não transmite necessariamente o conhecimento, mas mostra tanta segurança ao pensar e ao provocar que ensina, sim, a levantar a pedra.

A partir do primeiro aforismo – "o mundo é tudo que é o caso" – deduz-se que o mundo é a totalidade dos fatos, não das coisas.⁶ A ênfase no conjunto dos fatos e não no conjunto das coisas indica que se quer observar, em movimento, o que se movimenta. O filósofo recusa-se a ver o mundo como conjunto de coisas porque, assim como não podemos pensar objetos fora do espaço ou do tempo, também não podemos pensar nenhum objeto fora da sua possibilidade de ligação com outros – em conseqüência, o que de fato pensamos é sempre a ligação das coisas umas com outras, não as coisas isoladas ou em si. Por isso, uma proposição só pode dizer *como* uma coisa é, não *o que* ela é. O dado singular pode mostrar-se continuamente como algo sem importância, mas a possibilidade de cada singular ministra uma lição sobre a essência do mundo.⁷

A possibilidade de cada singular figura uma perspectiva; essa perspectiva figura um limite. Em decorrência, o aforismo mais conhecido pode afirmar que "*Die Grenzen meiner Sprache bedeuten die Grenzen meiner Welt*" – "os limites da minha linguagem significam os limites de meu mundo".⁸ Eu sou meu mundo, ou: não existo sem o mundo. Daí não se deduz que o mundo seja apenas eu ou que o eu apenas pertença ao mundo, mas sim que o sujeito atua na demarcação de suas fronteiras.⁹

O reconhecimento do limite obriga à pedagogia: "Com meu escrito não pretendo poupar aos outros o pensar. Porém, se for possível, incitar alguém aos próprios pensamentos".[10] A relação com a verdade não implica posse, o que deixa o filósofo entre o ceticismo apocalíptico, que encolhe a verdade, e a provocação autêntica, que toma o seu lugar na conversação sem encerrá-la. Meditamos sobre a espécie de asserções que fazemos a respeito dos fenômenos e por isso nossa reflexão é uma reflexão gramatical: "A essência se expressa na gramática".[11] Ou: "Toda uma nuvem carregada de filosofia condensa-se numa gota de gramática".[12]

Não existe um fora; a idéia está colocada como óculos sobre o nariz. O que vemos, vemos através dos óculos. Não há real sem ideal, o que quase equivale a dizer que não há real *sozinho, em si*. Podemos escapar da injustiça ou do vazio de nossas afirmações se consideramos o modelo como um modelo, vale entender, como objeto de comparação, e não como preconceito ao qual a realidade teria de corresponder. Toda interpretação encontra-se suspensa no ar, ela por si só não determina o significado: "Compreender uma frase significa compreender uma língua. Compreender uma língua significa dominar uma técnica".[13]

Logo, o que há, prévio ao real, é *technikós* – ou, então, arte. As explicações são molduras fictícias guardando um conteúdo vazio. Todo signo, sozinho, parece morto, porque apenas o uso do signo lhe sopra vida.[14] Desse jogo, a jogada mais difícil é trazer a indeterminação à fala, sem falsificação.

Em uma das suas ficções filosóficas, Vilém Flusser homenageia o filósofo austríaco, escrevendo sobre "A arquitetura de Wittgenstein".[15] Compara a *Summae* de santo Tomás de Aquino a uma catedral gótica; compara o *Tratactus* a uma pequena casa incompleta, escondida na paisagem. Os modestos pilares da casa de Wittgenstein apóiam um ao outro de acordo com o mesmo método com que os pilares da catedral se apóiam entre si, mas parece haver um mundo de diferenças entre as duas construções: a catedral é um navio que aponta para o céu, a casa é um alçapão que aponta para abismo sem fundo. Pergunta Flusser: a pequena casa de Wittgenstein não poderia ser a catedral dos nossos dias?

A casa do *Tratactus* é firme não como uma rocha, mas como uma lógica; no entanto, pela mesma razão, é perigosamente abissal. Ao fundar a habitação nos pilares sem recobri-los com reboco e tinta, expõe, da força, a fraqueza. Em outras palavras, mostrando tudo o que sustenta o discurso, Wittgenstein o deixa insustentável – por isso, o silêncio ao final.

Se fala e ação constituem um jogo, como jogador posso saber o que o outro pensa se aprender a interpretar seus blefes, seus tiques, seus não-ditos, mas não posso saber *antes* o que eu penso; é correto dizer "sei o que você pensa" e errado afirmar "sei o que eu penso".[16] No momento em que tento falar, como sublinhou Clarice, "não só não exprimo o que sinto como o que sinto se transforma lentamente no que eu digo".[17]

Se o mundo é independente da vontade porque efeito de linguagem, então "as minhas palavras me surpreendem a mim mesmo e me ensinam o meu pensamento".[18] As conseqüências da palavra ultrapassam as premissas. Quem fala não sabe necessariamente melhor o que expressou do que quem o escutou – sobre essa condição se funda toda mestria. De "penso *ergo* sou" não se deduz automaticamente "falo *ergo* sou este que falou": se o que digo tem sentido, serei para mim mesmo como um outro – já não sei muito bem quem falou e quem ouviu. No âmago do presente e no exercício da palavra é que aprendo a compreender – todo sentido se dá *a posteriori*.

Pensar "não é possuir objetos de pensamento, é circunscrever através deles um domínio por pensar, que portanto ainda não pensamos".[19] Quando se trata do pensar, diz Heidegger, e quanto maior for a obra objeto do pensar, mais rico será o impensado.[20] O chamado progresso das idéias se dá obliquamente, pois cada idéia nova se torna diferente do que era antes de ser compreendida. A linguagem não é serva das significações. Logo, "a única maneira de compreender a linguagem é instalar-se nela ou exercê-la. O escritor, como profissional da linguagem, é um profissional da insegurança".[21]

George Eliot via no dizer apenas luz sobre as profundezas do indizível – "*Speech is but broken light upon the depth of the unspoken*". A partir dele, Vilém Flusser formulou sua definição de poesia: "Poesia é o esforço do intelecto em conversação de criar língua".[22] O poeta propõe, para que a conversação possa compor. A conversação seria a cerração poética dissipada, portanto compreendida. A conversação é prosaica, enquanto a poesia é produtiva *stricto sensu*, arrancando sentido do indizível.

Entre os personagens de Guimarães Rosa, o poeta faz par com o analfabeto, porque ambos consultam o volume interno das palavras, na esperança de, pela evocação do que não sabem, aumentarem a sua sabedoria.[23] Eles fazem a pergunta crucial: o que é perguntar? Riobaldo conta sua desdita para alguém que não é localizável, representando obra atravessada por longa interrogação. Entretanto, como o enigma não pode e talvez não deva ser decifrado, a interrogação volta-se sobre si mesma, tentando, como a cobra urobórica, engolir o próprio ponto de interrogação.

Na sua filosofia, antes da palavra que da linguagem, Flusser entende que o ato criador do qual toda civilização crê descender é uma palavra. No caso da conversação grega, essa palavra primordial seria a palavra *palavra*, ou seja, o *logos*:

> Cada palavra, cada forma gramatical é não somente um acumulador de todo o passado, mas também um gerador de todo o futuro. Cada palavra é uma obra de arte projetada para dentro da realidade da conversação a partir do indizível, em cujo aperfeiçoamento colaboraram as gerações incontáveis dos intelectos em conversação e a qual nos é confiada pela conversação a fim de que a aperfeiçoemos ainda mais e a transmitamos aos que virão, para servir-lhes de instrumento em busca do indizível. Qual a catedral, qual a sinfonia, qual a obra que pode comparar-se em significado, em beleza e em sabedoria com a palavra, com qualquer palavra de qualquer língua? [24]

Flusser aproxima-se do poeta: não quer formalizar os seus problemas, para não esterilizá-los. Não deseja criar sistemas consistentes, porque o preço da consistência é a improdutividade. Em contrapartida, pretende sempre provocar novos pensamentos e ampliar a conversação. A língua, na verdade, é toda a verdade. Os títulos dos capítulos de *Língua e realidade* formulam os axiomas geradores dessa concepção: *a língua é realidade*; *a língua forma realidade*; *a língua cria realidade*; *a língua propaga realidade*.

Flusser supõe que esses axiomas possam suscitar reações negativas e tenta responder a elas. As asserções não implicam recusa da realidade ou niilismo. Continuam existindo o conhecimento, a realidade e a verdade – apenas o conhecimento deve ser visto como menos absoluto do que nossas filosofias pretendem, a realidade, como menos fundamental, e a verdade, como menos imediata.

Os seus axiomas não deveriam chocar, se a sabedoria dos antepassados os confirma: *logos*, a palavra, é o fundamento do mundo dos gregos pré-filosóficos; *nama-rupa*, a palavra-forma, é o fundamento do mundo dos hindus pré-vedistas; *hachem hacadoch*, o nome santo, é o deus dos judeus – e o Evangelho começa dizendo que *no começo era o Verbo*. Entretanto, "A despeito desses testemunhos, e a despeito da identificação do Cristo com o Verbo, a afirmação da identidade entre estrutura do cosmos e língua continua a chocar o ouvido moderno".[25]

Estaríamos falando de um neonominalismo? Parece-nos que não.

Costuma-se reconhecer a filosofia nominalista nascendo na Idade Média, quando Roscelin de Compiègne, mestre de Abelardo, afirmava no século XI que os universais não são entidades reais, tampouco nelas se encontram. Os universais não se encontrariam *ante rem*, não seriam prévios ou anteriores à coisa, como sustentam realismo e platonismo. Também não se encontrariam *in re*, na coisa, como sustentam o conceptualismo, o realismo moderado ou o aristotelismo.[26] Os termos gerais designariam apenas generalizações de propriedades comuns aos objetos particulares, não havendo nenhuma realidade específica que pudesse corresponder àquelas generalizações.

A mulher, por exemplo, não se reduz ao termo "mulher" ou ao nome com que a batizaram, ambos generalizações universais, portanto convenções arbitrárias que procuram adormecer o enigma que ela propõe. Enigma que ressurge adiante, em Kant. Immanuel Kant, que não é reconhecido como nominalista, perguntou se "duas gotas d'água podem ser a mesma". A resposta correta é: "sim e não".

Sim, duas gotas d'água podem ser a mesma, porque há qualidades e propriedades idênticas e porque, se não o fossem, teríamos de ter um nome para cada gota de água em cada torneira ou tempestade, o que seria impossível.

Não, duas gotas d'água não podem ser a mesma, porque dois corpos não podem ocupar o mesmo lugar no espaço como um corpo não pode ocupar dois lugares diferentes no espaço, e porque são tão diferentes entre si quanto dois flocos de neve ou duas folhas de árvore ou duas pessoas.

As duas respostas são compossíveis. O nominalismo diria apenas "não", correndo o risco de mergulhar o pensamento em abismo niilista. O realismo diria apenas "sim", correndo o risco de mergulhar o pensamento no abismo da *hybris* e da arrogância antropomórfica. Admitir a compossibilidade das respostas é o caminho de Flusser.

A sua filosofia não se pode dizer neonominalista, embora beba dessa fonte. Ainda que não se abrace o nominalismo absoluto, é necessário reconhecer que se trata de pensamento que encara o enigma sem desfazê-lo, enquanto os diferentes realismos lhe dão as costas. O nominalismo é afirmativo, enquanto o realismo, como se pode perceber também na ficção, é reativo, medroso e pessimista, reconhecendo fundamento na realidade para a ela melhor se render. No cotidiano, dizemos "seja realista" quando queremos que o outro se conforme com um aspecto negativo da realidade; a expressão não é usada para indicar a necessidade de se alegrar com acontecimento benfazejo.

Em algum ponto próximo ao nominalismo, Flusser rascunha uma filosofia da palavra. Recusa a atitude dos logicistas que enxergam somente o aspecto formal da língua e, deste ângulo restrito, afirmam a sua tautologia, como recusa a atitude de pensadores como Heidegger, "os quais, embora sentindo o valor ontológico da língua, dela se utilizam para uma espécie de jogos de palavras".

Seu esforço de suspender crenças prévias para produzir nova perspectiva o aproxima dos povos primitivos, para os quais o mero conhecimento do nome de um inimigo conferia poder sobre ele. A fama não passava de uma maldição; ser famoso implicava se encontrar na boca de todos, portanto sob o controle dos outros. Esse conhecimento primitivo é útil para entender por que "todos", nos dias que correm, desejam tanto a fama que, paradoxalmente, despersonaliza.

Se quero ser famoso, não quero ser o que sou, não podendo mais cumprir o primado ético: ser o que se é. Se já sou famoso, entretanto, não posso mais ser o que sou, só posso ser o que querem que eu seja, e por conseqüência também não posso dar conta do imperativo fundamental. Logo, é preciso reagir ao nome, suspendendo-o ao lado da crença.

O filósofo espera que surja uma filosofia da língua, sabendo-a nebulosa. Tal nebulosidade não a torna niilista, supondo toda a verdade por ilusão lingüística, mas o contrário disso, porque assume a filosofia como um filosofar permanente, persistente e insistente.

Por essa razão, ele fala da língua com ternura:

> Ei-la, a língua, em toda sua imensa riqueza. O instrumento mais perfeito que herdamos de nossos pais e em cujo aperfeiçoamento colaboraram incontáveis gerações desde a origem da humanidade, ou, talvez, até além dessa origem. Ela encerra em si toda a sabedoria da raça humana. Ela nos liga aos nossos próximos e, através das idades, aos nossos antepassados. Ela é, a um tempo, a mais antiga e a mais recente obra de arte, obra de arte majestosamente bela, porém sempre imperfeita. E cada um de nós pode trabalhar essa obra, contribuindo, embora modestamente, para aperfeiçoar-lhe a beleza. No íntimo sentimos que somos possuídos por ela, que não somos nós que a formulamos, mas que é ela que nos formula. Somos como que pequenos portões, pelos quais ela passa para depois continuar em seu avanço rumo ao desconhecido. Mas, no momento de sua passagem pelo nosso pequeno portão, sentimos poder utilizá-la. Podemos reagrupar os elementos da língua, podemos formular e articular pensamentos. Graças a este nosso trabalho ela continuará enriquecida em seu avanço.[27]

As palavras são compreendidas como símbolos porque "são uma coisa no lugar de outra". Elas substituem, apontam, procuram. O quê? A resposta ingênua: a realidade. A resposta sofisticada: nada. A resposta de Flusser é outra: "Já que as palavras apontam para algo, substituem algo e procuram algo além da língua, não é possível falar-se deste algo". As palavras seriam pequenos portais de acesso ao desconhecido que se abrem quando abrimos a boca, mas pelos quais não passamos, quedando-nos na soleira.

Parece absurdo, porque só o que se faz é falar desse algo; parece lógico, porque, se as palavras estão no lugar de outra coisa, é porque essa coisa-em-si, kantianamente falando, não nos é acessível – se o fosse, não precisaríamos das palavras. Portanto, há, sim, a coisa a que chamamos realidade, mas as palavras nos servem para chegarmos, tão-só, perto dela.

O problema é o mesmo se perguntamos quais foram os acordos que firmaram o sistema de símbolos chamado língua. Estaremos sendo tão ou mais ingênuos do que os setecentistas que supunham um contrato social como base, como *causa sui*, da sociedade humana: "As origens da língua e de seu caráter simbólico perdem-se nas brumas de um passado impenetrável".[28] Um acordo sobre o significado da língua pressupõe a existência da própria língua como veículo desse acordo, o que é um contra-senso (hermenêutico). Logo, somos forçados a aceitar a língua e seu caráter simbólico como a própria condição do pensamento: a expressão "origem da língua" carece de significado, ainda que a língua não desista de procurar a sua origem.

Descrevendo a gramática da língua, vemos que as palavras se classificam como substantivos (que significam substâncias), adjetivos (que significam qualidades das substâncias), preposições e conjunções (que significam relações entre as substâncias) e verbos (que significam processos modificando substâncias). Só que essa divisão é abusiva e não pode ser mantida: ela pressupõe a existência de uma realidade absoluta, cuja estrutura a língua espelharia. Semelhante pressuposição é insustentável, como o prova a língua chinesa, na qual não há qualquer distinção entre substantivos e verbos. Logo, ou o chinês está errado, e com ele todas as línguas aglutinantes e silábicas, ou a divisão está errada. As línguas aglutinantes formam frases colando palavras umas nas outras, de modo que estas perdem a sua individualidade e se fundem no todo. Querer distinguir nelas sujeito e predicado implica falsificar o seu significado.

A divisão está errada no interior da própria língua portuguesa. Na frase "Isto é uma caixa grande", *caixa* significa substância e *grande*, qualidade. Mas na frase "Isto é um caixão", a qualidade é engolida pela substância – provavelmente, um milagre metafísico. Outros processos corriqueiros da língua portuguesa, como substantivação de adjetivos ou adjetivação de verbos, são malabarismos inconcebíveis pela divisão clássica. Portanto, é necessário recusar o fundamento da divisão.

Desconfiar da gramática e suas categorias, porém, não é fácil, porque a análise das frases informou a análise lógica dos enunciados. No Ocidente, gramática e lógica estão imbricadas. Logo, é preciso negar também a validade universal da lógica, reconhecendo-a uma disciplina das línguas flexionais. Ora, a lógica é, por sua vez, a base da matemática e da ciência, para as quais também devemos negar validade universal. Devemos então negar tudo e ficarmos sem nada?

Não é isso que se vem dizendo. Não é isso que diz Flusser. Gramática, Lógica, Matemática e Ciência continuam a ser válidas, mas num sentido epistemológico restrito: nada afirmam da realidade em si, apenas de realidades tais como a portuguesa: "A famosa correspondência entre frases e realidade não passa da correspondência entre duas frases idênticas. A verdade absoluta, se existe, não é articulável, portanto, não é compreensível".[29] Repõe-se no argumento o círculo hermenêutico para se preparar o salto da espiral fenomenológica.

O "eu" existe? Certamente, mas sua existência não é auto-explicativa nem despida de passagens para alhures. As passagens são exatamente as palavras. Qual é o milagre e o segredo da origem do "eu"? Para onde quer que se estendam os tentáculos do intelecto, os dados dos sentidos se transformam em palavras e deixam de ser as coisas. Pensar é transformar alquimicamente as coisas por palavras (enquanto sonhar pode ser substituir de volta as palavras por coisas, isto é, por imagens). Os dados brutos dos sentidos são formados como pasta caótica – "dói, duro, marrom, pernas, quatro" –, enquanto as palavras vêm organizadas em frases: "Esbarrei na mesa".

Ora, "o que transforma o caos em cosmo é a possibilidade de conversação, é o vem e o vai da língua". As frases que nos chegam organizadas são, para o filósofo, a única prova aceitável da existência do leitor. Não é bem o "eu" que existe, e porque existe lê, mas é sim a leitura que existe, e porque ela existe há um leitor: do passivo *entrelido* (o intelecto) surge o ativo *entreler* (a inteligência). Pressupõe-se que a sociedade seja real *como conversação*, assim como o ser humano é real como intelecto participando da conversação. Logo, a sociedade é a base da realidade. Nessa perspectiva, a língua se revela a essência (e não o instrumento) da sociedade.

A língua aparece como processo procurando superar a si mesmo – o que não aconteceria se houvesse uma única língua. Neste caso, talvez houvesse correspondência unívoca entre dado bruto e palavra; as regras da suposta língua única revelariam o aspecto interno das leis que regem a realidade, enquanto essas leis desvelariam o aspecto externo das leis que regessem a língua. Com efeito, se existisse uma única língua, seríamos todos, brinca Flusser, kantianos (desde, é claro, que tal língua fosse o alemão). As regras da língua única seriam as categorias da razão pura, como determinara Kant.

Todavia, não é o caso, e Flusser o demonstra por exemplo breve.

Kant distinguiu três categorias da quantidade, a saber: unidade (medida), multiplicidade (tamanho) e totalidade (tudo). Entretanto, "quando a razão pura pensa em tcheco", ela distingue outras categorias de quantidade: unidade, dualidade, multiplicidade até quatro (multiplicidade organizada), multiplicidade de mais de quatro (multiplicidade amorfa), totalidade em plural e totalidade em singular. Logo, as categorias kantianas, longe de serem categorias do conhecimento *per se*, atrelam-se às categorias limitadas da língua alemã.

Digamos, então, que a realidade está próxima do intelecto – mas inatingível. O intelecto dispõe de uma coleção de óculos – as diversas línguas – para observar a realidade. Toda vez que troca de óculos, porém, a realidade difere, o que provoca perturbação: uma ontologia que opere com sistemas substituíveis de realidade afigura-se intolerável. Como Vilém resolve o problema?

Ele abandona o conceito de realidade como conjunto de dados brutos, optando por entender que os dados brutos se realizam quando articulados em palavras: não são de fato realidade, mas sim *potencialidade*. Flusser enxerga na ciência, tal como a conhecemos no Ocidente desde a Renascença, uma nova língua, na qual os dados brutos se realizam como símbolos matemáticos. Por ser a ciência língua recente, a sua independência da coisa-em-si é evidente, explicando a sensação de irrealidade que nos invade quando penetramos no território das ciências exatas: "A ciência, longe de ser válida para todas as línguas, é ela própria uma língua a ser traduzida para as demais".

O argumento nos leva ao dilema epistemológico da tradução. Se a tradução de uma formulação científica para um idioma como o português for possível, isso significa que a coisa-em-si se tornou acessível. Da mesma forma, se a tradução de uma frase em português para o inglês (ou o tcheco, ou o hebraico) for possível, isso também significa que a coisa-em-si se tornou acessível. Entretanto, não é novamente o caso, e Flusser tenta demonstrá-lo, tentando traduzir a curtíssima frase portuguesa "vou".

"Vou" pode ser traduzido para o inglês "*I go*"? Aparentemente, sim – mas quando se amplia a frase para "Vou estudar", não podemos traduzi-la para "*I go learn*". Em português, "vou" tem também um sentido de verbo auxiliar, o que não acontece em inglês. A tradução rigorosa é portanto impossível, se a realidade inglesa não comporta "vou"; na melhor das hipóteses, é possível tradução aproximada. A aproximação é tanto maior quanto maior a semelhança entre as línguas. Por isso, se quisermos traduzir a frase "vou" para língua pouco menos semelhante, por exemplo, o tcheco, a dificuldade de tradução aumenta.

Poderiam corresponder ao português "vou" as expressões tchecas "*jdu*", "*chodím*", "*chodívám*", até "*pujdu*", mas dentro do sistema tcheco cada uma dessas expressões tem um significado distinto. A realidade tcheca distingue: [1] vou agora = *jdu*, [2] costumo ir = *chodím*, [3] vou raras vezes = *chodívám*, e [4] vou (no sentido de futuro de ir) = *pujdu*. Buscando língua ainda menos semelhante, tenta-se traduzir a frase para o hebraico, recorrendo à expressão "*ani holech*", que formalmente diz: "eu andante do sexo masculino". Esse exemplo, por si só, ilustra a profunda divergência entre a ontologia portuguesa e a hebraica, que não dispõe de verbos no presente; para o hebraico, uma atividade no presente não tem significado.

Não é preciso recorrer a línguas ainda menos semelhantes para demonstrar que a legitimidade da tradução é uma função de parentesco ontológico (mais do que etimológico) entre as línguas. Logo, "toda tradução é um aniquilamento", e quem o afirma é o pensador tcheco que escrevia em quatro línguas.

Traduzindo, o intelecto ultrapassa o horizonte da língua, aniquilando-se nesse processo; o intelecto *vive* a dissolução da realidade e do Eu. Explorando as contradições internas dos problemas que enfrenta e evitando saná-las, o poliglota Vilém Flusser entende que a recusa instintiva do monoglota de aceitar como equivalente o significado de uma outra língua é sinal de repulsa sadia contra o relativismo ontológico proporcionado pelo poliglotismo: aquele que não fala "a língua da gente" ou que fala mais de uma língua deve ser suspeito, pois perdeu o fundamento firme da realidade que outra coisa não é do que "a língua da gente". O Eu não apenas pensa por meio da língua materna, mas ele a ama. Esse amor revela-se o último refúgio ante a relatividade da realidade, explicando em parte o poder irracional que o nacionalismo exerce sobre as mentes.

Quantas línguas há? Quantas "famílias" de línguas existem? Para ele, há três tipos de língua: *flexionais, aglutinantes* e *isolantes*. Isso significa que existem três grandes tipos de mundo dentro dos quais o intelecto pode viver.

O mundo das línguas flexionais consiste de elementos-palavras agrupados em situações-frases. Cada situação é constituída de tal maneira que podemos distinguir nela um centro (o sujeito), um processo que o centro irradia (o predicado) e um horizonte na direção do qual o processo é irradiado (o objeto). Flusser mostra existirem situações de análise difícil, que representam problemas epistemológicos e ontológicos, mais do que sintáticos.

Um exemplo simples seria a sentença "O carro enguiçou", que nos conduz a perguntas embaraçosas: o carro enguiçou alguma coisa que não sabemos, ou o carro enguiçou a si mesmo? Oculta-se processo complexo para que o aparelho se apresente como uma coisa quando não é mais do que conseqüência de eventos físico-químicos. A despeito de situações desse tipo, o que conhecemos como lógica é produto direto das línguas flexionais.

O mundo das línguas aglutinantes consiste em superpalavras. O espírito lógico formado por uma língua flexional tenta com dificuldade analisar essas superpalavras. Descobre que a superpalavra corresponde, mas vagamente, à situação das línguas flexionais. No entanto, no território das línguas aglutinantes não há situação; há o *hic et nunc* não analisável.

Tomemos a superpalavra esquimó "*igdlorssuatsialiorfigssaliarqugamiuk*". Analisando-a, Flusser descobre: *ig* = casa, *dlor* = sufixo, *ssu* = grande, *a* = sufixo, *tsia* = (intraduzível), *lio* = construir, *r* = sufixo, *qu* = mandar fazer, *gam* = quando ele para ele, *iuk* = fim da superpalavra. Kaj Birket Smith, citado por Flusser, tentou traduzir essa palavra para uma língua flexional como o português e chegou a: "Aconteceu que ele pediu que vá ao lugar da construção futura da casa relativamente grande".

Essa tradução, todavia, foi conseguida menos pela análise da superpalavra e mais pela observação do efeito sobre o interlocutor. Escolhendo exemplo pouco mais simples, vê-se que a palavra "eu" é traduzida para o esquimó por *"uvanga"*. Analisando *"uvanga"*, descobre-se *uva* = aqui, e *nga* = sufixo, significando "quanto a mim". Logo, nos termos da lógica flexional, o "eu" esquimó revela-se circular, contendo a si mesmo. O mundo das línguas aglutinantes nos parece impenetrável.

O mundo das línguas isolantes, por fim, consiste de uns poucos elementos (sílabas), sem significado determinado, os quais são usados como pedras de mosaico para formar conjuntos de significado (pensamentos). A sílaba *"chih"* em cantonês pode adquirir os seguintes significados, entre tantos outros: "história, empregar, cadáver, mercado, exército, leão, confiar, servir alguém, poesia, tempo, saber, dar de presente, ser, sólido, perder, proclamar, olhar para, dez, levantar, pedra, geração, comer, casa, clã, começo, soltar, experimentar, negócio, potência, oficial, jurar, morrer, acontecer"... O caractere chinês que significa "pensar" também pode significar "pensar muito em alguém", "não conseguir esquecer", ou ainda "estar triste", o que perturba uma mente ocidental.[30]

Esses são, *grosso modo*, os três tipos de línguas existentes. O autor ressalva não ser possível definir com exatidão os limites de uma língua; toda língua aceita elementos de fora. Línguas flexionais como o alemão e o sânscrito evidenciam tendências aglutinantes, como o provam as palavras *"Donaudampfschiffahrtgesellschaft"* e *"satchitananda"*, significando, respectivamente, "sociedade de navegação a vapor no Danúbio" e "ser-saber-felicidade = iluminação".

Outra língua flexional, o inglês, revela tendências isolantes, como o provam as palavras *"get"* e *"put"*, que adquirem o seu significado apenas dentro de uma frase. As línguas flexionais deram origem e forma à civilização ocidental e as línguas isolantes à civilização oriental, enquanto as línguas aglutinantes formaram, no curso da história, espécie de pano de fundo para as duas civilizações. Em *Língua e realidade* Flusser monta uma tabela de distribuição das línguas:

	Línguas índias		
Línguas africanas	Suda		
	Banto		
Línguas flexionais	Indo-européias	Kemtum	Germânico
			Céltico
			Latim
			Grego
		Satem	Eslavo
			Armênio
			Persa
			Indiano
	Hamito-semitas	Hamitas	Berber
			Árabe
		Semitas	Hebraico
Indonésio, Malaio, Papuano, Dravídico etc.			
Línguas aglutinantes	Fino-ugro		Finlandês
			Húngaro
			Lapão
	Samoiedo		Samoiedo
			Esquimó
	Altaico		Turco
			Anatólico
			Tártaro
			Tunguz
			Mongólico
	Este-Asiático		Coreano
	Japonês (?)		Japonês
Australiano, Melanésio, Ainu etc.			
Línguas isolantes	Tibeto-burmês		Tibetano
			Burmês
			Assâmico
	Siamo-chinês		Thai
			Anamico
			Chinês
Línguas índias			

Se a estrutura da realidade é imposta pela língua flexional sobre o intelecto, os problemas do pensamento ocidental são problemas formais de língua. A ciência ocidental pode ser encarada, nesse caso, como a tentativa recorrente de redescobrir a estrutura das línguas flexionais na própria natureza. Por isso a ciência, no sentido ocidental da palavra, isto é, a cadeia de observação, indução, dedução e generalização, pôde surgir no Ocidente. Quanto mais exata e abstrata uma ciência, tanto maior o campo de validade, mas tanto menor o significado. A física consegue formular as suas frases com poucos símbolos matemáticos e parece explicar a realidade – mas o que essa explicação significa para nós? O seu significado foi se tornando tão restrito que a física toda se aproxima da tautologia.

O que dizer então do outro mundo? A civilização oriental constrói-se no território das línguas isolantes. O oriental não pensa em sílabas, mas em caracteres escritos que consistem em pinceladas organizadas rigorosamente em retângulos, causando-nos a impressão de caos reprimido. Os caracteres chineses são a matéria-prima do intelecto oriental, o que empresta ao analfabetismo na China aspecto epistemológico desconhecido no Ocidente. A caligrafia tem no Oriente importância comparável às nossas filosofia e poesia: o calígrafo formula os pensamentos. O mundo tem para o oriental qualidade estética visual que nos escapa, se ele apreende os dados brutos em forma de caracteres. É como se pensasse em pinturas abstratas o tempo todo.

Vilém Flusser encara Wittgenstein como o pensador que melhor penetrou o problema da língua, por definir a filosofia como o conjunto de contusões que o intelecto acumulou ao chocar-se contra os limites da língua. Mas acha que o filósofo austríaco falava apenas *na língua* como se existisse uma única, sem considerar a pluralidade das línguas. Wittgenstein não teria notado que a língua não é estática, mas sim algo que cresce e se expande graças aos intelectos que participam da conversação – daí o seu pessimismo injustificado.

Heidegger, de seu lado, teria pesquisado alguns aspectos e palavras do alemão e do grego, como a palavra *Sein* (*ser*, aproximadamente) – mas nunca teria chegado a vislumbrar o problema da língua com clareza, decorrendo daí a inautenticidade das palavras criadas por esse profeta da autenticidade. O diagnóstico de Flusser para as limitações da filosofia desses dois gigantes do século é previsível: nunca teria se estabelecido a conversação entre Wittgenstein e Heidegger, entre as alas esquerda e direita do exército filosófico que combate contra os limites da língua.[31] Essa conversação precisa ser estabelecida, se quisermos evitar a *Gerede* (conversa-fiada) heideggeriana e o desesperado silêncio de Wittgenstein.

Por conta da sua reflexão, Flusser critica muitas traduções, como a que José Arthur Giannotti fizera do *Tratactus,* a tradução de Guimarães Rosa para o alemão por Meyer-Clason, e a tradução do nietzschiano *Wille zur Macht* por "vontade do poder", quando se deveria dizer: *tudo pode ser, querendo* – o que altera a sintaxe do pensamento de Nietzsche. As traduções do próprio termo "realidade" revelam as insuficiências do pensamento. A realidade em alemão se realiza por meio do verbo *sein,* enquanto em português se usam os verbos *ser, estar* e *ficar.* O hebraico não tem verbo nem estrutura significando *realidade,* mas usa a forma *iech,* que encontra paralelo em *há, there is* e *es gibt.* A *realidade* difere de língua para língua.[32]

Em português, realidade implica poder: o que é, é porque podia. Dizer "não pode" implica proibir a realização, e em sentido moral significa quase "não deve". *Poder* e *dever* são conceitos colados, o que ajuda a esclarecer o sistema ontológico que suporta a língua portuguesa, revelando tendência da língua em direção ao fatalismo: se posso, então devo, e se devo, é porque posso; logo, sou o que devia ter sido.

A tradução da palavra "poder" para o inglês, entretanto, provoca ambigüidades insuperáveis. *Posso fazer* é traduzido por *I may do, I can do, I am able to do, I am allowed to do* – mas todas essas sentenças têm significado diverso (*may* implica "poder" no campo factual, *can* implica "poder" no campo das idéias e das probabilidades, *be able to* implica "poder" no campo das capacidades e *be allowed to* implica "poder" no campo da permissão concedida). O conceito *poder,* como o entendemos em português, falta na língua inglesa. A sua palavra ontológica central (o seu coringa) seria *get,* abrangendo tanto a região do possível como a do realizado, mas de maneira inconcebível ao intelecto português. Flusser condensa em uma única frase a tendência da língua inglesa: *To get at what will happen* – "alcançar aquilo que se quer realizar e por isto se realizará". Em português, diríamos: "querer é poder" – mas sem acreditar muito.

A tradução de *poder* para o alemão carrega dificuldade diversa. Pode-se traduzir o termo para *koennen* (que significa "poder" no sentido de saber, ou de saber fazer) ou *moegen* (que significa "poder" no sentido de querer, ou de querer fazer). Ambos os conceitos não conseguem traduzir o *poder* português. *Moegen* é da mesma família de *machen* (fazer) e *Macht* (poder substantivo), mas significa *querer, gostar, amar*. É no contexto do *moegen* que localizamos a ontologia nietzschiana e o conceito do subconsciente freudiano, ou seja, a idéia da libido querendo se realizar. A psicanálise não seria uma análise da realidade intelectual, mas sim da possibilidade intelectual, quer dizer, uma análise do *moegen*.

Considere-se também *koennen*, cujo substantivo é *Kunst*, usualmente traduzido por "arte". A realidade que se realiza a partir desse termo é a obra – quando se pode entender melhor a frase de Nietzsche: *"Kunst ist besser als Wahrheit"* – arte é melhor do que verdade. *Verdade*, para Nietzsche, é sempre o fruto da afirmação platônica de uma correspondência entre o mundo das aparências e o mundo das idéias, afirmação de resto absurda: o mundo das idéias é nada, Platão, um niilista, e portanto a realidade só pode surgir da e pela arte, tornando-se obra ou então nada. O pensamento nietzschiano pretendia substituir a potencialidade latina, que domina a filosofia ocidental desde a Idade Média, pelo *koennen* alemão.

Em suma: a cada língua corresponderia um cosmo diferente. Aquilo a que chamamos *realidade* é língua: determinada língua. A história do pensamento humano seria, no dizer de Wittgenstein, a coleção das feridas que esse pensamento acumulou ao precipitar-se contra as fronteiras da língua. Toda língua representa um montinho de cinzas que espelham um processo, mas já não fazem mais parte dele: "A língua exteriorizada, isto é, civilização, é realidade ultrapassada".[33] A língua, em seu avanço a partir da possibilidade em direção ao potencial, deixa para trás, como cinzas, a civilização, isto é, a realidade ultrapassada.

A língua não só produz realidade como propaga realidade, dificultando a compreensão da sua origem. A natureza existe: pedras, estrelas, chuva, árvores, fome são fenômenos reais *exatamente* porque são palavras. As relações entre esses fenômenos e nós também são reais, porque formam frases. A realidade só pode ser real para nós se a soletramos primeiro: antes disso, apenas se balbuciam terrores inominados.

"De quem é a vez", pergunta o jogador na mesa de pôquer, apenas para que alguém responda: "Normalmente é de quem pergunta". A pergunta contém a resposta e a resposta é um espelho plano. A língua produz, contém e propaga a realidade, porque a realidade ela mesma é uma palavra, assim como "existência" e "existir" são palavras que retornam sobre as próprias pegadas. Reconhecê-lo não implica solipsismo ou apocaliptismo, pessimismo ou niilismo. Reconhecê-lo implica acompanhar o movimento das coisas, vendo com carinho em cada palavra, como queria Vilém, "obra de arte projetada para dentro da realidade da conversação a partir do indizível, em cujo aperfeiçoamento colaboraram as gerações incontáveis dos intelectos em conversação e a qual nos é confiada pela conversação a fim de que a aperfeiçoemos ainda mais e a transmitamos aos que virão, para servir-lhes de instrumento em busca do indizível".[34]

O lugar da conversação, muito próximo ao lugar que presumimos da realidade, o filósofo o demarcou em esquema gráfico que acompanhava *Língua e realidade* [página 223]. No esquema, a realidade é menos um horizonte do que um equador. Para "baixo", para o menos-dizer, caminharíamos da conversa-fiada para o pólo do silêncio inautêntico. Para "cima", para o melhor-dizer, caminharíamos da conversação para a poesia e para a oração, isto é, para o pólo do silêncio autêntico.

O pólo sul do gráfico representa a transição a partir da língua para a irrealidade. O equador é a conversação. O clima do hemisfério sul é o clima do "a gente" – *man* – ou seja, da dissolução nos outros e na massa, condição da inautenticidade. O clima do hemisfério norte é o clima do "aquilo" – *es* – ou seja, do inominado, condição da autenticidade (Flusser se deixava contaminar pela saudade do hemisfério norte...). O eixo que une os dois pólos é a

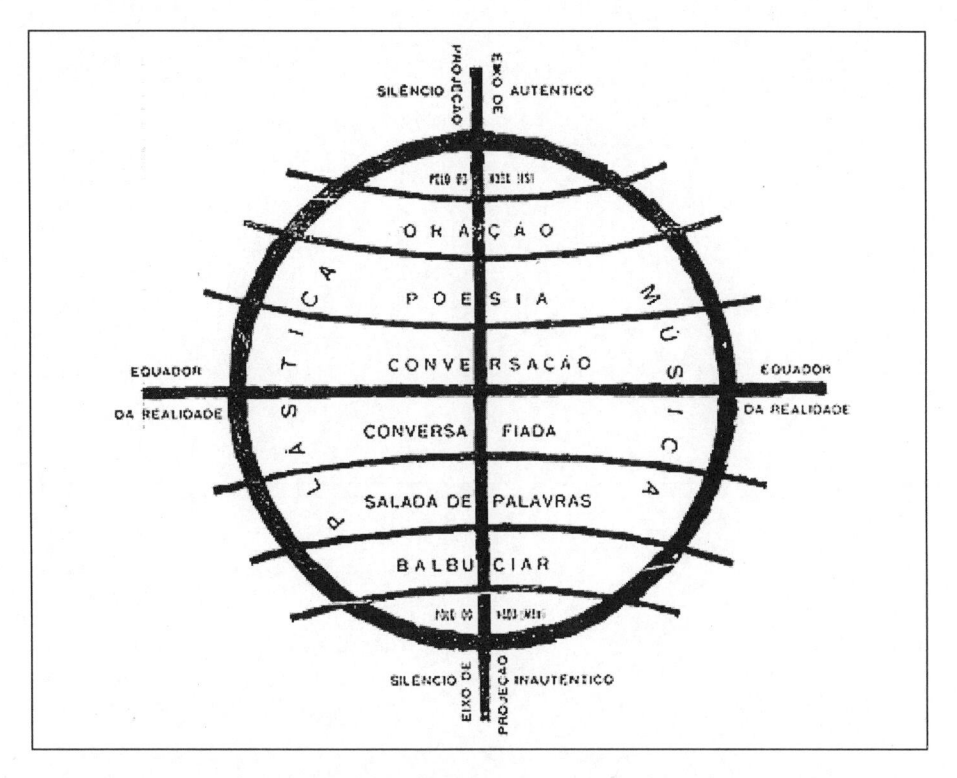

Esquema gráfico que acompanhava o primeiro livro de Flusser, Língua e realidade.

linha ao longo da qual a língua se projeta. O centro do gráfico representa a língua *stricto sensu*, contendo os símbolos que o território das línguas flexionais chama de "palavras". O Oriente leva ao mundo dos símbolos auditivos – a música – enquanto o Ocidente leva ao mundo dos símbolos pictóricos – as artes plásticas. Como o gráfico é uma projeção Mercator, música e artes plásticas encontram-se nas suas "costas".

Em seu conjunto, esse gráfico quer representar a língua *lato sensu*. Se poesia é o esforço de criar língua, como quer Flusser, e se *"speech is but broken light upon the depth of the unspoken"*, como queria Eliot, então a língua cria a realidade, realidade essa que, por sua vez, se afigura passível apenas de ser tocada de leve pela poesia, um pouco mais de perto pela oração, quiçá concebida na forma mística do silêncio autêntico.

10

POESIA

O poema não diz
o que a coisa é
mas diz outra coisa
que a coisa quer ser.[1]

O DIALETO DO POETA CRIA A LÍNGUA, permitindo sonhar com uma completude e perfeição que de outra forma não haveria sequer como sonho.

Para Wolfgang Iser, que tem formulado antropologia do literário tributária da fenomenologia, a literatura "é aquele meio que não só pretende algo, como também mostra que tudo o que é determinado é ilusório, inscrevendo um desmentido até nos produtos de sua objetivação".[2] O imaginário da arte é necessário porque oferece uma auto-interpretação do devir-homem. A literatura é necessária "enquanto objetivação da plasticidade humana".

O ato de fingir, *de fingir tão completamente*, reescreve o texto da realidade, configurando desse modo o imaginário: a realidade retomada se transforma em signo e o imaginário em efeito. O ato de fingir (sem fingir que não se está fingindo) firma aliança com o imaginário. Quando autor e leitor encenam o real suspendendo a descrença, põem o mundo entre parênteses e preparam a suspensão da crença.

Assumindo-se a ilusão desde o princípio, devolve-se o leitor à impotência que, por efeito de paradoxo, liberta. Se a impotência não é admitida, os leitores apressados afirmamos que nos *identificamos* com tal ou qual personagem, como se a catarse desde Aristóteles não fosse mais do que jogo de esconde-esconde-minha-identidade. Ler-se-ia literatura (com a mesóclise apropriada) para reencontrar o real ou o eu enterrados. Se de fato as coisas acontecessem assim entre leitores e personagens, não haveria sequer suspensão da descrença: objetivar-se-ia apenas desenterrar a verdade.

A maneira como estamos tentando observar o fenômeno da literatura aponta movimento diverso: "Não é que nos identifiquemos com o personagem, mas sim que este nos identifica, nos aclara e nos define em frente a nós mesmos".[3] É o personagem, mais intenso e coerente do que a pessoa, que empresta identidade ao leitor, menos por reconhecimento do que por intensificação. A intensificação é clara nos versos mais famosos do século XX:

> O poeta é um fingidor
> Finge tão completamente
> Que chega a fingir que é dor
> A dor que deveras sente.[4]

Quase o mesmo diria Wittgenstein: "Se tivermos que representar a dor de outrem segundo o modelo da nossa própria dor, esta não será uma coisa assim tão fácil: porque eu tenho que me representar as dores que *não sinto* segundo as dores que *sinto*".[5] À arte não importa a verdade do objeto, mas sim a verdade do interesse. O fingimento proposto é, por completo, verdadeiro, permitindo que a dor fingida se torne mais "dor", portanto sentida como mais viva e mesmo mais real do que a dor *à vera*.

Bernardo Soares o confirma:

> A arte consiste em fazer os outros sentirem o que nós sentimos, em os libertar deles mesmos, propondo-lhes a nossa personalidade para especial libertação. O que sinto, na verdadeira substância com que o sinto, é absolutamente incomunicável; e quanto mais profundamente o sinto, tanto mais incomunicável é. Para que eu, pois, possa transmitir a outrem o que sinto, tenho que traduzir os meus senti-

mentos na linguagem dele, isto é, que dizer tais coisas como sendo as que eu sinto, que ele, lendo-as, sinta exactamente o que eu senti. E como este outrem é, por hipótese de arte, não esta ou aquela pessoa, mas toda a gente, isto é, aquela pessoa que é comum a todas as pessoas, o que, afinal, tenho que fazer é converter os meus sentimentos num sentimento humano típico, ainda que pervertendo a verdadeira natureza daquilo que senti.[6]

Soares pede ao leitor que suponha sentir uma vaga tristeza. Se tenta traduzir a emoção por frases sinceras, quanto mais o forem menos a comunica a outros. Se deseja comunicá-la a outros, "isto é, fazer dela arte, pois a arte é a comunicação aos outros da nossa identidade íntima com eles", deve procurar qual emoção humana vulgar teria o tom daquela em que se encontra. Verifica que a emoção que produz na alma vulgar sensação equivalente pode ser a saudade da infância perdida.

Essa é a chave para a porta do seu tema. Escreve e chora sua infância perdida; demora-se sobre os pormenores da mobília da velha casa na província; evoca a felicidade de ser livre por não saber pensar nem sentir – e esta evocação, se for bem-feita, despertará no leitor a emoção que sentiu. A emoção "original" não tinha nada que ver com infância, mas pouco importa.

Ele mentiu?

> Não, compreendi. Que a mentira, salvo a que é infantil e espontânea, e nasce da vontade de estar a sonhar, é tão-somente a noção da existência real dos outros e da necessidade de conformar a essa existência a nossa, que se não pode conformar a ela. A mentira é simplesmente a linguagem ideal da alma, pois, assim como nos servimos de palavras, que são sons articulados de uma maneira absurda, para em linguagem real traduzir os mais íntimos e subtis movimentos da emoção e do pensamento, que as palavras forçosamente não poderão nunca traduzir, assim nos servimos da mentira e da ficção para nos entendermos uns aos outros, o que, com a verdade, própria e intransmissível, se nunca poderia fazer.
>
> A arte mente porque é social. E há só duas grandes formas de arte – uma que se dirige à nossa alma profunda, a outra que se dirige à nossa alma atenta. A primeira é a poesia, o romance a segunda. A primeira começa a mentir na própria estrutura; a segunda começa a mentir na própria intenção. Uma pretende dar-nos a verdade por meio de linhas variadamente regradas, que mentem à inerência da fala; outra pretende dar-nos a verdade por uma realidade que todos sabemos bem que nunca houve.

> Fingir é amar. Nem vejo nunca um lindo sorriso ou um olhar significativo que não medite, de repente, e seja de quem for o olhar ou o sorriso, qual é, no fundo da alma em cujo rosto se sorri ou olha, o estadista que nos quer comprar ou a prostituta que quer que a compremos. Mas o estadista que nos compra amou, ao menos, o comprar-nos; e a prostituta, a quem compremos, amou, ao menos, o comprarmo-la. Não fugimos, por mais que queiramos, à fraternidade universal. Amamo-nos todos uns aos outros, e a mentira é o beijo que trocamos.

No romance, Bernardo Soares conclui pela aproximação inusitada da mentira com a fraternidade universal, supondo a necessidade de sermos outros, o que se afigura impossível, *a não ser* quando inventamos a possibilidade.

Fernando Pessoa "ele mesmo" parece não ver bem, interpondo entre seus olhos e as coisas um intervalo de bruma que desrealiza o real. O poeta tentava olhar-se olhando, o que implica autodevorar-se, assim como ver mais implica perder-se, ou seja, não ver. Leyla Perrone-Moisés considera o olhar do ortônimo o mais triste dos olhares pessoanos.[7] Para poder olhar-se, Fernando Pessoa inventa o mestre Caeiro, que por sua vez afirmaria: "Pensar é estar doente dos olhos".

Para Caeiro, o olhar não é instrumento de análise nem ataque armado de conceitos, mas abertura receptiva ao real: "Toda a coisa que vemos, devemos vê-la sempre pela primeira vez, porque realmente é a primeira vez que a vemos". Combina-se postura heraclítica com a pretensão paradoxal da *epoché*: ver de novo o que ainda não havia sido visto, porque nunca fora visto *assim*.

O lugar do sujeito também é coisa diversa: o único romance de Fernando Pessoa faz a autobiografia (sem fatos) de Bernardo Soares. Ao contrário dos outros heterônimos, Soares não tem data ou lugar de nascimento e morte, apenas influências literárias e apontamentos esparsos: a morte da mãe com um ano, a morte do pai com três anos de idade, tudo dito de passagem, como que sem importância. Soares torna-se, "por ter sofrido muito", abstrato e anônimo.

O romance é um laboratório de linguagem, no qual os eventos acontecem como se acontecessem fora dele. O mundo constituído pelo sujeito não deve ser procurado em qualquer fundo desse mesmo sujeito, mas sim "no lado de fora de dentro", ou seja, na superfície da linguagem que, por sua vez, constitui o sujeito. É preciso, na poesia como na vida, "sentir tudo de todas as maneiras", mas senti-lo rejeitando a totalização (ou a síntese): no lugar da perspectiva macroscópica, a visada microscópica que se instala no espaço intersticial.

Os espaços intersticiais se definem pela disjunção: nem vigília nem sono, nem isto nem aquilo: "Tudo em mim é a tendencia para ser a seguir outra coisa: uma impaciencia da alma consigo mesma, como com uma creança inopportuna; um desassossego sempre crescente e sempre egual. Tudo me interessa e nada me prende".[8] O desassossego é esse movimento de uma singularidade que, não estando ligada a nada, dá-se prestes a entrar em devir – a heteronomizar-se, portanto.

Quando o poeta sente a dor (que chega a fingir que é dor), algo dessa dor se transmite a tudo aquilo de que tem consciência. A dor, antes de se desvelar, se intensifica, dando a conhecer o laço íntimo entre o eu e os tantos eus possíveis. Por isso, escrever poemas equivale a analisar sensações. Analisar a sensação de mistério que a tudo subjaz equivale, por sua vez, a reduzir a distância que suscita o mistério. A redução da distância, entretanto, não implica a busca da unidade perdida (do eu, ou da relação do eu com o real); trata-se não de unir o que estaria separado, mas sim de dissolver os pólos que separam, tornando coisa a própria distância. O interior não se opõe ao exterior se a distância entre eles não mais se reconhece como exclusiva ou disjuntiva: o que há, sempre, é inclusão e conjunção.

O finito inclui o infinito, e não o contrário, como sinaliza a *lemniscata,* ou seja, o símbolo matemático que representa a infinidade: ∞. Variante do uróboro, a lemniscata, nosso "oito deitado", sugere tanto um desenho que não se pára de desenhar quanto dois círculos limitados e portanto finitos. Com a idéia de que o finito inclua o infinito concorda o verso de Álvaro de Campos: "Eu amo infinitamente o finito".

O espaço infinito engendra-se por inclusão especular, como no jogo das Matriochkas, as bonecas russas que se encaixam umas dentro das outras. A criança abre a primeira e encontra no seu interior outra semelhante, mas menor; abre essa outra e encontra uma terceira, ainda menor, e assim sucessivamente até a última, pequeníssima, de madeira maciça, que não se abre.

O jogo parece ter por objetivo provocar a surpresa, no entanto mostra a verdadeira natureza da surpresa e da expectativa.

O que há no interior do corpo? Um outro corpo. O que há no interior do outro corpo? Um outro corpo, ainda. Como a última boneca é de madeira maciça, experimenta-se sensação mista de decepção e júbilo. Como a última boneca é fechada, satisfaz-se a expectativa infinita: "Se fosse de abrir e estivesse vazia, ficaríamos desapontados; se contivesse alguma coisa, isso não corresponderia, apesar de tudo, a essa expectativa feita da reiteração do vazio – em suma, o facto de ela surgir fechada prolonga o movimento de abertura, como se o fechamento continuasse, na realidade, a abrir as bonecas, ou as deixasse para sempre abertas".[9]

Trata-se de inclusão especular, como quando dois espelhos, um em frente ao outro, reproduzem ao infinito determinada imagem – mas cada reprodução é menor do que aquela que a contém. Logo, bastam três bonecas para criar o infinito.

As bonecas dentro das bonecas maiores apontam para o fato perturbador de que a verdade talvez seja o engano maior. A despeito disso, Fernando Pessoa rejeita a literatura que não possua uma idéia metafísica, isto é, que não diga por onde passa da gravidade e do mistério da vida. Em outro texto, escrevera, em inglês: *"I was a poet animated by philosophy, not a philosopher with poetic faculties"* – eu era um poeta animado pela filosofia, não um filósofo com faculdades poéticas.[10]

A filosofia que animara o poeta português é a que promove a consciência da consciência, quer dizer, o pensar sobre o pensamento que pensa – porque, antes, sente. A consciência se duplica tornando-se consciência da distância que abole para torná-la coisa. A consciência duplicada, ao invés de desfazer o mistério, esclarecendo-o, produz a própria sensação do mistério. É a relação e não a substância que suscita a emoção – quando o mundo se encontra no sujeito como a boneca encontra-se na boneca maior.

De modo tão contraditório quanto complementar, Alberto Caeiro vê mistério na ausência de mistério: "porque o único sentido oculto das cousas/ é elas não terem sentido oculto nenhum".[11] As borboletas não têm cor nem movimento, antes: "no movimento da borboleta o movimento é que se move". Então, Caeiro pode entrever o Grande Segredo:

> Vi que não há Natureza,
> Que Natureza não existe,
> Que há montes, vales, planícies,
> Que há árvores, flores, ervas,
> Que há rios e pedras,
> Mas que não há um todo a que isso pertença,
> Que um conjunto real e verdadeiro
> É uma doença das nossas idéias.
>
> A Natureza é partes sem um todo.
> Isso é talvez o tal mistério de que falo.

Qualquer semelhança desses versos com as ficções filosóficas de Vilém Flusser é pertinente. Os temas pessoanos – o horror da viagem como turista, a recusa da celebridade e a monotonização voluntária da vida – estão presentes nos textos de Flusser, como maneiras de permitir o devir-outro ou, no famoso neologismo de Pessoa, de permitir *se outrar*. Para "outrar-se", é necessária uma sensibilidade erudita que, todavia, não corresponde àquilo que se conhece por experiência de vida. A verdadeira experiência consistiria em restringir o contato com a realidade e aumentar a análise desse contato.

Para ser si mesmo, é preciso ser outro; para ser esse outro, é preciso não escolher entre os termos de uma aporia: *"Creei-me echo e abysmo, pensando"*, diz Bernardo Soares.[12] É eco porque procura se sentir como o outro e ainda melhor do que o outro o sinta, e é abismo porque, ao fazê-lo, sente-se tão intensamente que se torna o que deveras seria. De maneira muito simples: se a vida é teatro, ora, o teatro também é uma vida.

Antonio Tabucchi, duplicando o multiplicado Pessoa, faz Fernando conversar com Alberto nos seus três últimos dias de vida: "Vou dizer-lhe, caro Caeiro, o fato é que eu tinha necessidade de um guia e de um coagulante, não sei se me explico, de outro modo minha vida se teria partido em mil pedaços, graças ao senhor encontrei uma coesão, na realidade eu é que o elegi pai e Mestre".[13] Caeiro seria justamente o olhar que observa, um predecessor da fenomenologia. Caeiro é o mestre dos heterônimos porque preenche as falhas e solda as fraturas que dilaceram os demais.

Caeiro torna-se o halo esfumaçado que nos empresta a sensação de que o horizonte se aproxima, em dias de névoa e garoa fria. A arte de Fernando Pessoa é, desde o início, a arte da insinceridade como condição paradoxal da verdade. Assim como a dor poética não é nem fingida nem real, mas construída, a arte poética da insinceridade prega o autoconhecimento pela via do fingimento. A arte da insinceridade é parente próxima da suspensão da crença. A sinceridade seria o maior obstáculo a ser vencido pelo artista:

> A sinceridade é o grande crime artístico. A insinceridade é o crime que se lhe segue. O grande artista nunca deveria ter uma opinião verdadeiramente fundamental e sincera acerca da vida. Mas isso deveria dar-lhe a capacidade de sentir sinceramente, mais, de ser absolutamente sincero acerca fosse do que fosse durante determinado espaço de tempo – o necessário, digamos, para conceber e escrever um poema.[14]

A insinceridade que apregoa não se opõe à sinceridade – ambas são crimes. A insinceridade duplica-se ao mesmo tempo em que desconfia de si mesma, permitindo-se tão intensa que se torna mais sincera ainda do que a sinceridade ingênua de primeiro nível, que outra coisa não seria do que a ilusão absurda de sermos. Em decorrência, Bernardo Soares encara o entusiasmo como grosseria e a sua expressão como "violação dos direitos da nossa insinceridade", tal como, em outro lugar, Nietzsche considerara a indignação a suprema pusilanimidade: o indignado não duvida em momento algum de ser melhor do que os outros, revelando-se incapaz de olhar a própria retaguarda.

Se o entusiasmo é grosseria e a indignação, pusilanimidade, "ter opiniões é estar vendido a si mesmo; não ter opiniões é existir; ter todas as opiniões é ser poeta".[15] Ter opiniões implica estar vendido a si mesmo porque é preciso sustentá-las, congelando imagem inautêntica de si mesmo; não ter opiniões implica existir ao se encontrar aberto para conter os fenômenos que nos cercam e ser por eles contido; ter todas as opiniões implica ser poeta porque realiza o exercício ininterrupto da perspectivação, de que a heteronimização pessoana constitui ápice. A arte, em conseqüência, nos libertaria da sordidez de sermos. O amor, o sono, as drogas (pode-se acrescentar a política) produzem efeito semelhante, *outrando-nos* por momentos – mas amor, sono, drogas, política engendram cada um a sua desilusão, suas traições e overdoses, enquanto na arte não pode haver desilusão porque a ilusão é admitida desde o princípio.[16]

Na novela a que chamou "um delírio", Tabucchi conta os últimos momentos de Pessoa em conversa final com o heterônimo filósofo, quando o poeta pede ao amigo que criou: "Mas agora basta, meu caro António Mora, viver a minha vida foi viver mil vidas, estou cansado, minha vela consumiu-se, peço-lhe, me dê os meus óculos".[17] Se Goethe pedira, ao morrer, "mais luz!", Pessoa pede os óculos (o episódio é biograficamente verdadeiro), fazendo espécie de autoparódia involuntária. Mora pega os óculos do criado-mudo e os ajeita no rosto de Fernando Pessoa, que então arregala os olhos e deixa as mãos paradas sobre o lençol, como que fazendo questão de morrer duplicando os olhos e ainda por cima arregalando-os.

O trabalho do poeta, quando vivo(s), não consistiu em reproduzir, mas em produzir visão intensa. Fernando Pessoa "ele mesmo" de fato usava óculos de míope, enquanto Alberto Caeiro, o do olhar nítido, e Ricardo Reis, o do olhar distanciado, não usavam óculos – mas Álvaro de Campos usava um monóculo, que lhe garantia ao mesmo tempo a aparência do dândi e o pretendido olhar despido de profundidade.

Vilém Flusser, por sua vez, usava dois pares de óculos, como mostra a capa deste livro. No entanto, enxergava apenas por um dos olhos, cego do outro desde criança. Como esses óculos e o olho por detrás trabalham com a arte, em geral, e com a ficção, em particular? De uma maneira próxima da multiplicação pessoana de perspectivas e de lentes.

Flusser, para Martin Grossmann, não atua dentro dos conformes do sistema da arte.[18] Ele usa a arte como subterfúgio. A arte é pretexto, ponte, truque, mentira amorosa, enfim, serve sobretudo ao questionamento do saber. Nesse contexto não é necessário diferenciar aquele que cria daquele que lê, observa ou critica. Da mesma maneira, não cabe se preocupar com as técnicas de fixação dos pensamentos ou seus suportes: museus, galerias, livros.

Flusser acredita ser a verdade meta inalcançável, aproximável apenas assintoticamente. Como todos os caminhos são tortuosos, é preciso mentir deliberadamente para ser desmentido e "destarte aproximar-se da verdade".[19] A própria vida humana seria "um fazer como se, para ver como é" – em uma palavra, arte. Retornamos ao artigo "Da ficção", no qual o filósofo dizia que a ficção é o mundo que nos cerca.

Confrontados com o ponto de vista que nos faz suspeitar da realidade até mesmo de uma mesa de madeira, para superar a angústia invertemos os termos e aparentemente salvamos a realidade: tudo bem, a mesa é ficção, mas a realidade se encontra do outro lado da mesa – *nós* somos a realidade.

"Como assim?", mantém-se perplexo Flusser; que somos nós sem a mesa ou equivalente, isto é, sem objeto? Não somos exatamente aquilo que se lança sobre mesas? Sem objeto "somos mera ficção, mera virtualidade". Nesse caso, construímos às pressas espécie de relativismo dinâmico, aceitando que a realidade não estaria nem no objeto nem no sujeito, mas na relação entre ambos, na bipolaridade, enfim, no predicado que une sujeito e objeto.

Pode-se respirar? Ainda não. Se há tantas relações quantos pontos de vista, se a mesa é passível de ser conhecida ora enquanto tábua sólida, ora enquanto campo vazio, ambos os conhecimentos são realidade, logo ontologicamente equivalentes. Este reconhecimento significa admitir, como talvez não se quisesse demonstrar, que realidade é ficção e ficção é realidade.

Contra este caminho do argumento Costa Lima lembra o caso do historiador Ernst Nolte, que em 1986 punha em dúvida a gravidade dos campos de concentração. Se a história é mera opinião, não pode haver fato incontroverso; se a história pertence à ficção, não há fatos incontestes – ficamos na vizinhança desagradável do revisionismo nazista.[20]

De fato, o historiador não precisa crer na transparência da linguagem, reconhecendo que ao cumprir seu ofício termina por interferir na reconstituição empreendida, mas também não pode supor que demiurgicamente funde toda a realidade a partir da sua ficção narrativa. Considerar a realidade tão-somente um subproduto da linguagem seria um nominalismo *in extremis* que apenas inverteria os pólos do determinismo cientificista do século XIX. Dentro da dicotomia "verdade factual" e "fingimento ficcional" há muitas situações intermediárias que precisam ser levadas em conta.[21]

O alerta de Costa Lima é pertinente, e por causa dele mesmo a questão ainda se coloca. Exatamente porque a realidade, não sendo um subproduto da linguagem, é um termo da linguagem, faz-se necessário suspeitar de toda enunciação. Este é o caminho do crítico cuja teoria se quer, não indecidível, mas sim interminável.

Resta óbvio que a crítica interminável não legitima a suspeita de Ernst Nolte quanto ao Holocausto, porque nesse campo os documentos – fotos, testemunhos, confissões, provas, evidências, prédios – simplesmente abundam. Mesmo que "a fumaça dos acontecimentos nuble a visão dos contemporâneos", como pensava Braudel, a proximidade deste acontecimento permite que ainda tenhamos na retina precisamente a fumaça dos fornos crematórios e das câmaras de gás. Por isso, em 1988, dois anos depois da polêmica de Nolte, aconteceria em Frankfurt o congresso de escritores sob o tema *Schreiben nach Auschwitz* – "Escrever após Auschwitz"; discutir *isso* persistia e persiste necessário.

Loucura, então, não é entender que a ficção seja realidade, que Auschwitz ou a bomba sejam ficções, mas sim mais ou menos o contrário. É preciso suspeitar das crenças e dos modelos que fabularam os campos de concentração e Hiroshima, *tomando-os pela realidade*, para recuperar a fé: a fé na realidade. A fé na realidade depende da suspeita conseqüente em relação aos modelos, como lembra Gabriel Borba:[22] nos modelos de conhecimento promovidos pela ciência, nos modelos de comportamento promovidos pela política e nos modelos de vivência promovidos pela arte.

Quando a ciência determina a fantasia de que água é H_2O não se está apenas dizendo que água é feita de duas partículas de hidrogênio para cada partícula de oxigênio, mas que se pode compreender as coisas do mundo segundo o modelo que as divide em parcelas mínimas e as rejunta em quantidades determinadas, de modo que dêem a impressão de que são apartadas do resto das coisas. Esta forma de saber as coisas chama-se ciência.

A política, por sua vez, é o conjunto expressivo que nos mostra que podemos escolher a atitude a tomar perante as ocorrências, enquanto a arte molda reações sensíveis aos fenômenos que nos dizem respeito sem que os tenhamos presenciado, isto é, ela nos dá condições de vivenciar fatos que não vivemos. Estas três espécies de modelação não têm existência isolada; cabe à filosofia reconhecer suas ocorrências e articulá-las, fazendo ora filosofia da ciência, ora filosofia política, ora filosofia da arte. A combinação das três modelações é o que Flusser fazia, ou seja, filosofia da comunicação, abrindo vasos comunicantes entre um modelo e os demais.

Arte não se reduzia, na sua concepção, às belas-artes, porque arte é *saber fazer*. Mas saber fazer o quê? Arte é saber fazer códigos, inventando-os e manipulando-os. Para fazê-lo, é preciso escapar das instâncias artísticas, aligeirando-as: o sistema alimenta-se de reconhecimentos já consumidos e de jogos já jogados que fazem o possível para controlar o inefável. Escapa-se através daqueles vasos comunicantes, cuja abertura é também o gesto autêntico – que pode ser uma pergunta no lugar de uma definição:

> O cigarro de fumaça impalpável e brasa colorida,
> que se fuma a si mesmo num cinzeiro,
> será um poeta?...[23]

O poema de Guimarães Rosa tem por título "Definição". Define, de maneira irônica, o poeta e a poesia. É irônico, primeiro, porque define por meio de uma pergunta, ou seja, duvida da definição. É irônico, ainda, porque define o poeta como uma coisa, e coisa-cigarro: sozinha, solitária, fumando a si mesma num cinzeiro, produzindo brasa vermelha e fumaça impalpável. Essa coisa-cigarro-que-se-consome fala da feiúra sacrílega do Ocidente contra a qual Flusser se rebela, propondo no seu lugar espécie de religiosidade estética.

Feio e cinzento parece tantas vezes o presente da sociedade, mais feio e cinzento ainda se anuncia o seu futuro. Nessa feiúra residiria nosso crime porque nos precipitamos, no processo chamado progresso, para o abismo da feiúra definitiva.[24] Enfrenta-se o progresso – o movimento em direção à morte – pela busca religiosa da beleza. Essa busca, entretanto, é profana, bem-humorada e irônica. Essa busca leva a filosofia também para o campo de uma religiosidade primordial, deixando atuar espécie de fé que prescindiria, não sem angústia, de Deus. Esse não-Deus angustiado o aproxima de um de seus poetas preferidos, Rainer Maria Rilke.

Rilke também nasceu em Praga, em 1875; é conhecido como poeta austríaco porque àquela época a cidade pertencia ao Império Austro-Húngaro. Rilke contou as *Histórias do bom Deus*, desmontando com simultânea reverência e ironia os clichês que cercam a divindade. A expressão "o bom Deus" já despe a religiosidade do drama que lhe seria inerente, para infantilizar a humanidade e deixá-la propriamente sem fala. Poema de Abel Silva, intitulado "Deus é dúvida", refaz, galhofeiro, o drama:

> Deus é dúvida
> disse eu
> a um crente.
> Esbugalhou-se,
> o coitado,
> e respondeu
> assustado:
> esta certeza
> é o diabo![25]

Na primeira das histórias de Rilke o tal do bom Deus não é tão bom nem tão deus assim, porque começa se assustando quando não vê tudo o que acontece na Terra. Os anjos mentem quando cantam que Ele é Aquele que tudo vê. Ao tentar construir o homem tendo a si mesmo por modelo e os olhos dos anjos como espelhos, atrapalha-se com a simetria das narinas e deixa para as mãos o trabalho. As mãos de Deus, entretanto, deixam escapar o homem do barro em que era moldado: "Ele era tão impaciente, o homem. Queria tanto viver. Não podemos fazer nada, é certo que somos inocentes".[26]

Deus, zangado, larga as próprias mãos à revelia, mandando-as fazer o que quiserem. Elas tentam, mas só conseguem *começar* o que fazem – sem Deus não há perfeição. Esse Deus, consternado, acaba nunca sabendo como é a aparência do homem; quando volta a olhar para a Terra, passara-se um minuto, que é o mesmo que um milênio, e o homem já é um milhão de homens – e todos se encontram vestidos.

Em outra história, o narrador dialoga com um professor, personagem ridicularizado (mas com delicadeza): "O professor tem de ser, como se diz, o único buraco no muro, por onde se pode ver o pomar cheio de frutas; se há outros buracos, as crianças se apertam a cada dia diante de um diferente, ficando logo cansadas da vista".[27] Quando esse professor tira os óculos, seus olhos ficam nus e se envergonham, talvez porque vejam um outro mundo ou porque se abram para menos-ver. O professor só consegue escutar a narrativa do outro quando tira os óculos para limpá-los ou quando o narrador diz a palavra-chave: "É preciso apenas dizer a palavra *histórico* e os ouvidos de todos os professores já se abrem".[28]

A menção ao adjetivo "histórico" ironiza as reificações historicistas que partiriam do desejo de controle. Por isso o narrador prefere contar histórias para um homem paralítico; enquanto as pessoas sadias são incertas, a imobilidade do paralítico o faz semelhante às coisas, o faz "uma coisa que não escuta só com o seu silêncio, mas também com suas palavras raras e quietas e com seus sentimentos delicados e respeitosos".[29] A paralisia vem como uma metáfora, tão cruel quanto delicada, da verdade:

> Deus determinou o senhor, Ewald, para ser um ponto fixo no meio de toda a correria... Não sente como tudo se move à sua volta? Os outros perseguem os dias, e quando chegam a alcançar um deles encontram-se tão sem fôlego que não podem conversar com ele. Mas o senhor, meu amigo, senta-se simplesmente à sua janela e espera; e a quem espera acontece sempre algo.[30]

O personagem Ewald, o paralítico, de fato não se irrita; ao contrário, comemora que não pode nem mesmo ir ao encontro da morte – ela é que terá de buscá-lo, se o quiser. Essa reflexão inusitada obriga os demais personagens a pensarem a morte sob perspectiva muito diversa, perguntando-se "o que diferencia um morto de um homem que se torna grave, que abre mão de seu tempo e se fecha para refletir em paz sobre alguma coisa cuja solução o confunde há muito tempo?".

Esse olhar que pergunta tudo, suspeitando até mesmo da única certeza que teríamos, se apóia em sinédoque panteísta: "E nesta terra, em que os túmulos são as montanhas, os homens são os abismos. Profunda, escura e silenciosa a população, e suas palavras não passam de pontes frágeis e oscilantes sobre seu verdadeiro ser".[31]

O Deus do poeta e do filósofo não será menos abismo. Em outro conto, Deus conversa com Michelangelo, perguntando-lhe quem está naquela pedra que ele tanto escuta e escava. O escultor lhe responde, cansado: "Você, meu Deus, quem mais. Mas não consigo alcançá-lo". É quando Deus sente que também está preso na pedra que tudo se torna estreito. Todo o céu era apenas uma pedra e ele se encontrava trancado lá dentro esperando as mãos de Michelangelo para libertá-lo. Enquanto isso, o artista desanimava de dar a uma fronte toda a sua clareza, a um ombro a sua curvatura mais pura; quando esculpia uma mulher, "não punha em torno da boca o último sorriso, para que sua beleza não se traísse por completo".[32]

Abismo, pedra, qualquer coisa poderia ser o bom Deus. Um garotinho prova que é possível pegar Deus nas mãos, à moda de um conto de fadas:

> Eu estava sozinho no quarto. Uma lamparina pequena queimava perto de mim, e eu sentado na cama fazendo a reza noturna – muito alto. Algo se moveu nas minhas mãos juntas. Era macio e quente como um passarinho. Eu não podia abrir as mãos, já que a reza não tinha terminado. Mas eu estava muito curioso e rezei terrivelmente depressa. Então, no Amém, eu fiz assim (*o garotinho separou as mãos e esticou os dedos*), mas não tinha nada.[33]

Deus é uma metáfora macia, quente – e vazia. Deus é um círculo, nomeando o que retorna. Deus não é sequer um nome, como se verá a seguir, mas a proibição de nomear e, portanto, de imaginar. "Em nossa voz", diz o narrador, baixinho, "tudo se torna metáfora, pois nunca pode ter ocorrido nela."[34]

Tudo vai embora ou escapa como uma leve pena na escuridão, estabelecendo a relação que queremos entre a literatura e a prece. Flusser recorda o Êxodo (20, 4): "Não farás para ti imagem esculpida, nem figura alguma do que há em cima no céu, nem embaixo na terra, nem nas águas debaixo da terra". Eis um dos primeiros mandamentos, que pode ser sintetizado em dois termos: "não imaginarás". Mais tarde, esse mandamento foi substituído, porque a Igreja o considerou datado: proibiria apenas o culto de Ichtar, proibição que com o tempo teria deixado de fazer sentido.[35]

Entretanto, a simples substituição do mandamento abala o crente, se historiciza os demais. Se apenas este foi substituído, parece que um sintoma importante se apresenta: o que se quis recalcar? O que se quis não dizer?

Não fazer imagens implica não imaginar. Proibindo as imagens proíbe-se a arte figurativa. Explica-se a proibição pelo horror da Bíblia ao paganismo e à adoração de imagens. As imagens são horríveis porque não são a coisa, isto é, porque são falsas – o eco platônico é claro. A forma ocidental do monoteísmo calca-se na luta contra a falsidade das imagens: o Deus do monoteísmo é inimaginável porque não pode e não deve ser imaginado (pode-se apenas escutá-Lo).

Se entendemos Deus como a realidade e as imagens visuais como os modelos da realidade, o que nosso monoteísmo estaria dizendo é que todos os modelos da realidade não podem esgotar a realidade e por isso são falsos. Paganismo, em decorrência, seria a crença de que os modelos representam a realidade. Logo, idolatria é a explicação da realidade por modelos. Modelos são os falsos deuses "contra os quais se dirige a ira e a náusea dos profetas".

O contexto sugere que a proibição divina das imagens fosse um mandamento ético. Fora do contexto, a proibição se apresentava como norma estética. Sob consideração atenta, revela-se ainda uma teoria do conhecimento, ao dizer que as imagens nos trazem conhecimento falso. Para Vilém Flusser, porém, os três aspectos do versículo são inseparáveis: *teoria* implica imaginação da realidade por meio da construção de modelos que ficam no seu lugar e a substituem.

Newton nos deu um modelo que torna imaginável o movimento dos corpos, Darwin, um modelo que torna imaginável o desenvolvimento da vida, Freud, um modelo que torna imaginável o funcionamento da psique, Marx, um modelo que torna imaginável o comportamento da sociedade – não é assim?

Mas Newton já deixa o argumento em maus lençóis, quando lembramos que a teoria da relatividade superou o modelo newtoniano. O problema é que a teoria da relatividade não torna imaginável o movimento dos corpos, pelo contrário, torna os próprios termos "movimento" e "corpo" inimagináveis. Isso significa, pergunta Flusser, que no campo da física mais avançada o mandamento "Não imaginarás" teria começado a revelar a sua força? Será que o monoteísmo começou a se realizar, ainda que dentro do campo restrito da teoria da relatividade?

Não é bem assim. A dificuldade dos homens da ciência de imaginar o mundo einsteiniano os deixa insatisfeitos, insatisfação que Einstein reconhecia: "Um misterioso pavor toma conta do não-matemático sempre que ele escuta a palavra *quadridimensional*, um sentimento não muito diferente daquele que o teatro de fantasmas costuma provocar nas pessoas; no entanto, nada é mais banal do que afirmar que o mundo em que vivemos é um contínuo espaço-temporal de quatro dimensões".[36]

Sua comparação com um teatro de sombras (a que ele chama de "fantasmas") é reveladora. Como admitirmos, não-matemáticos e espectadores, que uma teoria inimaginável possa ser um tipo válido de conhecimento? Os próprios cientistas, brincando com a sua condição, definem um físico quântico como "um homem cego em um quarto escuro procurando por um gato preto que não está lá". Estaríamos na física em situação semelhante à dos israelitas diante do bezerro de ouro: a realidade aparece por detrás do modelo newtoniano como uma boa demonstração de como é inadequada a imaginação humana.

Os profetas do Antigo Testamento sentiam nojo e horror dos falsos deuses (as imagens, os ídolos, os ícones), enquanto o povo até hoje se sente atraído por eles. O mandamento "Não imaginarás" está tão longe de ser cumprido, de vez que não cessam de se multiplicar, nas casas como nas igrejas, imagens e modelos da realidade circunvizinha e do próprio Deus.

A heresia, quer dizer, a overdose de imagens figurativas, é compreensível: "O homem constrói modelos para se proteger contra a realidade e não permitir que os seus raios o atinjam". A realidade – a divindade – cega. Os modelos são os nossos óculos escuros. Se lembrarmos *das* modelos (mais ou menos despidas, nas publicações masculinas), veremos como elas representam a beleza e nos permitem imaginar o desejo e a mulher ao mesmo tempo em que nos protegem da mulher real.

Começa-se a compreender o horror e o nojo dos profetas. Os ídolos de antanho e dos *media* parecem ao alcance da mão, oferecendo-se como cortesãs ao mesmo tempo que negam o que ofertam: realidade, beleza, enfim, realização. Os ídolos antecedem a toda a religião porque ainda são magia, evocação metafórica de uma coisa no lugar da outra (que então se afasta ou se perde). Magia evoca, por sua vez, o paganismo; logo, para o monoteísmo, magia só pode ser vista como pecado. Em conseqüência, as tentativas de imaginar a realidade, para melhor compreendê-la e manipulá-la, são vistas como pecaminosas.

O argumento, levado desta forma à última conseqüência, coloca a ciência, a tecnologia e a arte no mesmo saco das instâncias pecaminosas, com o que temos dificuldade de concordar. Ainda que se perceba o elemento de magia desses campos do conhecimento (ou dessas instâncias de fabricação de modelos), nossa vida cotidiana, profissional e política não admite seu descarte. Por isso, os exegetas bíblicos procuram, ao contrário do que fazem com as outras passagens, historicizar o mandamento, de maneira a torná-lo inócuo e inoperante. Pressupõem que teria por objeto apenas o culto de Ichtar, e não o culto do freudismo.

Mas Flusser caminha na direção contrária à exegese bíblica ao admitir, nos planos vivencial e estético, a validade presente do mandamento "Não imaginarás". Se para os modernos horror e nojo circunscrevem a definição de pecado, a contemplação de um(a) modelo pode também causar nojo e horror na medida em que nos esconde o que intimamente sentimos ser a realidade ou a beleza da vida.

Não imaginarás significa: suspendas por um instante tua crença na própria imaginação, suspeitando de que ela possa se encontrar contaminada por processos de reificação e clicherização; tentes então retomar o fundamento da poesia (e da prece).

Não imaginarás implica então, e paradoxalmente, o fenômeno religioso.

11

PRECE

O MANDAMENTO "NÃO IMAGINARÁS" nos devolve ao ponto de partida deste livro: a necessidade filosófica da suspensão da crença. Porque a fenomenologia seria a tentativa de assumir uma atitude perante os fenômenos de acordo com o mandamento, quando se procura evitar modelos para permitir que a situação se revele vivencialmente.

O quadro *A reprodução proibida* (1937), de René Magritte, capta esta atitude: um homem se olha no espelho e vê as próprias costas, contra os modelos da óptica escolar, mas de acordo com a nossa intuição íntima: a de que jamais poderemos nos ver vendo a nós mesmos. Essa intuição é confirmada por Malraux, que começa um romance com a seguinte cena: um personagem se espanta com o som da sua voz reproduzida em um gravador e exprime o espanto dizendo que aquela não é a sua voz, *aquela que escuto com a minha garganta*, revelando o enigma incontornável da subjetividade.[1]

A obra de arte não mais pretenderia a imitação da realidade, mas sim a articulação de vivências inimagináveis – precisamente a vivência da fratura. Vilém Flusser lembra: todo aquele que reflete está interessado no espelho.[2] São Paulo diz que as criaturas são espelhos refletindo Deus; o empirismo iluminista concebe o intelecto como espelho da natureza; o criticismo de Kant revolta-se contra o espelho e, em decorrência, contra o conhecimento especulativo; Hegel vê no fluxo da realidade contínuo espelhar de espelhos contrapostos em ângulos; Wittgenstein concebe a língua e a realidade como dois espelhos pendurados em paredes opostas num quarto vazio. Toda a história do pensamento pode ser cortada pelo ponto de vista do espelho.

Antigamente, admitia-se que espelhos côncavos ou convexos distorciam o espelhado; hoje, desconfia-se da fidelidade mesmo dos espelhos planos. Por que a dúvida moderna? Porque o espelho é um ser em oposição e um ser que nega. Como não permite que passe por ele aquilo que sobre ele incide, refletindo-o de volta, exerce negação fundamental. Em seus vários sentidos, ópticos e metafóricos, refletir é negar.

As respostas que o espelho articula são todas negativas porque são inversões das perguntas que o demandam, como o confirmam as equações da física. Ora, o homem, enquanto ser que reflete, também é um ser em oposição e um ser que nega, distinguindo-se de todos os demais seres que o cercam: não permite que aquilo que sobre ele incide passe por ele – logo, pensa para negar. Logo, o ser humano é o espelho do mundo, ou, o que dá no mesmo: o ser humano é a negação do mundo. O espelho de Magritte, recusando olhar o próprio olhar, seria verdadeiro – os espelhos das nossas casas é que enganam: eles mostram não o eu, mas um inverso; não o corpo, mas uma superfície. Cocteau teria dito: "Todos os dias, quando olho no espelho, eu vejo o trabalho da morte"; por isso, o vampiro não se reflete no espelho.[3] Os destinos do vampiro e do pintor, que por definição desconfiam dos espelhos, realizam o mandamento "Não imaginarás".

Flusser procura demonstrar que a nossa civilização é a síntese de duas grandes heranças espelhadas: a grega e a judaica. No campo da ética e da moral, da política e da economia, prevalece a herança judaica, em sua variante cristã. No campo da estética e do conhecimento, prevalece a herança grega. As nossas arte, ciência e filosofia devem muito mais aos gregos do que aos judeus. Nesses campos, de acordo com o significado do mandamento, ainda seríamos pagãos, dedicados à construção de modelos.

No entanto, no presente, a herança judaica parece irromper também nessas áreas, forçando-nos a vivenciar os modelos como expressões de falsos deuses. Cresce o medo da crença. Estaríamos começando a existir dentro de um mundo inimaginável, o que provoca sensação de desorientação e a perda do que pensávamos possuir: o senso da realidade.

A mecânica quântica e a arte abstrata nos põem em contato com realidades inimagináveis. Segundo Flusser, pela primeira vez na história do Ocidente se estaria articulando a vivência judaica do mundo na ciência, na arte e na filosofia: um mundo, de certo modo, sem tato – desencarnado. O judeu Vilém Flusser, entretanto, não comemora, temendo os perigos advindos dos nacionalismos e dos diversos tipos de antiintelectualismo.

A arte abstrata, recusando o figurativismo e desantropomorfizando-se, como estudou Ortega y Gasset em A *desumanização da arte,* implicaria outra forma de *hybris,* se a desantropomorfização humanamente promovida não seria mais do que uma contradição em termos – como se o humano, ou a humana perspectiva, pudessem não sê-lo. A arte abstrata, no limite, como que tentaria fundar "o mundo sem tato", vale dizer, sem gesto: a forma fundando a forma. A arte ousa falar sobre o que não se pode articular.

Em *Bodenlos,* sua autobiografia filosófica, Flusser comenta a obra de vários artistas, a maioria brasileiros com quem conviveu: Samsom Flexor, Haroldo de Campos, Dora Ferreira da Silva, Mira Schendel e João Guimarães Rosa.

Samsom Flexor nasceu na Romênia, em 1907, e morreu em São Paulo, em 1971 – pouco antes de Flusser voltar para a Europa. Em 1968, pintou em aquarela o retrato de Vilém Flusser, chamando-o *Un dialogo.* Pode-se observar, no retrato, o ponto de interrogação que marca o rosto (começando no centro da testa e terminando no lado do nariz), definindo-se diálogo como o constante interrogar-se.

Dora é viúva do filósofo Vicente Ferreira da Silva e produz obra poética relevante. José Paulo Paes a reconhece na linhagem daqueles poetas cuja palavra ronda as fronteiras do sagrado, vendo na realidade o espaço aberto da hierofania.[4] Poetar significaria, para Dora e segundo Flusser, "tecer símbolos salvíficos que nos ancoram novamente na verdadeira realidade. Por isso, poetar significa para ela o mesmo que orar ou rezar".[5]

Flusser compara Dora a Rosa: a prosa de Rosa se situaria em contexto religioso enquanto a poesia de Dora seria já expressão religiosa que requer análise paciente ao nível de cada palavra.⁶ Muitos dos seus poemas são metapoemas, como "O nascimento do poema":

> É preciso que venha de longe
> do vento mais antigo
> ou da morte
> é preciso que venha impreciso
> inesperado como a rosa
> ou como o riso
> o poema inecessário.⁷

A negação do termo "preciso" faz com que este signifique não apenas "necessário", mas também "exato", o que, no contexto, é chocante. O termo que se segue, "inesperado", reforça o choque atenuado pela "rosa", imagem redundante a que se recorre como para absorver o ruído e retomar o contato com o leitor. Entretanto, a tentativa de fuga pelo clichê e pela redundância não dura sequer um verso, gerando incontinenti o termo "riso", que outra coisa não é do que a própria rosa ironizada – "ironizada pela substituição do *o* redondo pelo *i* agudo, e pela masculinização brutal da palavra".⁸

A poesia, para o filósofo, é não-deliberada e, portanto, surpreendente, embora ironizável e, portanto, filosofável: a rosa gera o riso que gera o acidente *inecessário*, se por acidente é que se dá o poema – poeta e leitor o entendem só-depois. A poesia habita o íntimo do poeta, sim, mas não consegue articular-se apenas porque há vontade de fazê-lo. A poesia é liberdade, mas não liberta ninguém: ao contrário, o poeta é que precisa antes libertar-se da prisão do tempo que o determina, mas não através de um arroubo revolucionário, e sim se entregando aos acontecimentos, afirmando nietzschianamente o passar do tempo.

A poetisa, em entrevista de 1999, aproxima o seu fazer de certa espécie de crítica: "Todo poeta tem um crítico lateral. Ele não pode ser muito forte, porque senão é como a luz que entra na câmera fotográfica: vela a imagem. Um poeta que seja muito crítico fará a poesia sofrer. Mas também não pode ser totalmente acrítico, não pode acolher tudo o que lhe vem".⁹ Ao mesmo tempo, no entanto, chega perto de uma concepção religiosa, epifânica, quase panteísta: "Quando eu estou andando no caminho de Itatiaia e, de repente, vem um pássaro, é um susto. E eu não sei mais se era um pássaro ou um deus. Não é um exagero. Não é literatura. Deu-me o temor sagrado".

Dora foi tradutora de, entre outros, Carl Jung; sua psicologia religiosa gerou muitas discussões com Vilém, pessoalmente e por carta, ora aproximando-os, ora distanciando-os. Dora lembra que, para Flusser, como para Kafka, a decodificação do símbolo revelava o absurdo do mundo, enquanto para ela seria o contrário: "Os símbolos são sinais, cuja origem não sei determinar, que têm um sentido transcendente, não imanente. Nunca chegaria, pela reflexão, àquele pássaro que me assustou. Nunca inventaria isso. Foi uma percepção captada pelo inconsciente. Eles chamam de apercepção. É uma percepção tão rápida que o teu inconsciente se assusta e pode não saber se é um pássaro ou um deus".

Em *Bodenlos*, Vilém explicita a divergência de ambos em relação ao símbolo: "Para nós, o símbolo é um meio de outorgar um significado ao absurdo do mundo, e a decodificação é uma desocultação do absurdo. Para Dora, o símbolo é um modo de manifestar o significado do mundo, e a decodificação é, para ela, uma descoberta do significado autêntico".[10]

É como se Dora acreditasse *quia absurdum*, enquanto Flusser acreditaria no próprio absurdo. A poetisa procuraria legitimar a fé, enquanto Flusser buscava a fé, mas não sua legitimação. Para o filósofo o símbolo seria completamente arbitrário, enquanto para ela o símbolo de fato a aproximaria da coisa.

Há um momento naquela entrevista, no entanto, em que Dora se reaproxima de Flusser pela atitude, ao desconfiar da fama e do império do indivíduo. Ao falar de si mesma desde criança, já com oitenta anos de idade, faz silêncio e suspende a si mesma e a possível curiosidade do leitor:

Concordo também com Fernando Pessoa: *escrever poesia é meu modo de estar só*. Fui uma criança muito sozinha, não fisicamente sozinha, mas o fato de eu não ter conhecido meu pai... Depois da perda do Vicente, eu tinha quarenta e poucos anos, foi uma repetição da orfandade para mim. Viuvez e orfandade estão muito ligadas...

(silêncio)

Estou falando o que eu não queria. Não gosto de falar nisso. Fica um pouco blablablá, e é disso que eu tenho medo. Quando a pessoa fala de si, desperta curiosidade. A curiosidade é uma coisa ruim. Quando você lê um poema, você não está curioso; está aberto para uma coisa que vai ou não te tocar. Dizer que eu sou uma pessoa nessas condições e tal... é um pouco como discurso político, eu acho.

Afirmando que "a realidade é sem porquês; os porquês são nossos", Dora acompanha o espírito e a forma das *Elegias* de Rainer Maria Rilke, que ela mesma traduziu para o português. Na poesia de Rilke, o belo é o início do terrível que desdenha nos destruir. Flusser vislumbra na poesia de Dora, como o verá na narrativa de Rosa (a outra rosa-riso ironizada), o legítimo projeto intelectual do novo homem, do homem brasileiro, de que se falou no começo.

O que na Alemanha teria morrido, impedindo os alemães de lerem Rilke a não ser como poeta decadente, poderia talvez nascer em nova forma no Brasil. Flusser traduziu alguns dos poemas de Dora para o alemão, como o poema "Múrmurios" (*Flüstern*), que tematiza essa necessidade tão cultural quanto existencial de falar com os mortos – ou, ao menos, de ouvi-los:

Pousa num ramo um sopro de agonia	Auf einen Zweig landet ein [Todeskampflutstob
dos que morrem (sem saber) em nosso coração.	Derer, die (ohne davon zu wiben) In unserem Herzen sterben.
Suspira a noite no vento vadio. Amados mortos: tentais dizer o quanto amais ainda?	Es seufzt die Nacht im Spätwind. Geliebte Tote: versucht ihr so sagen Wie sehr ihr noch liebt?[11]

Amados mortos: outros não são do que a conversação ocidental que busca o filósofo. A conversação, se não se quer monólogo que reifica, depende do silêncio a nomear por um gesto o prosseguir pensando e dizendo. Se o pensamento não é uma linha que começa e termina, se a língua não equivale apenas à caligrafia que se desenha da esquerda para a direita, quebrando não ao final da página, mas enrolando-se e desenrolando-se como o eterno retorno de Nietzsche ou a espiral virtual de Flusser, então o novo só pode ser "o antiquíssimo que vem de um alçapão".[12]

Lembrando a máxima de Guimarães Rosa – "a vida também é para ser lida" –, Dora lhe dedicou um poema que serve de gancho para trazer o escritor mineiro e a estreita relação que Vilém Flusser com ele estabeleceu. A primeira estrofe do poema "A Guimarães Rosa" toca de novo na necessidade de Sísifo, na premência de sempre recomeçar a que alude toda narrativa, em especial às veredas do grande sertão:

> Rosa, contador de estórias
> que arrepiam a alma a contrapelo.
> Nasceste um dia,
> mas a noite não marcou teu fim.
> Recomeças.
> És a Estória que sempre ouvimos
> contando o que não se acaba.
> Principia no fim.[13]

Os versos de Dora remetem às palavras de Flusser: "Sempre tive a impressão de que os que têm fé são intelectualmente desonestos: leram a última página de um *thriller* e já sabem quem matou a viúva rica".[14] O comentário pretende provocar Dora e sua religiosidade, mas também demonstra sua opção pelo mistério, logo, pela ficção, no lugar da ilusão do final da história.

Em poema mais longo, Dora dialoga diretamente com a filosofia de Flusser e seu elogio da palavra fundadora:

> Os poetas estão com medo das palavras:
> é o sinal evidente de que devem detoná-las.
> A vida implora: quer ser refeita
> sob os escombros. Tantas avenidas
> trânsito parado rios enfermiços pássaros
> em debandada: encontrarão talvez seu pouso
> num disco voador receptivo ao vôo e ao canto.
> Desencanto do presente. Economia economia
> economia e a casa em desordem.
> Um pouco de filosofia não fará mal nenhum.
> Os jovens poetas lêem Giordano Bruno
> Nietzsche e sabem que eles mais perto estiveram
> do *noumeno* do que esses fenômenos de efeito
> especial – barulho e repetição. O mal
> é o alienígena, bárbaro à vista como sempre
> e outrora. Detonem a palavra – poetas –

>   poetas é outro nome de guerreiros e amorosos
>   do ser. Venham com seus amores transfigurados
>   com sua energia nuclear. A destruição pela
>   palavra é um redemoinho no ar
>   para novas configurações do imaginário,
>   de um novo fabulário que liberte Andrômeda
>   de seus grilhões e torne o monstro
>   digestível. Tirem a palavra de sua bainha,
>   o coração, sem hesitar. A palavra
>   — sopro cosmogônico — nossa arma de predileção,
>   nossa bomba amorosa de efeito retardado
>   mas seguro. O mundo que se desmunda aí está
>   à espera de aragem sagrada de vossas bocas
>   dizei um novo Atharva-Veda poetas oficiantes
>   buscai o ponto de união de tantos cacos
>   dispersos; dizei o verso que vem aos trancos
>   e barrancos dependendo de vossa ousadia
>   e alegria, pois é sempre alegre
>   o gesto criador, a palavra inicial.[15]

Esse poema merece, entre outros motivos pela maneira como quebra os versos, uma análise cerrada que não se fará aqui, mas é preciso chamar a atenção para a convergência com as idéias de Flusser. Desencantados ambos com o presente, irônicos quanto à ênfase grotesca na "economia economia economia" que aponta para o seu contrário, para a casa, o país e a civilização ocidental em desordem, pregam aquele pouco de filosofia que não fará mal, antes devolverá o humano ao gesto e ao verso que novamente o funde. A destruição pela palavra é necessária para que se possa justamente enxergar os escombros e dar o contorno à *forma mentis* do filósofo, isto é, à sua polêmica tão amorosa quanto agressiva. O mundo que se desmunda aí está e outro não é do que o mistério que retorna sempre, a despeito de toda interpretação e de toda a dúvida da dúvida que vem fazendo a passagem da idade moderna para a pós-história.

A obra de Guimarães Rosa também lhe falava desse mistério. Já em 1965, o filósofo destacava a importância que o escritor mineiro tinha para a sua própria obra, entendendo, desde então, que ali se fazia uma literatura de salvação, desenhando-se religiosidade quiçá (para Flusser, não para Rosa) sem igrejas ou Deus:

> O meu contato com João Guimarães Rosa tem sido esporádico, dado o fato de ele morar no Rio de Janeiro. Mas o diálogo com um espírito tão ardente e tão potente é possível apenas com intervalos. Guimarães Rosa provoca o próprio núcleo da honestidade, e o faz impiedosamente. A grandeza da sua luta pela salvação mobiliza no interlocutor todas as forças de defesa. E a estatura da sua mente é um desafio terrível. Não hesito em considerá-lo um dos grandes da atualidade.[16]

Flusser relaciona a obra do escritor com a geografia do Planalto Central brasileiro: "O universo por ela projetado tem dimensões geográficas nítidas, mas é indefinido historicamente". Não ocorre ao leitor perguntar pela data do nascimento de Riobaldo, como não lhe ocorre perguntar pelo dia do aniversário de Branca de Neve. O universo da obra de Guimarães Rosa se apóia na estrutura universal dos mitos: "espaço ahistórico, dentro do qual corre um tempo incongruente com a linearidade do tempo do historicismo".[17]

O leitor aceita a determinação geográfica ao lado da indeterminação histórica talvez porque o Planalto brasileiro fosse o hábitat de uma sociedade que, *per se*, já vivesse ahistoricamente. O escritor mineiro poderia ser o mitólogo desta sociedade, assumindo esse papel por destino (por se ligar a essa sociedade geográfica e etnicamente), por vocação (por possuir forte tendência para visão mítica do mundo) e por escolha (por desenvolver a sua formação filosófica e religiosa na direção de um neoplatonismo).

Flusser sugere que Guimarães Rosa insistisse em dizer "estória" e não "história" por deliberada oposição ao historicismo. O universo roseano seria ahistórico no sentido de pós-histórico; sua coincidência com o universo sertanejo é antes pretexto que realidade. Ele considerava óbvio que a obra de Rosa de fato superasse o historicismo ao romper com a linearidade do discurso – numerosas análises sintáticas do seu texto já o teriam demonstrado. Mas acrescenta que a superação do historicismo se dava também pela via semântica. A obra de Rosa seria uma fenomenologia do sertão brasileiro a iluminá-lo de muitos ângulos, ensaiando penetração simpática que, todavia, por penetrante que tenha sido a descrição, o mantinha como indescritível:

O Planalto brasileiro (o Chapadão) é indescritível, porque despreza soberanamente toda dimensão humana. E "descrever" é inscrever em dimensões humanas. A vivência do Chapadão é a da aniquilação do homem enquanto medida de todas as coisas. Uma aniquilação mais violenta que aquela sofrida na contemplação do céu estrelado. Porque a vivência do Chapadão não é a experiência do vazio, mas de algo incomensurável. A sua imensidão (no sentido de "falta de medida") resulta em desorientação e vertigem, portanto em terror e exaltação desenraizadora. A *Masslosigkeit* (imensidão) resulta em *Bodenlosigkeit* (falta de fundamento). Não se pode habitar o sertão, no sentido de habituar-se a ele. O sertanejo, qual marinheiro, vive em situação exposta e sem fundamento, não mora. Viver assim é muito perigoso. Mas o marinheiro visa o porto como sentido da travessia, e o sertanejo atravessa sem sentido nem meta. As ondas do mar embalam o marinheiro com seu ritmo articulado, e as ondas paradas do sertão, as suas inarticuladas colinas, envolvem o sertanejo em monotonia imóvel.

A vivência do sertão brasileiro, pela exigência de expressar-se em confronto com a inexpressabilidade, aniquilaria os filósofos mais violentamente do que a contemplação do céu estrelado ou do abismo. A noção de "falta de fundamento" – *Bodenlosigkeit* – reforça a necessidade do fundamento. Ao comentar a obra da artista plástica Mira Schendel, Flusser pergunta sobre a origem da língua: "Qual é a origem da língua? Eis uma pergunta fundamental, uma pergunta que demanda o fundamento. Formulá-la com seriedade, com paixão total, é uma tarefa para a vida. Com efeito, é uma tarefa para uma vida religiosa. Atualmente, é talvez esta a única forma de uma vida religiosa depois da morte de Deus".[18]

Todas as perguntas empalidecem comparadas com a demanda pela origem da língua, inclusive a pergunta "por que não me mato?". Na origem da língua, na fonte dos símbolos, as raízes do pensamento se ancoram. Ao colocar esta questão, que não supõe transcendental, o filósofo não se interessa pelas profundezas longínquas da história, do sistema nervoso ou do inconsciente, mas pela proximidade imediata do Eu.

É do núcleo concreto do seu Eu que percebe a língua brotar, como um gêiser, aos jorros: "Se pudesse captar o momento da explosão, esse momento fugaz no qual ainda não sou língua, mas já não sou inarticulado, se pudesse captar esse momento crítico entre o Outro caótico e o Eu ordenado por símbolos, teria captado a origem da língua".

A verdade seria esse instante preciso em que se articula o inarticulado – o artista, remotas vezes, tem a possibilidade paradoxal de fazê-lo. Não deve agir cedo demais (o ainda não articulado não pode ser capturado), não deve agir tarde demais (o já articulado não merece ser capturado). Definir este momento preciso, o momento quase-simbólico, é impossível – o que não impede Flusser de cortejar a impossibilidade.

Ao mesmo tempo, ele não faz um elogio fácil da literatura. Embora na esteira de Nietzsche, Freud e, mais recentemente, Roland Barthes, que viu na literatura o "verdadeiro giro dos saberes", espécie de saber maior, Flusser critica de muito perto tanto a literatura como o amigo literato. Sua admiração é religiosa, mas não reverente. Em *Bodenlos*, no capítulo sobre Rosa, diz que o escritor se precipitava sobre ele a cada vez que se encontravam justamente porque criticava Rosa, ao contrário de tantos que já monumentalizavam a sua literatura.

Nos diálogos com Guimarães Rosa, só havia um tema: Guimarães Rosa. O tema, pela personalidade em questão e pela obra que produzia, de fato era vasto o suficiente para encher de qualidade a mais extensa conversa, mas esta centralização explica alguns dos limites da sua literatura. Rosa seria, como pessoa e como escritor, muito frágil. O tema "Rosa" tinha quatro dimensões, que Flusser apresentava em ordem de importância crescente: [1] a brasilidade, tal como se manifesta no sertão mineiro; [2] o papel de Rosa nas tendências e mudanças do romance mundial; [3] a língua portuguesa e a língua *tout court*; [4] a salvação da alma.[19]

A dimensão da brasilidade é a menos importante para o escritor e para a obra, mas tende a ser percebida como o fulcro da mensagem roseana – o que gera duas conseqüências desastrosas. A primeira é que a qualidade universal da obra é encoberta, quer pela enorme dificuldade de traduzir Rosa para outras línguas, quer pela transformação de Rosa em "autor regional", o que implica caricatura. A outra é que a tendência desenvolvimentista dos acontecimentos brasileiros, para Flusser, naquele momento, orientava-se na direção oposta à visão de Guimarães Rosa, empurrando-o para a condição de um autor do passado, o que implicava absurdo. Isto promoveria, se já não promovesse, a castração de Guimarães Rosa: enquadrado na história da literatura e nos livros didáticos, passaria a fazer parte do sistema quando se tratava de obra subversiva da língua e do pensamento.

No entanto, o próprio escritor seria cúmplice da sua mutilação, ao procurar a fama e a imortalidade – a tal ponto que literalmente morre ao se tornar Imortal. A tragédia anunciava-se desde cada crítica favorável ou tradução realizada. Tão frágil seria Rosa que temia os demais: qualquer crítica negativa, por tola que fosse, o feria; qualquer elogio, por superficial que fosse, o confortava. As piores traduções de sua obra o entusiasmavam – e Flusser entendia especialmente problemática a tradução dos livros de Rosa para o alemão, realizada por Meyer-Clason.

Porque a própria língua portuguesa em revolta contra si mesma, Guimarães Rosa seria intraduzível – ou traduzível apenas no sentido semântico, o que resultava em reproduções anedóticas, forjando espécie de regionalismo exótico e tropicalizante que entregava ao leitor não-brasileiro visão errada da obra. Seria possível, sim, recriar Rosa ao nível da língua para a qual se estaria traduzindo.

Por exemplo: *Grande sertão: veredas* Flusser traduziria, dentro de um alemão roseanizado, por *Grosses Holz: Holzwege*. *Holzwege*, algumas vezes traduzido como "caminhos do campo", é também o título da coleção de ensaios de Martin Heidegger, publicada em 1950, contendo o texto "Ursprung des Kunstwerks", ou "A origem da obra de arte". Segundo Carlinda Nuñez, a tradução literal do primeiro sintagma *"grosses Holz"* seria "grande madeira". Para ser "grande floresta" e fazer a correspondência estreita com "sertão" se precisaria empregar a palavra *Wald*.

A concepção que Flusser sugere, no entanto, é uma construção metafórica, sinalizando algo como "grande mataria" ou, se existisse a palavra em português, "grande troncaria", apontando para uma natureza vegetal onde prevalece o elemento arbustivo, mas sem verde – mais ou menos como a região da Mata Atlântica no sertão mineiro, que é seca, sem verde. O poético arranjo vocabular que ele propõe dá a dimensão da natureza agreste no substantivo superlativado. Para o segundo sintagma, *Holzwege*, a tradução literal seria "atalhos que enganam", mas a expressão *"auf dem Holzweg zu sein"*, que se traduz por "tomar a trilha errada", passa a noção de que o viajante é que se embrenha pelo caminho errado; não são as veredas ou os atalhos que causam o engano. Carlinda então sugere a retradução de *Holzwege* por "descaminhos" ou então "caminhos que se perdem", soluções que nos parecem mais adequadas do que "caminhos do campo".

As opções do tradutor alemão, no entanto, teriam sido todas reverentes, o que, no limite, destruía a palavra que se reverenciava. O título, por exemplo, permaneceu em português na edição alemã, saindo apenas o til e a expressão "veredas": *Grande Sertao: Roman*. A tradução norte-americana, por sua vez, sob o título *The devil to pay in the backlands*, transformava-o em contador de histórias de *cowboys*, e ainda assim Rosa se fascinava. Esta tradução, associada a leitura um tanto ou quanto estreita, permitiram o juízo equivocado de um crítico marxista do porte de Fredric Jameson sobre o romance: *"that curious Brazilian 'high literary' variant of the Western"*.[20]

André Rios discute a intraduzibilidade de Rosa a partir do excesso de sentidos que o romance produziria, reforçando o argumento flusseriano. Para ele, a ironia de Riobaldo ataca a tal ponto todos os "senhores do texto", incluindo o senhor-autor, que impossibilita uma interpretação estabilizadora dos seus sentidos e, em conseqüência, sua tradução. Mesmo a tradução para o português, isto é, "para o português léxica, gramática e sintaticamente estabelecido", seria impossível. As anamorfoses lexicais, gramaticais e sintáticas não geram apenas plurissemia, mas incompreensibilidade. O excesso de sentidos é habilmente dosado; recriar este excesso e dosá-lo em uma tradução mostra-se desafio temerário. Uma tradução como a norte-americana, que elimina o excesso semântico, é um despropósito.[21]

A tradução para uma outra língua só seria possível se se reinventasse um jogo léxico-gramático-sintático que sustentasse, paradoxalmente, o caráter intraduzível – mais ou menos o que propôs Flusser para o título. A canonização didatizante de Rosa, que o filósofo temia, tem levado a se denegar a forte ironia de Riobaldo, por exemplo, que fala durante todo o enredo de um pacto com o diabo para chegar no final à conclusão, ainda que incerta, de que o pacto não teria acontecido porque o diabo, simplesmente, não existiria. O romance se constituiria, portanto, não na narrativa de façanhas ou de um drama cósmico, mas sim na narrativa de um não-acontecimento. O próprio

Riobaldo, tão endeusado e tão citado, ri-se do leitor que lhe tem simpatia e cega-se para a sua carreira, como lembra André, de "estuprador confesso, um assassino preciso e pertinaz com dezenas de mortes nas costas, seqüestrador, assaltante e achacador – tudo isso sem grandes arrependimentos".

Guimarães teria contribuído para a canonização de seu nome ao atuar como crítico de si mesmo em diferentes entrevistas, como naquela que deu a Günter Lorenz proclamando-se sertanejo tanto quanto Goethe, Dostoievski, Tolstoi, Flaubert e Balzac, assim se inserindo, a si mesmo, no cânon. Flusser chega a dizer, caricaturando a obsessão de Rosa, que "se Hollywood tivesse feito um filme com Marylin Monroe no papel de Diadorim, ele por certo ficaria contente. Fama a todo custo, ao custo da própria alma".[22]

E nenhum dos dois chegou a ver a adaptação de *Grande sertão* para a televisão, dirigida por Walter Avancini, em que o papel de Diadorim foi dado a uma das modelos mais bonitas e populares da época, Bruna Lombardi, desobedecendo ao pedido expresso pelo próprio autor no posfácio do livro: que não se contasse o final para não privar os demais leitores do prazer da descoberta. Ora, Bruna Lombardi no papel de Diadorim já contava, desde o primeiro *take*, o final da "estória". Era como se o público precisasse saber, como acontece nas novelas, o final da história, para não se angustiar; como se o público não pudesse suportar a ambigüidade, a tensão homossexual entre os jagunços Riobaldo e Diadorim – como se o público, enfim, não agüentasse literatura. Disto é que Flusser já falava, antevendo a realização *kitsch* de uma obra que reputava revolucionária em relação à história do romance no Ocidente.

No entanto, Rosa tinha consciência dos problemas da edição norte-americana. O romancista comenta que a seguinte fala de Riobaldo – "O que lembro, tenho" – foi traduzida como "*My memories are what I have*", transformando uma formulação metafísica em lugar-comum de velhos. Na seqüência, traduziu-se "Venho vindo, de velhas alegrias" para "*I am beggining to recall bygone days*", quando toda a dinâmica e riqueza irradiadora do dito se perdiam: "Uma pena. Tudo virou água rala, mingau", lamenta Rosa.[23]

Eduardo Coutinho confirma a generosidade de Rosa com os seus tradutores, generosidade essa que Flusser atribuía ao desejo de fama internacional.[24] Carta de Rosa a seu tradutor italiano nos faz suspeitar que essa atribuição é parcialmente injusta. O escritor mineiro mostrava compreensão do dilema existencial da tradução: "Eu, quando escrevo um livro, vou fazendo como se o estivesse *traduzindo*, de algum alto original, existente alhures, no mundo astral ou no plano das idéias, dos arquétipos, por exemplo. Nunca sei se estou acertando ou falhando, nessa *tradução*. Assim, quando me *re-traduzem* para outro idioma, nunca sei, também, em casos de divergência, se não foi o Tradutor quem, de fato, acertou, restabelecendo a verdade do *original ideal*, que eu desvirtuara".

Ao aproximar o fazer literário da prática da tradução, Rosa se aproxima ao mesmo tempo da teoria da tradução de Flusser. Coutinho cita afirmações do escritor que parecem saídas da pena polêmica do filósofo tcheco, como "a linguagem e a vida são uma coisa só"; "quem não fizer do idioma o espelho de sua personalidade não vive"; "o idioma é a única porta para o infinito, mas infelizmente está oculto sob montanhas de cinzas"; "somente renovando a língua é que se pode renovar o mundo".

Curt Meyer-Clason e Guimarães Rosa trocaram, entre 1959 e 1967, oitenta cartas. A correspondência mostra que, se Rosa elogia as suas soluções, outras tantas vezes não concorda com elas e propõe alternativas, calcado no seu próprio domínio da língua alemã. O fascínio do escritor decerto não era apenas pela fama, mas também pelas línguas, chegando a considerar que algumas passagens de seu texto, como a passagem final de "A terceira margem do rio", ficavam melhores em alemão do que em português, por conta exatamente do caráter aglutinante do alemão:

| (…) nessa água, que não pára, de longas beiras: e eu, rio abaixo, rio a fora, rio a dentro – o rio. | (…) in jenes weitufrige Wasser, das nicht anhält: und ich, flußabwärts, flußfortwärts, flußauswärts – den Fluß. |

"Rio abaixo" torna-se "*flußabwärts*", "rio a fora" torna-se "*flußfortwärts*", e "rio a dentro" torna-se "*flußauswärts*", modificando três vezes o interior da palavra aglutinada, como o leito ou a terceira margem do rio. O próprio título do conto, inicialmente traduzido como *Das Drite Flußufer*, é alterado, por sugestão do autor, para *Das dritte Ufer des Flußes* – porque "o rio", individuado como símbolo, deveria ser destacado – e que acabou se tornando o título da edição alemã de *Primeiras estórias*.

Em carta de 1965, Rosa defendeu que *Corpo de baile* devesse ter passagens obscuras: "Antes o obscuro que o óbvio, que o frouxo. Toda lógica contém inevitável dose de mistificação. Toda mistificação contém boa dose de inevitável verdade. Precisamos também do obscuro". Na mesma carta, Rosa demonstrou como se pode ser gentil com o tradutor sem deixar de ser exigente:

> Aprendi a desconfiar de mim mesmo. Quando uma página me entusiasma, e vem a vaidade de a achar boa, eu a guardo por uns dias, depois retomo-a, mas sinceramente afirmando a mim mesmo: vamos ver por que é que esta página não presta!, e, só então, por incrível que pareça, é que os erros e os defeitos começam a surgir, a pular-me diante dos olhos. Vale a pena dar tanto? Vale. A gente tem de escrever para setecentos anos. Para o Juízo Final. Nenhum esforço suplementar fica perdido. Mas, como ia dizendo, tudo isto é só para desculpar-me da atrevida irreverência com que comentei suas magníficas páginas. Terei dado a impressão de não ter gostado? Não pense assim... Apenas, a hora não é de saborearmos a vitória, mas de aumentá-la, de forçá-la, de não descansar nem um minuto, mas de dar o máximo, recorrendo ao centésimo, ao milésimo fôlego...

Curt, citando a carta, reconhece que o escritor, ao se dar como exemplo, está dele exigindo no mínimo o mesmo rigor. "Magníficas páginas", sim; mas isso não está bom, e isso, e isso, e aquilo outro... Quando Curt traduzira *coraçãomente*, do conto "Seqüência" por *herzlich*, Rosa, três meses antes de morrer, em 1967, pede impacto maior, expressão cujo emprego não fosse banal, superficial, convencional, como *mitherzlich* ou *herzherrlich*. As exigências, porém, não arrefecem o entusiasmo do escritor, como explicitara na primeira carta, de 1959: "A tradução e publicação em alemão me entusiasma, por sua alta significação cultural, e porque julgo esse idioma o mais apto a captar e refletir todas as nuances da língua e do pensamento em que tentei vazar os meus livros".

Guimarães Rosa, em outra carta, responde às críticas de Vilém, deixando claro que elas de algum modo teriam chegado ao alemão:

> Quanto ao Flusser, ele é culto e entusiasmado e lúcido e arguto. MAS é também "intelectual" demais. Descobre coisas em meus textos, que vê bem, mas está ele mesmo possuído por suas próprias teses, em matéria de língua e linguagem, e se apaixonou por elas. Não tenho as intenções que ele me atribui, de maneira alguma. A língua, para mim, é instrumento: fino, hábil, agudo, abarcável, penetrável, sempre perfectível, etc. Mas sempre a serviço do homem e de Deus, do homem de Deus, da Transcendência. Exatamente como o Amigo entendeu, sentiu e compreendeu. Estamos juntos, nós dois. Alegro-me imensamente com isso.[25]

O escritor, por intermédio do MAS maiúsculo, recusa algumas das interpretações do filósofo, procurando proteger o seu tradutor alemão. Não encontramos correspondência entre Flusser e Rosa nos arquivos de Edith, mas João Adolfo Hansen cita várias cartas de Rosa para Vicente Ferreira da Silva – é provável que Flusser tenha chegado a Rosa por meio de Vicente.

Rosa pede a Vicente para ler *Grande sertão: veredas* menos como literatura pura, antes como "sumário de idéias e crenças do autor, com buritis e capim devidamente semicamuflados" – ou seja, como filosofia.[26] Afirma-se inteiramente afinado com a religiosidade de Ferreira da Silva: o ensino central de Cristo, para ele o do "Reino do Céu dentro de nós", deveria partir do "domínio da natureza, a começar pela natureza humana de cada um – pela *fé*, que é a forma mais alta e sutil de energia".[27]

A fé de Rosa se ligava à sua consciência de criar língua. Entrevistado por Günter Lorenz, falou do sertão como metonímia da realidade: "No sertão o homem é o eu que não encontrou ainda o tu; por isso são ali os anjos ou os diabos que manuseiam a língua".[28] Na mesma entrevista, compara-se com o cientista e se dispõe, surpreendentemente, a corrigir Deus: "Nós temos – o cientista e eu – de pegar no colo Deus e o infinito, e pedir-lhes contas e se for preciso também corrigi-los, se nós quisermos ajudar ao homem. Seu método é meu método. O bem-estar do homem depende da invenção do soro contra a varíola e mordida de cobra, mas depende também de que ele dê de volta à palavra seu sentido original. Assim, ele repete o processo de criação. Dizem-me que isso é blasfêmico, mas eu afirmo o contrário, certamente".[29] O reacionário, o homem religioso até a medula, mostra-se novamente revolucionário e herético por dentro: pela literatura, que existe para devolver à palavra seu sentido original.

A língua, desse modo, também é percebida como metáfora daquele encontro que não houve ainda. Em direção semelhante, Vilém via o romance, o conto, a novela, como descendentes tardios do *épos*, ou seja, de um dizer inspirado pelas Musas (como na *Odisséia*), por Jeová (como no Êxodo) ou por um sussurrar de folhas (como nas *Sagas*). O *épos* equivaleria ao mito, porque localizado em tempo não-histórico e realizado poética e lentamente.

À medida que o Ocidente se historicizou, foi se afastando da fonte inspiradora do *épos*. A conseqüência aparece no romance do século XIX: ele se desmitiviza, ao dizer eventos localizados no tempo histórico (como Tolstói), e se despoetiza, ao dizê-los prosaica, nervosa, concentrada e denotativamente (como Zola). Aqui Flusser faz eco a Ortega y Gasset, que torcera o nariz para a literatura do XIX considerando toda ela "realista", no sentido reducionista do termo. A diferença entre românticos e realistas seria publicitária; no fundamental, todo o século XIX teria sido realista, acreditando (ou fingindo que acreditava) na transparência todo-poderosa da palavra.[30]

Ocorre perigosa inversão ontológica: o autor do romance se assumiria, ele próprio, fonte inspiradora e, por extensão, divindade criadora. A arrogância do cientificismo à época seria outro sintoma da mesma inversão. Como o autor fingia ser Deus e o seu *fiat lux* era a ficção, o universo do romance representava projeção fictícia do autor sobre a realidade histórica. A intensificação deste processo leva, no início do século XX, à crise do romance, quando a psicologização mais a sociologização tornavam insuportável a contradição entre o realismo e o caráter fictício daquele universo de modelos que se pretendiam científicos.

Flusser percebe naquele momento duas tentativas geniais para reformular o romance: as de Joyce e Kafka. Joyce tentava recapturar a forma autêntica do *épos* pelo dizer lento, largo e conotativo do *stream of consciousness* em múltiplas camadas, reconduzindo-se até as fontes do mito. Kafka tentava superar o caráter fictício do romance pela imersão do autor, na forma de *K*, no seu universo, o que gerava uma nova forma de dizer, espécie de testemunho todavia conotativo, e uma nova forma de mensagem, relativa a eventos não-históricos.

Além deles dois, ao lado do Ocidente histórico ainda se encontrariam outras fontes abertas ao brotar do *épos*: as feiras do Oriente Médio, as aldeias centro-africanas e o interior de Minas Gerais. Guimarães Rosa encontrava-se na posição privilegiada de poder assistir no concreto às experiências kafkianas e joycianas de re-epicizar o romance, e ao constante ressurgir do *épos* no interior mineiro: "O monólogo lento e lamacento, a conversa mole e fiada do *caipira*, com seus volteios labirínticos, sua visão ahistórica de mundo, seu clima mítico, era para ele o veículo do *épos* mineiro concretamente vivenciado".[31]

Semelhante monólogo se poderia tornar veículo de todo um novo *épos* no Ocidente. Entretanto, isso não pode ser alcançado por meio de uma decisão intelectual do tipo "tome-se uma parte de Minas e uma parte de Joyce, misture-se e sirva-se quente". O caráter do *épos* enquanto dizer inspirado exclui esta receita.

A decisão teria de ser negativa: mergulhar ao mesmo tempo dentro dos climas mítico mineiro e pós-histórico joyciano e kafkiano, deixar-se dominar por ambos, para depois poder tornar-se porta-voz de ambos. Parece exigência do outro mundo, mas isto seria coisa espontaneamente dada para Rosa, que participava de Minas por nascimento e do mundo de Joyce por tradição. Seu mergulho, porém, pedia uma técnica deliberada, que o escritor experimentava tão bem que se tornava, no entender de Flusser, o problema de Guimarães Rosa. Uma vez intuída a síntese, o problema técnico passava a concentrar todo o interesse, fazendo com que o escritor derrotasse o *vate*. A técnica, sempre mais virtuosista, ameaçava de dentro a autenticidade da síntese espontânea, resultando em espécie de esquizofrenia a que poderíamos nomear, benjaminianamente, de "estetização do estético".

De um lado, o eu roseano, imerso no *épos*, vivendo e viajando com ele; do outro lado, o "grande escritor João Guimarães Rosa", manipulando o *épos* e, com isso, o verdadeiro eu – seu, do leitor e da obra. É como se uma alma, a do escritor, devorasse a outra alma. Os neologismos roseanos, tão admirados pelos seus críticos, Flusser os considerava ambivalentes e próximos de jogos (vazios) de palavras. Ainda que visse o amigo como essência incorporada da língua portuguesa, desconfiava do seu vasto conhecimento de outras línguas – que era vasto sem ser profundo. Os neologismos roseanos apenas roçariam a superfície de palavras nas quais vibraria, em verdade, o mistério profundo:

> Que uma única palavra sirva de exemplo: *Sagarana*. Sem dúvida, a palavra soa como português, e enquadra-se na sintaxe dessa língua. Ela contém também o generoso "a", e por isto mesmo evoca o sânscrito com todas as suas conotações misteriosas. Mas "saga", no baixo-alemão, consigna muitos outros significados. Em Rosa, trata-se apenas de uma forma musical, uma maneira de dizer "vários mitos". Seguramente sente-se, por esta redução, a prevalência da intenção lingüística, levando-nos a sentir por detrás deliberação intelectual que deixa gosto amargo na boca, a despeito de tanta doçura.[32]

A leitura crítica do aspecto, entre aspas, "criativo" da obra de Rosa, é reforçada por Autran Dourado: "Há em Guimarães Rosa (desculpe-se a heresia, o santo é grande demais, o andar vaporoso, a procissão caudalosa; apesar da imensa e declarada admiração, repito, que tenho por Rosa), há em Guimarães Rosa um lado Rui Barbosa, um lado Euclides da Cunha, um lado Coelho Neto, um lado Afonso Arinos de *Pelo sertão*, um tipo de linguagem que procuro satirizar".[33]

A crítica de Vilém e Autran, no entanto, passa longe de outra abordagem que também teve a obra de Rosa. Leitura marxista (estreita) a considerou formalista e reacionária, comparando-a, de modo maniqueísta, a Lima Barreto. Segundo Flávio Kothe, por exemplo, Lima teria um conteúdo *forte*, politicamente falando, mas a forma *fraca*, esteticamente falando, enquanto Rosa padeceria do problema contrário.

O próprio escritor ironizou essa abordagem; ao responder a Günter Lorenz, que lhe perguntou o que achava de ser conhecido como revolucionário da língua, Rosa disse preferir que o chamassem de *reacionário*, pois sua vontade era a de voltar a cada dia à origem da língua, ali onde a palavra ainda se encontraria abrigada "nas entranhas da alma, para dar-lhe a luz segundo a sua imagem".[34]

Para Flusser, a invenção de Guimarães Rosa não passava, como os primeiros críticos imaginaram, pelos neologismos, mas sim pela ruptura da sintaxe e pela maneira como levava o discurso ao absurdo – pensa no conto "Meu tio o Jaguareté", que considera perfeito. O uso sábio da palavra contra a sentença parece-lhe ser língua portuguesa tornada autoconsciente e virada contra si mesma. Por isso, Rosa seria ponto de partida rumo a um novo universo.[35]

Ambos concordavam que a língua não fosse mero meio de comunicação, mas o próprio fundamento do Ser. Donde, *logos = mythos*. Escrever, para ambos, seria o único meio de realizar a essência – "a língua calada dentro da gente". A práxis de escrever, para Vilém Flusser, se apresentava como o projeto de unificar existencialmente Wittgenstein e Husserl. A práxis de escrever, para Guimarães Rosa, se apresentaria como o projeto de unificar existencialmente o *logos* e o *mythos*.

Talvez Flusser pudesse falar dos dilaceramentos do amigo escritor em termos tanto estéticos como íntimos, a ponto de parecer prever a sua morte e ainda espantar-se com ela, porque tentasse falar do seu próprio dilaceramento como filósofo. Não se trata de projeção vulgar, mas de possibilidade de simpatia.

Ele retoma a questão de Camus: por que não me mato? A situação atual pode exigir a pergunta, quando o clima é de tédio absoluto inspirado pelo hálito de um bocejo. Para superar essa situação, é preciso tecer o louvor do assombro; é preciso recuperar uma espécie de religiosidade primordial. Individualmente, a criança recém-nascida, e coletivamente, a humanidade recém-expulsa do paraíso, experimentam um tremor de fundo religioso (*Urschauder*). Esta experiência não permitia ainda a pergunta "Por que não me mato?", mas sim a questão oposta: "Como posso sobreviver?".

Entretanto, a nossa condição, como seres *blasés* e geração tardia, não é esta: nada nos espantaria, porque nada mais é novo. Não estaríamos mais jogados no meio de coisas misteriosas, mas cercados por instrumentos sem manuais de instrução (ou com manuais mal escritos), e estes instrumentos são, no fundo, prolongamentos e projeções de nosso próprio "eu". As feras que ainda aparecem são cachorros *pitbulls* projetados por nós para guardar as nossas casas, diz Flusser, assustado; o "outro" que compartilha conosco este mundo instrumental é, ele mesmo, instrumento, ou funcionário que funciona como tal.

A nossa atitude diante desse mundo é a do *déjà vu*; os instrumentos não nos advêm da penumbra misteriosa, eles nos *servem* para que aprendamos na carne o servilismo. Com nojo, saímos em busca desesperada de aventura, o que torna toda aventura inautêntica – a aventura é um "advir" que não pode ser buscado. Os esportes perigosos, ditos radicais, demonstram o impasse à perfeição: entes entediados, para não se perguntarem "por que não me mato", se matam.

Para o filósofo, a transformação gradativa das coisas e do seu mistério em instrumentos explica a degradação progressiva do sentimento religioso. A única coisa que é possível adorar nos instrumentos é o trabalho humano por trás deles. Logo, a única religiosidade da qual somos capazes é a auto-adoração, ou seja, o narcisismo. Mas a adoração auto-erótica se confunde com a essência do nojo; por definição, é nojenta. Não empresta significado à existência humana.

Dentre as tentativas de reconquista do espanto nas quais se deve prestar atenção, Flusser volta a falar da fenomenologia husserliana, entendendo-a um método de "deixar a coisa ser coisa". Pela redução eidética (pela supressão dos aspectos instrumentais) e pela *epoché* (pela suspensão do juízo), procurava Husserl redescobrir o *eidos*, o espanto da coisa. É desse ângulo que Flusser interpreta o surrealismo, embora reconheça, ao mesmo tempo, que são frustradas esta e outras tentativas semelhantes. A ingenuidade primeva não é algo a ser procurado. Como a virgindade, não pode ser reconquistada. Em frente do mar o espanto primitivo não tem lugar, porque não se pode mais esquecer o caráter salino e iodino da água do mar. Depois que se elaboraram as tábuas das marés, o mar nunca mais poderá servir de berço para Afrodite, aquela que teria nascido da espuma.

No entanto, ainda é possível fazer o louvor do espanto. Desde a Renascença, o pensamento ocidental intensificou a atenção pela natureza para promover sua aniquilação. Instrumentalizada, a natureza perde seu caráter espantoso, e isto é irreversível. Mas a natureza não é o mundo – este o ponto. O nosso ambiente não consiste apenas em coisas que possam ser transformadas em instrumentos:

> É preciso desviar a atenção das coisas para descobrir todo um mundo espantoso ao nosso redor, um mundo pronto a precipitar-se sobre nós, desde que nós nos abramos para ele. É difícil falar-se desse mundo, porque ainda não foi articulado. Mas os nossos poetas e pintores são os primeiros a mergulhar nele e voltam, das suas expedições, com as primeiras articulações espantadas. Tudo é novo nesses versos que os poetas trazem, e tudo vibra com o espanto do nada do qual surgiu. E há um ar de aventura ao redor desses versos, comparável à aventura das viagens de descoberta no século XIV.[36]

A natureza foi transformada em parque industrial e em tédio – mas há algo para além da natureza que ainda não foi nomeado, tão-somente sugerido, passível de provocar o espanto sem a menor utilidade prática, a não ser a de nos tornar criaturas que voltem a se perguntar como sobreviver (e não por que não se matar).

Esse novo fascínio também não deixa de ser perigoso (enfim, viver é muito perigoso), porque pode redundar em antiintelectualismo, e Flusser entende que "a tarefa da nossa geração é intelectualizá-lo". Para não se render aos "magos" que despejam receitas de pobreza espiritual satisfeita na prateleira dos supermercados, é preciso retomar o dito do Velho Aristóteles: *"propter admirationem enim et nunc et primo homines principiabant philosophari"* – é pelo espanto que os homens começam a filosofar, desde antigamente até hoje em dia.

Por isso um pintor como Francis Bacon, que sempre manifestou aversão incontrolável a todas as formas de religião, do cristianismo ao misticismo moderno, pode perceber parte das pessoas que têm alguma religião ou medo de Deus como mais estimulante do que as que levam um tipo de vida hedonística e inconseqüente, porque "no final das contas a única coisa que torna uma pessoa interessante é a sua capacidade de dedicar-se", e ao que seja.[37]

Pelo elogio do espanto, Flusser aproxima-se da concepção do zen-budismo: o zen acentuaria, como a fenomenologia, a vivência concreta dos fenômenos. Porque não pode ser definido sem cair na armadilha metafísica que encobre, o zen "provoca um curto-circuito no raciocínio, torpedeia as abstrações e remete brutalmente à experiência imediata do ser, aos atos banais de nossa vida cotidiana".[38] As formulações zen insistem em que "o vazio é a forma", em consonância com a necessidade do nada para Flusser.

O mestre zen aponta a finalidade última da experiência ontológica: despertar enquanto natureza incriada. O mestre deve ser iconoclasta, chutando as próprias imagens, como as de Buda – "não imaginarás!" –, para banir toda distinção entre o sagrado e o profano (ou para sacralizar o cotidiano). Seus *koans*, enigmas paradoxais, revelam que o mundo como o concebemos é mera dependência da linguagem (a língua cria a realidade). Duvida-se religiosamente: o indivíduo ocupado em serrar o galho sobre o qual está sentado expressa a dúvida primordial.

Suspender a crença equivale a tentar serrar metódica e seriamente o galho sobre o qual se está sentado. Esperar o trem que não tem possibilidade de chegar ou que leva para a câmara de gás equivale a fazer filosofia no inferno de Sartre – onde, como se sabe, não há labaredas, garfos ou torturas físicas. O inferno é um quarto de hotel, com uma janela para o mundo dos vivos. À medida que os vivos vão se esquecendo dos mortos, a janela vai se fechando. E o inferno dos mortos é a vida intensificada: não podem dormir, não podem piscar, não há espelhos e não confiam um no outro. Como diz o personagem Garcin: "Então, isto é que é o inferno? Nunca imaginei... Não se lembram? O enxofre, a fogueira, a grelha... Que brincadeira! Nada de grelha. O inferno... são os Outros".[39]

O inferno de Sartre remete ao inferno de Auschwitz, como conta Primo Levi referindo-se ao dia seguinte à chegada no campo de extermínio:

> Não há espelhos, mas a nossa imagem está aí na nossa frente, refletida em cem rostos pálidos, em cem bonecos sórdidos e miseráveis. Estamos transformados em fantasmas como os que vimos ontem à noite. Pela primeira vez, então, nos damos conta de que a nossa língua não tem palavras para expressar esta ofensa, a aniquilação de um homem.[40]

Não há espelhos, mas precisamos procurar pelos espelhos. Flusser sustenta que nossa crise presente seria no fundo uma crise da ciência, em última análise, crise de nosso gesto de buscar. O gesto da busca, no qual não se sabe de antemão o que se busca, próximo ao que chamamos "método científico", seria o paradigma de nossos gestos atuais, assim como o gesto ritual, religioso, informava os demais na Idade Média.

Só que, para o filósofo, o gesto de buscar *não deve* ser modelo para os outros gestos, porque ele não busca coisa alguma que se haja perdido. Busca com indiferença; não estabelece a meta, não atribui o valor. O lugar ocupado pela investigação científica em nossa sociedade estaria, portanto, em contradição com a investigação mesma.

Ao longo de mil anos o interesse dominante foi o de conhecer Deus. Mas o burguês revolucionário é dominado por interesse de outra índole: ele deseja conhecer a natureza. Mas que natureza? Basicamente, a natureza física, a natureza que carece de movimento e que se possa despir de vida, dissecando-a. Escapar aos problemas que interessam aos homens e dedicar-se a alguns objetos sem interesse – eis o típico gesto humanista.

Os objetos físicos se mantêm a distância, são simplesmente objetos, logo, o homem se pode arvorar em seu sujeito, pode conhecê-los de maneira objetiva. Em relação a coisas tais como pedras e estrelas, o homem põe a si mesmo no lugar de um deus, o que ele não pode fazer em relação às catedrais, às enfermidades e às guerras, se *nestas coisas* está implicado e interessado. Por isso o conhecimento objetivo é a meta do humanismo.

Nessa forma de conhecimento o homem se sente ocupando o lugar de Deus. Nessa forma de conhecimento pode de fato conhecer, porque conhece o que não interessa, na verdade, conhecendo mal. O escolástico diz, preferencialmente em latim, *ignoti nulla cupido*, mas a verdade residiria no conselho inverso: só conhecemos bem aquilo que teríamos desejado de algum modo ou que previamente nos interessara.[41]

Em conseqüência, o gesto da busca de um conhecimento objetivo está a ponto de converter-se em impossibilidade. Os físicos contemporâneos buscam, com a máxima seriedade, a teoria final, que integre o infinitamente pequeno ao infinitamente grande. Buscam, dessa maneira e por via dessa *hybris*, encontrar Deus, ou melhor, transformar Deus no seu objeto. Encontramo-nos, portanto, à beira do abismo.

O limite da crise permitiria, entretanto, observar a emergência de um novo tipo do mesmo gesto de buscar. Não se pode buscar sem por sua vez desejar e sofrer, isto é, sem valores. O gesto de uma atitude pura, eticamente neutra, é gesto escamoteado, inumano: sintoma de alienação. Quando se trata de conhecer objetos inanimados, a alienação é epistemológica, e neste caso um erro. Mas quando estão em jogo enfermidades, guerras, injustiças, a alienação se converte em gesto criminoso.

O investigador, que se aproxima da sociedade como se de um formigueiro se tratasse, e o tecnocrata, que manipula a economia como se fosse um jogo de xadrez, são tão criminosos quanto o brilhante engenheiro citado no romance de Arturo Perez-Reverte, *Testemunho comanche*, que ao inventar o projétil que fazia ziguezague dentro do corpo do inimigo batizou-o de *Bala Louise* e foi comemorar com a família na Disneylândia. O doutor Frankenstein e Oppenheimer apertam as mãos.

O investigador, na forma presente, transforma fenômenos em objetos: do canto de um pássaro faz uma vibração acústica, da dor humana, uma disfunção do organismo. Desconecta da sua consciência que é pago por alguém para a sua busca, não considera se o invento ou o *paper* são bons ou maus para a sociedade, preocupado apenas em publicar para não perecer.

Quando, novamente, arte – a arte de Guimarães Rosa, por exemplo – é melhor do que verdade:

> No entanto, não pode ser mera coincidência o fato de eu reconhecer em Guimarães Rosa todo o meu engajamento lingüístico em nível grandioso. *Sagarana* e *Corpo de baile* e, mais especialmente, *Grande sertão: veredas*, são como demonstrações *in fieri* das minhas teses em *Língua e realidade*. O diálogo intermitente que mantive com Guimarães Rosa até a sua morte dava-se como que em terreno de sonho. Era preciso beliscar-me para saber que Guimarães Rosa não era ficção de minha fantasia e que ele existia em realidade diferente da de Riobaldo. A religiosidade lingüística roseana, seu fanatismo do falar e do escrever, sua atitude lúdica no manejo de vogais e palavras, sua ironia e seu humor (veja-se *Primeiras estórias*, sobre as quais nutro a esperança de ter tido influência mais que periférica), aliados à sua disciplina férrea, são, em seu conjunto, a imagem que eu fazia do Verdadeiro Poeta. Entretanto, Guimarães Rosa existia em carne e osso! Nada mais direi a seu respeito, a não ser que, para mim, passou de revelação a imperativo.[42]

Considerar que Rosa e sua obra passaram de revelação, com todo o cunho religioso e epifânico do termo, a imperativo, com o aspecto ético da expressão, ajuda a compreender a passagem que Flusser faz da prece à literatura. Assim como da religião, em todos os povos, fez-se a arte, da prece, para cada homem e mulher em particular, pode-se fazer a literatura, como realização privilegiada da ética, uma vez que permite a perspectivização da verdade. Para o amigo, Rosa brandia com precisão a navalha de Occam na própria língua portuguesa: se é desnecessário fazer com mais o que pode ser feito com menos, se as entidades não se devem multiplicar desnecessariamente, o mesmo vale para as palavras e seus sinônimos.

O brasileiro faz um uso luxurioso do sinônimo, formando uma flora tropical de cipós e parasitas lingüísticos que sufocam as flores plebéias das palavras e das formas honestas. Guimarães Rosa, ao abolir o sinônimo, ou seja, ao dar significado único a cada expressão, "desvenda as fontes da língua portuguesa e nos força a encarar o nada do qual ela brota".[43]

Isto se teria realizado à perfeição no conto *Fita verde no cabelo*, em que Rosa reconta a história de Chapeuzinho Vermelho. Na nova velha história, não há mais lobo, mas ainda há lobo: dentro. A história é pequena e precisa:

> Havia uma aldeia em algum lugar, nem maior nem menor, com velhos e velhas que velhavam, homens e mulheres que esperavam, e meninos e meninas que nasciam e cresciam.
>
> Todos com juízo, suficientemente, menos uma meninazinha, a que por enquanto. Aquela, um dia, saiu de lá, com uma fita verde inventada no cabelo.
>
> Sua mãe mandara-a, com um cesto e um pote, à avó, que a amava, a uma outra e quase igualzinha aldeia.
>
> Fita-Verde partiu, sobre logo, ela a linda, tudo era uma vez. O pote continha um doce em calda, e o cesto estava vazio, que para buscar framboesas.
>
> Daí, que, indo, no atravessar o bosque, viu só os lenhadores, que por lá lenhavam; mas o lobo nenhum, desconhecido nem peludo. Pois os lenhadores tinham exterminado o lobo.
>
> Então, ela, mesma, era quem se dizia:
>
> — Vou à vovó, com cesto e pote, e a fita verde no cabelo, o tanto que a mamãe me mandou.
>
> A aldeia e a casa esperando-a acolá, depois daquele moinho, que a gente pensa que vê, e das horas, que a gente não vê que não são.
>
> E ela mesma resolveu escolher tomar este caminho de cá, louco e longo, e não o outro, encurtoso. Saiu, atrás de suas asas ligeiras, sua sombra também vinha-lhe correndo, em pós.
>
> Divertia-se com ver as avelãs do chão não voarem, com inalcançar essas borboletas nunca em buquê nem em botão, e com ignorar se cada uma em seu lugar as plebeinhas flores, princesinhas e incomuns, quando a gente tanto por elas passa.

Vinha sobejadamente.

Demorou, para dar com a avó em casa, que assim lhe respondeu, quando ela, toque, toque, bateu:

– Quem é?

– Sou eu... – e Fita-Verde descansou a voz. – Sou sua linda netinha, com cesto e pote, com a fita verde no cabelo, que a mamãe me mandou.

Vai, a avó, difícil, disse:

– Puxa o ferrolho de pau da porta, entra e abre. Deus te abençoe.

Fita-Verde assim fez, e entrou e olhou.

A avó estava na cama, rebuçada e só. Devia, para falar agagado e fraco e rouco, assim, de ter apanhado um ruim defluxo. Dizendo:

– Depõe o pote e o cesto na arca, e vem para perto de mim, enquanto é tempo.

Mas agora Fita-Verde se espantava, além de entristecer-se de ver que perdera em caminho sua grande fita verde no cabelo atada; e estava suada, com enorme fome de almoço. Ela perguntou:

– Vovozinha, que braços tão magros, os seus, e que mãos tão trementes!

– É porque não vou poder nunca mais te abraçar, minha neta... – a avó murmurou.

– Vovozinha, mas que lábios, aí, tão arroxeados!

– É porque não vou nunca mais poder te beijar, minha neta... – a avó suspirou.

– Vovozinha, e que olhos tão fundos e parados, nesse rosto encovado, pálido?

– É porque já não estou te vendo, nunca mais, minha netinha... – a avó ainda gemeu.

Fita-Verde mais se assustou, como se fosse ter juízo pela primeira vez. Gritou:

– Vovozinha, eu tenho medo do lobo!...

Mas a avó não estava mais lá, sendo que demasiado ausente, a não ser pelo frio, triste e tão repentino corpo.[44]

Quando a menina se assusta é "como se fosse ter juízo pela primeira vez" – como se reconhecesse o nada de onde viemos e para onde vamos. A honestidade dessa história revela-se, para quem honestidade existencial e estilística se confundem, na abertura do intelecto para o nada, na coragem de não tentar calafetar os buracos do significado. O nada é o medo do lobo. O intelecto e a menina têm juízo pela primeira vez quando aceitam e proclamam o medo do lobo para só assim poder exclamar: venha, lobo!

Guimarães Rosa reconstrói, com as pedras velhas da língua portuguesa, o velho mito da Chapeuzinho Vermelho. Como essa construção é autêntica, a qualidade do "novo-velho" informa toda a sintaxe do conto. Justamente "por ser tão velho o mito da Chapeuzinho Vermelho, é tão radicalmente nova a estória da Fita-Verde. Justamente por ser tão velha a palavra *de repente*, é tão radicalmente nova a palavra *repentino corpo*". O mito "diz respeito ao Lobo que está dentro da nossa barriga para devorar-nos, de dentro para fora, definitivamente".[45]

O filósofo se espanta com o grito de espanto perante o lobo, percebendo como espanta a Rosa que, embora os lenhadores progressistas tenham exterminado o lobo no afã de exterminar o medo e a morte, nada tenha perdido o Senhor Lobo do terror primitivo que pode provocar, se nos abrimos para ele. O espanto problematiza o progresso; o mito da Fita-Verde é a resposta do homem angustiado ao absurdo desse progresso, é o que permite colocar esse progresso entre as aspas da ficção e da prece.

Logo, "viver, que arte é melhor que verdade. Viver, que a teoria da tradução é epistemologia".[46] O ator, por ser tradutor, é aquele que sabe. O poeta, por ser o fingidor que finge a dor que deveras sente, é aquele que sabe. Flusser se quer o *Magister Ludi*: "O homem que joga, não para ganhar, mas por jogar, gratuitamente, e nesta sua absurdidade se oferece ao que não é jogo. Por ser um engajamento gratuito, ainda há, portanto, disponibilidade".

Em 1969, Vilém Flusser dizia: perguntas têm sentido apenas quando não têm resposta. Por isso, admitia-se desorientado, fazendo resumo desconcertante da sua vida e obra:

> Sou desorientado, em parte, porque fui desenraizado dramaticamente, em idade crítica e vulnerável, em parte porque perdi a fé nos conjuntos que fundamentam valores. Para mim estes eram marxistas e não menos fundamentadores por terem sido marxistas inautenticamente. Mas sou desorientado sobretudo porque o homem o é. Procurei a vida toda encontrar-me para poder engajar-me e continuo procurando, quer dizer, filosofei a vida toda e continuo filosofando. Os dois perigos de perdição definitiva são, para mim, a grandiloqüência vazia, de um lado (representada pelos excessos de uma fácil religiosidade e de um fácil misticismo) e o formalismo erudito do outro (representado pela esterilidade da filosofia acadêmica e pelo preciosismo). Ainda não morri e este resumo não é, portanto, uma conclusão. Ainda quero viver para ver em que dará minha tentativa de traduzibilidade. Também quero viver por uma série de outras curiosidades. Sinto em mim muita coisa que quer articular-se. Há um sussurrar insistente de língua ainda não amadurecida nesse fruto doce, pesado e misterioso, chamado "palavra".[47]

Se Flusser, retomando o judaísmo em sua formulação ortodoxa, estava certo – nós sobrevivemos apenas enquanto vivemos na memória dos outros –, podemos supor que ele mesmo, corpo falecido em 1991, ainda não está morto, não por causa da alma, que não reconhecia, mas em função da palavra que o instituía. Essa palavra se queria religiosa: "A minha tem sido uma vida sem religião e em busca de religião; isto não será, por acaso, uma definição de filosofia, pelo menos de um tipo de filosofia?".[48]

Chamava de religiosidade nossa capacidade para captar a dimensão sacra do mundo. Verdade que há pessoas religiosamente surdas, mas essas viveriam em mundos rasos, movimentando-se entre dimensões transparentes – porque explicáveis – e andando de costas para a morte. A predisposição religiosa, ao contrário, tornaria profundo o mundo e opacas as coisas – porque nunca inteiramente explicáveis – e tornaria problemática a morte, forçando-nos a caminhar de frente para ela.

A predisposição religiosa tornaria obscura a visão presumivelmente clara do mundo, assim como a contemplação da paisagem tornaria obscura a visão clara do mapa. O pintor, no ponto de vista do cartógrafo, seria um obscurantista. O escritor, no ponto de vista do cientista e do professor que acreditam no que falam, seria igualmente um obscurantista. O homem religioso, no ponto de vista daquele que não é incomodado pela dimensão sacra do mundo, não deixa de ser igualmente um obscurantista. Como se deseja a clareza, algumas pessoas abafam a voz da religiosidade e vivem com óculos escuros, supondo que enxergam melhor assim. Mas como a clareza também é chata, algumas dessas pessoas fingem um sentimento religioso para o qual não têm capacidade. São duas inautenticidades opostas que complicam o fenômeno da religiosidade.[49]

O desvio do ardor religioso para o campo do profano resulta no endeusamento do dinheiro, do Estado, dos *media*, da química, das drogas, lá o que seja. Em contrapartida, há Kafka, Dora e Rosa. Por isso, Flusser dava graças ao deus das línguas "que permitiu o fenômeno Guimarães Rosa, como que para provar de forma prática as minhas teorias", e fez Riobaldo dizer: "Deus existe mesmo quando não há".[50]

Entende o poeta como o único criador de realidade, aceitando os demais esforços intelectuais, inclusive os seus próprios artigos e livros, como epigônicos e parasitários. A criação da realidade, porém, não é "criativa", no sentido entre aspas que a nossa pedagogia costuma aplaudir e que Flusser e Autran Dourado já criticaram no próprio Rosa, mas sim negativa. Nonada: "O significado é sempre efeito do significante, da mesma maneira como o passado é produzido pela enunciação presente".[51]

A realidade e o tempo criados pelo poeta deixam-nos com o mesmo olhar estupefato que o de Dom Quixote perante o teatro de fantoches de Mestre Pedro. Dom Quixote suspendeu sua descrença e desembainhou a espada para atacar os fantoches, sem ouvir Mestre Pedro gritando que aqueles não eram mouros de verdade, mas apenas bonecos de papelão. Seu gesto, ainda que patético, implica entrega e êxtase, como as de um crente que não acredita em Deus mas tem fé no seu Rocinante.

A ficção filosófica de Vilém Flusser faz fronteira próxima a uma forma de quixotismo, o que nos permite um último passo.

12

DÚVIDA

AO PESQUISAR O SIGNIFICADO do signo "?", Vilém descobre que ele não é objeto, conceito ou relação, mas sim um clima: o clima da interrogação, da dúvida, da procura. Ao contemplar "?" provoca-se clima que contrasta com o clima conclusivo do signo "." e com o clima imperativo do signo "!". O signo "?", assim como os outros dois, não pode ser pronunciado, não pode ser falado *em si*, isolado (torna-se difícil até lê-los, neste parágrafo, porque sequer leitura silenciosa é possível).

Os três signos definem sentido e clima das frases; logo, são signos existenciais. Mas Flusser prefere o signo, ou o clima, da interrogação:

> Devo confessar que entre todos os signos existenciais é o "?" aquele que mais significativamente articula, a meu ver, a situação na qual estamos. Creio que pode ser elevado a símbolo da nossa época com justificação maior que qualquer outro. Maior inclusive que a cruz, a foice e o martelo, e a tocha da Estátua da Liberdade. Mas elevado assim a símbolo deixa de ser, obviamente, o "?" um signo que ocorre em sentenças com sentido. Sofre o destino de todos os símbolos extra-sentenciais: é equívoco e nebuloso. Contentemo-nos pois com o "?" como signo que ocorre em sentenças, mas saibamos manter fidelidade ao seu significado. Não será este o papel mais nobre da nossa poesia? Formular sentenças com sentido novo que tenham um significado que lhe é conferido pelo "?" pelo qual acabam? Formulando este tipo de sentenças, rasgará a poesia novas aberturas para um discurso que ameaça acabar em ponto final.[1]

Os professores podem ser meros canais transmissores, comunicando modelos de comportamento tipo "ame teu pai e tua mãe" ou modelos de conhecimento do tipo "dois mais dois são quatro", sem se engajarem em tais modelos. Nesse caso, os professores seríamos substituídos em breve por máquinas de ensino programado. Mas os professores podem também engajar-se nos modelos que transmitem, quando têm de enfrentar as dúvidas do presente, propondo, por exemplo, "Ame teu teu pai e tua mãe, mas não edipicamente" ou "Dois mais dois são quatro no sistema decimal desde que zero seja número e todo sucessor de número seja número".

Em tal caso, emerge no professor o conflito: com que direito transmitir modelos aceitos pelo próprio professor já com graves reservas? Não seria melhor transmitir as dúvidas no lugar dos modelos?[2]

Já duvidamos da dúvida cartesiana ela mesma, percebendo que ela não é um "estado", mas sim a coexistência antagônica entre o sim e o não. Descartes coisificara essa coexistência para tomá-la por certeza: "Não posso duvidar de que duvido no instante em que duvido". Mas duvidar implica proteger a dúvida, como faz Flusser, ou então a dúvida é um truque, como o tentou Descartes.

A dúvida de Flusser precisa supor que um mundo inventado seja melhor do que o mundo recebido, suposição que se calca na consciência de supor, o que nos vem trazendo para a literatura e sua teoria. Por isso o livro-síntese de toda a sua obra chamou-se *A dúvida*. Foi publicado pela primeira vez, e em português, apenas em 1999 – embora, segundo Edith e anotações esparsas nas cartas, tenha sido escrito no final dos anos 50 e início dos 60.

Flusser define seu mais espinhoso tema:

> A dúvida é um estado de espírito polivalente. Pode significar o fim de uma fé, ou pode significar o começo de uma outra. Pode ainda, se levada ao extremo, instituir-se como "ceticismo", isto é, como uma espécie de fé invertida. Em dose moderada estimula o pensamento, mas em dose excessiva paralisa toda atividade mental. A dúvida como exercício intelectual proporciona um dos poucos prazeres puros, mas como experiência moral ela é uma tortura. A dúvida, aliada à curiosidade, é o berço da pesquisa, portanto de todo conhecimento sistemático – mas em estado destilado mata toda curiosidade e é o fim de todo conhecimento.[3]

Para haver a dúvida, é preciso haver pelo menos duas perspectivas – também em alemão duvidar se diz *zweifeln*, de *zwei*, que significa "dois". Antecedendo às duas perspectivas, é preciso que antes tenha havido uma fé, condição do movimento de procura da verdade que leva a encruzilhadas e bifurcações. Logo, o ponto de partida da dúvida é sempre uma fé, que por sua vez gera uma bifurcação.

O estado primordial do espírito é e tem de ser a crença; a dúvida é segunda. O espírito, no princípio, crê: ele tem boa-fé. A dúvida desfaz a ingenuidade e, embora possa produzir fé nova e melhor, não pode mais vivenciá-la como boa. As certezas originais abaladas pela dúvida são substituídas por novas certezas – mais refinadas e sofisticadas, é certo, mas nem originais nem autênticas, se daí em diante exibem "a marca da dúvida que lhes serviu de parteira".

O último passo do método cartesiano, o passo que nem Descartes nem Husserl se atreveram a dar, é no entanto um passo para trás: implica proteger a dúvida. A proteção da dúvida aceita, como axiomática, a formulação de Schlegel: "A filosofia sempre começa no meio, como a poesia épica".[4] A experiência da vida assim como a sua filosofia (*Lebensphilosophie*) só se podem dar *in media res*.

A proteção da dúvida lembra conselho de Clarice Lispector: "Mas já que se há de escrever, que ao menos não se esmaguem com palavras as entrelinhas". Vilém Flusser arrisca aquele passo para trás percebendo a dúvida cartesiana como "uma procura de certeza que começa por destruir a certeza autêntica para produzir certeza inautêntica". Para Descartes e para o pensamento moderno, a dúvida metódica é uma espécie de truque homeopático que, no limite, deseja acabar com a dúvida para chegar à certeza final, assim como na política, mais tarde, se pensou a sério na guerra (e na bomba) que terminaria com todas as guerras. A filosofia flusseriana, entretanto, suspeita do recurso, enxergando inautenticidade na certeza a que ele nos conduz. Sem a dúvida não há pensamento, ciência ou filosofia – *dubito ergo sum* – embora com a dúvida viva-se o perigo da esquizofrenia. Dividimo-nos à procura da unidade, mas no fim do caminho encontramo-nos tão-somente divididos.

Se as nossas certezas já não são autênticas, as dúvidas o serão, ou escondem teatro intelectual? Descartes, e com ele o pensamento moderno, aceita a dúvida como indubitável, tomando-a paradoxalmente por certeza que o conduz às certezas que no fim se desejam. A última certeza cartesiana – "Penso, logo, existo" – significa, precisamente: "Duvido, logo, existo" – *Dubito ergo sum, vel quod item est, cogito ergo sum*.

Esta certeza cartesiana seria a última certeza autêntica do pensamento ocidental. A paradoxal fé na dúvida caracteriza então a Idade que ousou se chamar Moderna, tentando frear o tempo pelo conhecimento, vale dizer, pela transformação de tudo e de todos em objeto. Duvida-se, sim, na filosofia como na ciência e na pedagogia, mas apenas para que nunca mais se duvide. Pergunta-se, mas não se quer perguntas: apenas as respostas "certas". Desta forma, duvida-se, no limite, da própria dúvida, produzindo com o tempo um conhecimento de fato espetacular que, todavia, é também loucura, como o comprovam a bomba atômica – a espécie tornando-se tão poderosa que pode exterminar a si mesma vinte vezes – e o campo de concentração – a espécie tornando-se tão absurda que nega a si mesma *ene* vezes.

A dúvida da dúvida bloqueia a emergência da dúvida ingênua, da dúvida primária, aquela que transforma nomes próprios e renomeia poeticamente as coisas. A dúvida da dúvida duvida, compreensivelmente, do espanto, e por isso mergulha a conversação ocidental na repetição tediosa. A dúvida da dúvida é, em resumo, a antipoesia: "Não se precipita *sobre*, mas *dentro* do inarticulado. Emudece. Este mutismo é o abismo que se abriu à nossa frente".

Há, no entanto, uma saída – poética:

> A saída dessa situação é, ao meu ver, não a reconquista da fé na dúvida, mas a transformação da dúvida em fé no nome próprio como fonte de dúvida. Em outras palavras: é a aceitação da limitação do intelecto como a maneira *par excellence* de chocarmo-nos contra o inarticulável. Esta aceitação seria a superação tanto do intelectualismo como do antiintelectualismo, e possibilitaria a continuação da conversação ocidental, embora num clima mais humilde. Possibilitaria a continuação do tecer da teia maravilhosa que é a conversação ocidental, embora sem esperança de captar dentro dessa teia a rocha do inarticulável. Seria o reconhecimento da função dessa teia: não captar a rocha, mas revestir a rocha. Seria o reconhecimento de que o intelecto não é um instrumento para dominar o caos, mas é um canto de louvor ao nunca dominável.[5]

Descartes tentou substituir a fé pela razão, mas conservando intestinamente aquela dentro do intelecto, o que permitiria a fundação do sujeito solar que se encontra no centro da realidade para queimá-la.[6] Alienamo-nos da coisa, e portanto de todo o resto, quando duvidamos para não mais duvidar principalmente de nós mesmos: "Dizer que nós somos nós é dizer que essa alienação está se dando".[7] Dizer "eu penso *ergo* sou" implica supor-se *causa sui* do pensamento, como o sol único responsável pelo calor da idéia. Menos arrogante seria afirmar: "Pensamentos me ocorrem".

Vilém Flusser traduz *cogito ergo sum* por "não vejo a coisa, portanto sou", uma vez que pensar cartesianamente conduz ao exílio e à cegueira em face da coisa.[8] Sentindo consumir-se, o mesmo sujeito (se é possível ser o mesmo) precisa sair do centro da razão utilitarista para recuperar, por paradoxal que pareça, a fé, superando a dúvida da dúvida pela aceitação de um horizonte de dúvida.[9]

À fé na dúvida cartesiana cabe o mesmo papel desempenhado pela fé em Deus durante a Idade Média. O espírito vibra, indeciso, entre duvidar da dúvida ou duvidar da autenticidade das certezas que teria, e assim percebe-se entre os extremos: ora o ceticismo absoluto, ora o positivismo ingênuo. Ceticismo e positivismo seriam momentos de descanso da razão que, todavia, não podem ser tomados por moradia.

Se sou porque penso, então o que penso? Penso uma corrente de pensamentos; um pensamento se segue sempre a outro, e, por isso, sou. Mas por que um pensamento sempre se segue a outro? Ora, o primeiro pensamento não se basta, exigindo outro pensamento para certificar-se de si mesmo. Um pensamento segue a outro porque o segundo pensamento duvida do primeiro, uma vez que o primeiro já duvidava de si próprio. Logo, um pensamento segue a outro pelo trilho da dúvida, tornando-me uma corrente de pensamentos que duvidam: só o sou enquanto essa corrente escoa e não estanca.

Pensamentos são processos em dois sentidos: primeiro, porque correm em busca de sua própria completação, esteticamente, atrás de uma aura vivencial de satisfação chamada "significado"; segundo, porque ininterruptamente geram novos pensamentos, auto-reproduzindo-se e nunca se completando.¹⁰ Logo, aquela corrente transforma-se em um redemoinho, se me pergunto: por que duvido? Ora, porque sou, se só sou quando duvido; se duvidar desta dúvida, terminarei por duvidar de que eu seja.

Parece jogo fútil de palavras ou exercício de lógica abissal, mas o pensamento contemporâneo reconhece vivencialmente o dilema sem conseguir estabelecer com o mínimo de clareza insofismável o limite da dúvida. O retorno dos físicos em direção a Deus, o apoio dos cientistas sociais em conceito tão vasto e portanto tão vago como o da pós-modernidade, indicam a beira desse abismo.

A problematização e o esvaziamento do conceito "realidade" acompanham o progresso, nessa medida perigoso, da dúvida. O intelecto, de abstração em abstração, de matematização em matematização da realidade, desautentica as demais regiões mentais, forçando-nos a desconfiar de nossos sentidos. A dúvida da dúvida é a intelectualização do intelecto que reflui sobre si mesmo a ponto de duvidar de si mesmo. Nossa civilização construiu-se a partir da dúvida cartesiana, ou seja, a partir da dúvida limitada pelo *cogito* e pelo axioma da *causa sui*. Ultrapassar esses limites levando o idealismo à última conseqüência implica experimentar o niilismo vivencialmente. A dúvida da dúvida força o ceticismo a ultrapassar a fronteira da fé, mas não liberta o pensamento das amarras da razão analítica; antes, joga-nos dentro do desespero e do absurdo de que o grafiteiro sem mensagem e o terrorista sem causa fariam semblante.

O suicídio do intelecto confirma o absurdo: no campo da ciência manipula-se a realidade produzindo instrumentos destinados a destruírem a humanidade e seus instrumentos; no campo da arte produz-se uma arte que se significa a si mesma, portanto uma arte sem significado; no campo da razão prática grassam o oportunismo e o imediatismo, espécie de *carpe diem*.

Confirmam o absurdo, ainda, as próprias reações desesperadas contra o absurdo: na filosofia pululam os *neos* – neokantismo, neo-hegelianismo, neotomismo; na ciência reformulam-se premissas em bases mais modestas – entretanto, nas mesmas bases; na arte resistem ainda vertentes daquele realismo patético que chama a si mesmo de socialista; no terreno da razão prática ressuscitam religiões e multiplicam-se seitas; nas ciências sociais apela-se, sem vergonha, para o "pós-pós" – pós-doutorado em pós-modernismo, por exemplo; na política ressurgem, inautênticos, conceitos esvaziados há muito, como a idéia medieval de soberania.

A proliferação de prefixos que tentam reciclar termos envelhecidos atesta simultaneamente a arrogância e a indigência da teoria. Com a força de um efeito de recalque, como diria Freud, ressurgem de maneira histérica os ímpetos nacionalistas que a revolução soviética, no início do século, e a globalização, no seu final, tentaram superar. A repetição, como farsa ou como tragédia, tanto faz, aponta para um fracasso da interpretação; é talvez o seu sintoma.

O progresso moderno da dúvida implica a superação da boa-fé, isto é, da fé ingênua, em proveito de fé melhor, isto é, de fé crítica, portanto contraditória nos próprios termos. "A progressiva perda de senso de realidade que acompanha o progresso intelectual", diz Flusser, "é experimentada, inicialmente, como libertação, como superação de preconceitos, e é, portanto, uma experiência exuberante."[11] Subjaz, porém, sentimento inarticulado e inconsciente de culpa, como se estivéssemos traindo as coisas. Então, quando o intelecto se vira contra si mesmo e duvida de si próprio, o sentimento de culpa se articula, para ser vivenciado como desespero ou denegado pela ilusão do engajamento.

De um lado, hesitação e culpa, mais honestas intelectualmente, mas presas no beco da própria dúvida; do lado avesso, *engagement* e oportunismo liberal, presos no mesmo beco. Esta seria, para Vilém Flusser, a cena da filosofia atual.

Essa cena remete à epistemologia, que tenta estudar as condições de se saber isto ou aquilo, e portanto traz de volta a formulação de Antoine Compagnon com que se abriu o presente trabalho: "A teoria da literatura, como toda epistemologia, é uma escola de relativismo, não de pluralismo, pois não é possível deixar de escolher".[12]

A epistemologia como escola de relativismo aponta para as perspectivizações ininterruptas que ela promove. Aponta também: para os riscos do niilismo preso no beco da dúvida, sem conseguir mais qualificar e valorar o que estuda, e para os riscos do oportunismo liberal disfarçado de pluralismo, quando se troca de perspectiva como se troca de camisa, de acordo com a conveniência do argumento do momento.

Para enfrentar esses equívocos, a filosofia tem recorrido historicamente ao ceticismo e à ironia, porque tanto esta quanto aquele ajudam a escolher e a não reificar a escolha. Como seguimos Compagnon e consideramos a teoria da literatura uma epistemologia, procuramos estudar as condições de verdade, suspeitando por princípio (tanto cético quanto irônico) da adequação entre a palavra e a coisa. Nesse movimento, articulamos a dúvida metódica cartesiana, fundadora do pensamento moderno, com a suspensão fenomenológica da crença, fundadora da suspeita contemporânea quanto aos limites do pensamento, para explorar os limites da teoria da literatura, a qual abre e relaciona perspectivas diversas sobre o seu objeto, ele mesmo campo de perspectivização.

Quando Vilém Flusser descreve o intelecto como campo no qual ocorrem pensamentos, fala disso e ultrapassa a afirmativa cartesiana, "penso portanto sou", por pelo menos um passo. Duvida da afirmativa "penso", substituindo-a pela asserção: "Pensamentos ocorrem". A afirmativa "penso" abreviava a afirmativa, viciosa do princípio, "Há um Eu que pensa e portanto há um Eu que é". O método cartesiano provou a existência de pensamentos, mas não de um Eu que pensasse. Apresentar o intelecto como campo no qual ocorrem pensamentos dispensa a pergunta "O que é o intelecto?", como aliás dispensa quase toda a série de "o-que-é-o-que-é".

Um *campo* não é um "quê", mas sim maneiras pelas quais algo acontece. O campo gravitacional do nosso planeta não é um algo, mas a maneira como se comportam os corpos quando relacionados com o nosso planeta – nesse sentido, a gravidade simplesmente não deve ser vista antropomorficamente como uma força, mas sim como um efeito do campo. Analogamente, o intelecto não é mais do que a maneira como se comportam os pensamentos. Nem há pensamentos fora do intelecto, nem o intelecto tem dignidade ontológica independente dos pensamentos; não se trata de um Ser em si.

Em conseqüência, a pergunta que se impõe é: "O que é um pensamento?".

Se o intelecto é campo, os pensamentos que nele acontecem formam uma espécie de teia. Como é essa teia? Costumamos vivenciá-la como densa e opaca, bloqueando com preconceitos a visão da realidade, mas através da qual também se infiltra, refratada e peneirada, a luz da realidade. A teia dos pensamentos então seria uma camada finamente entretecida que se poria entre o Eu e a realidade para *tampar* a visão, mas que ao mesmo tempo *apresentaria* essa realidade ao Eu, indiretamente, através da sua trama, e que ao mesmo tempo, ainda, *representaria* essa realidade para o Eu – as palavras *tampar, apresentar* e *representar* são homônimas em alemão, a saber: *vorstellen*.

Esse ponto de vista de dentro para fora sobre o pensamento-teia o vê como objeto contemplável, investigável e passível de ser compreendido. A investigação descobre, primeiro, que o pensamento é um processo em busca de se completar em uma forma, ou seja, é um processo estético. Quando alcança a forma, o pensamento se rodeia de uma aura de satisfação: o "significado". A investigação descobre, a seguir, que o pensamento é um processo autoreprodutivo, gerando um novo pensamento. Não é possível parar de pensar, não é possível esterilizar um pensamento, a não ser forçando-o a clicherizar-se, ou seja, a repetir-se a si mesmo como o louco no campo hospitalar.

Um pensamento singular, embora completo, é, "não obstante, carregado de um dinamismo interno que o impede de repousar sobre si mesmo".[13] Esse dinamismo interno obriga o pensamento a superar a si mesmo, quer dizer, obriga-o abandonar-se. Esse auto-abandono do pensamento, por sua vez, é o que entendemos por filosofia, porque agora precisamos entender o intelecto como o campo, por excelência, da dúvida. A força que impele a teia dos pensamentos é a busca do significado, significado que se abandona para prosseguir a busca que desta forma revela-se absurda – mas o ser absurdo é uma forma de ser.

A metáfora flusseriana da teia antecipa em algumas décadas a *world wide web* e concretiza o impalpável. Se admitirmos, por exemplo-limite, que essa teia exista e seja pensada por uma aranha filosofante, a leremos em um hipotético *Tratactus* aracnídeo afirmando que o mundo se reduz aos acontecimentos que se dão nos fios da teia. Em conseqüência, os acontecimentos que se sucederem nos intervalos entre os fios da teia não estariam participando do mundo efetivo da aranha, mas seriam apenas potencialidades, digamos, seu vir-a-ser. Os acontecimentos intervalares representariam o fundo inarticulado, caótico, metafísico, da filosofia da aranha.

A aranha filósofa agradece à metáfora o dispor de uma teia visível. Os demais animais, inclusive o animal-homem, precisam contentar-se com teias invisíveis, delimitando espaço, tempo, sentimento e pensamento. A forma da teia humana é a frase – no caso flexional, a estrutura sujeito-objeto-predicado. Assim como a teia condicionaria o pensamento da aranha, a frase nos *dá* não apenas o nosso pensamento, mas toda a realidade. Querer fugir da tríplice ontologia da realidade, da estrutura sujeito-objeto-predicado, implica precipitar-se em suicídio metafísico nos buracos, de repente precipícios, da teia. Consistir a realidade somente de sujeitos (loucura parmenidiana) ou somente de objetos (loucura platônica) ou somente de predicados (loucura heraclitiana) são as formas filosóficas do suicídio.

Para melhor provar que sujeito, objeto e predicado são as formas do Ser que perfazem a nossa realidade, Flusser usa a sentença banal "O homem lava o carro". O *sujeito*, nesse exemplo "o homem", é o detonador da frase, mas não basta a si mesmo; carece de significado, se tomado à parte. O sujeito é detrito de frase anterior, digamos, da frase "Isto é um homem". Procurando significar, ou seja, procurando um lugar dentro da estrutura da realidade, a expressão "o homem" torna-se o sujeito de uma frase que procura ser predicado em direção a um objeto. Esse sujeito ainda é um ser em busca de objeto para realizar-se. Logo, "o homem", considerado isoladamente, fora de uma frase, é uma procura, uma interrogação, e deveria aparecer escrito, a rigor, "o homem?".

O *objeto*, no exemplo a expressão "o carro", é aquilo que barra o projeto do sujeito, é o obstáculo que define o fim da sua procura. O objeto opõe-se à procura do sujeito e na oposição fornece o sentido da procura. Ao mesmo tempo que se realiza, o sujeito torna-se, por sua vez, realizado – logo, considerado isoladamente, é o objeto algo ainda não encontrado, mas que deve ser encontrado. O objeto dentro da frase – dentro da realidade – é um imperativo, um dever do sujeito, e deveria aparecer escrito, a rigor, assim: "o carro!".

O termo *predicado*, por sua vez, surgiu da palavra "dizer" e tem parentesco próximo com os termos "prédica" e "predizer", subsumindo predicação, previsão, profecia, implicando movimento para fora da frase, ou seja, projeto e projeção. No exemplo, ele é nucleado pelo verbo "lava", que, a rigor, deveria aparecer escrito e exibido assim: " lava ".

Sujeito e objeto são os horizontes da frase, portanto da língua e da realidade, mas o predicado é o centro da frase, da língua, da realidade – da teia. Toda a sentença, então, se deveria exibir assim: "o homem? lava o carro!".

O que quer o filósofo? Que os termos *sujeito* e *objeto* sejam considerados no seu contexto autêntico, que é a gramática. Sujeito e objeto são os horizontes da realidade e da frase, garantindo desta maneira a sua continuidade. "O homem lava o carro"; mais tarde, "O homem guia o carro": essas duas circunstâncias participam do mesmo *continuum* da realidade porque as duas frases contêm o mesmo sujeito e o mesmo objeto.

Encarado o problema do fluxo da realidade desse ponto de vista gramatical – O homem que lava o carro é o mesmo homem que guia o carro?; O carro que é lavado é o mesmo carro que é guiado? –, a eterna querela entre Parmênides e Heráclito se mostra superada. Sujeito e objeto transcendem o rio heraclitiano, dele participando para lhe garantir o fluir. Não fazem, a rigor, parte do rio. São outra coisa; são, na verdade, os limites da coisa. Lavar e guiar é que fazem parte, a rigor, tanto do fluir do rio quanto do tecer da teia.

A filosofia da palavra de Flusser realiza uma gramática do pensamento e faz, talvez sem o querer, sugestão radical de reformulação para as nossas gramáticas da língua: se as três funções mais importantes da língua, as únicas ontologicamente decisivas, são as de sujeito, objeto e predicado, então esses deveriam ser os únicos termos a permanecerem em uma gramática científica, isto é, econômica – da mesma forma que as únicas figuras de linguagem que interessam, das quais todas as demais derivam, são a metáfora e a metonímia.

A situação atual da civilização e de boa parte do pensamento é a de niilismo incipiente, fruto da combinação paradoxal de valorização desmedida do intelecto com desespero em relação à capacidade do mesmo intelecto: podemos ou não podemos ter contato com a realidade? A realidade é acessível, nossa morada e referência, ou tornou-se inacessível, como dizem, ou pregam, Lacan, Baudrillard e tantos outros?

É como se, quanto mais pensássemos, não mais víssemos o quanto ainda tivéssemos de pensar, como queria Sócrates, mas sim para quão pouco serve tanto pensamento. Essa intelectualização do intelecto, a dúvida da dúvida, tem interditado as precárias avenidas de acesso à realidade. Pode-se optar por abandonar o intelecto à própria sorte e pregar um dos diferentes tipos de antiintelectualismo que nos assolam, de fundo religioso, místico ou *midiático*, ou pode-se analisar o intelecto no lugar de abandoná-lo; é o que Vilém tenta fazer, procurando os seus limites – procurando os limites da dúvida.

Porque nem tudo serve como sujeito e objeto de uma frase significativa, nem tudo pode ser assimilado à engrenagem da língua: nem tudo pode ser compreendido. Se nem tudo pode ser compreendido, nem tudo pode ser dito: o enigma precisa ser protegido. Em outras palavras, a poesia precisa ser protegida, porque a condição de expansão do intelecto é a poesia, aquela dimensão que cria a língua e, em conseqüência, a realidade.

Se sujeito e objeto demarcam os limites da dúvida, a poesia define a situação de fronteira do intelecto. Para se permitir *conversar*, o intelecto precisa antes *versar*: o verso é a maneira como o intelecto se precipita sobre o caos, o verso é a própria situação limítrofe da língua. O verso tanto chama quanto proclama. De costas para o intelecto, o verso chama algo do caos para a seguir voltar-se para o intelecto e proclamar esse algo, esse nome que então se torna próprio e pode ser proclamado.

Essa situação invertida e controvertida do verso retorna nos nossos principais mitos, que são mitos da fé e da poesia: é Moisés que volta do monte Sinai para o vale da conversação, tendo arrancado as tábuas dos mandamentos ao inarticulado; é Prometeu que volta do Olimpo para o vale da conversação, tendo arrancado o fogo ao inarticulado; são os Richis que voltam do alto, tendo arrancado os vedas do inarticulado.

Flusser dizia que a literatura, seja ela filosófica ou não, é o lugar no qual se articula o senso de realidade, visto como sinônimo de religiosidade porque "real é aquilo no qual acreditamos".[14] Durante a época pré-cristã o real era a natureza divinizada. Durante a Idade Média o real já seria o transcendente, o Deus do cristianismo, mas a partir do século XV o real se problematiza – ele se transforma em dúvida. A natureza é objeto de dúvida metódica, ao mesmo tempo em que se perde a fé no transcendente, a despeito de Descartes. Há no ar que nos cerca sensação de irrealidade pela invasão das virtualidades que nos obrigam à procura de um senso novo de realidade, que é o mesmo que dizer: de uma nova religiosidade.

A procura em si mesma indica saúde mental e existencial; o que se acha através da procura revela às vezes doença e absurdo. A nossa fé presente na tecnologia e na lógica do mundo, como o explicam repórteres, professores e cientistas, é uma forma de esperança que transforma evidência contrária em prova. Muitas coisas surpreendentes continuam acontecendo, mas tão pouco nos surpreendemos. Quando algo inesperável ocorre, fazemos de conta de que era esperado. Torneiras jorram anúncios, aparelhos de microondas naufragam pela rede virtual, sérvios matam albaneses, albaneses matam sérvios, polícia é bandido e bandido é testemunha de Jeová, nada nos surpreende. A banalidade impera, sentada à margem direita do tédio.

Temos fé de que o pensamento lógico coincida com a realidade. Temos fé de que a expressão mais perfeita do pensamento lógico sejam os enunciados da matemática pura, de preferência transcodificados em linguagem algorítmica de programação. Completamos o silogismo da fé concluindo que a realidade tem a estrutura da linguagem algorítmica. Ora, essa coincidência entre o pensamento lógico e a realidade é incrível: nossa vivência de mundo a desmente a todo passo. No entanto, a fé aceita a coincidência absurda como fato indubitável: crê *quia absurdum*.[15]

Os ídolos são vorazes. O Moloch devora os fiéis que o adoram – logo, o Moloch funciona, o que amplifica a sua adoração. A bomba H destrói a humanidade – logo, a bomba H funciona, justificando que a adoremos. A bomba H prova que o homem é Deus, e Deus contra o mundo, realizando *in limine* o projeto iluminista que nos pôs como sujeitos contra os objetos, vale dizer, contra a coisa, contra *res* – realidade.

Mas esse Deus é um espelho, espelhando a cobra urobórica mordendo o calcanhar de Sísifo que deixa cair a pedra antes de chegar ao topo da montanha onde Zarathustra se perdera do *Übermensch*.

O enredo absurdo que vê Deus não no espelho, mas como o espelho parece explodir a dicotomia cartesiana mas não o faz – ainda. A dicotomia cartesiana entre pensamento e matéria, entre *res cogitans* e *res extensae*, não é fruto de uma distinção epistemológica, mas sim do conjunto ético-religioso de que participamos, continuando a distinguir entre o salvável (a alma, para os antigos, o pensamento, para os modernos) e o sacrificável (o corpo, para os antigos, a matéria, para os modernos).

Entretanto, é difícil escapar da dicotomia que nos projetou. Duvidamos da dicotomia, não nos querendo cartesianos, enquanto criticamos adversários acadêmicos por cartesianos (ou platônicos) – mas a dúvida, como a conhecemos, é cartesiana e torna sinônimos duvidar e pensar: *dubito ergo sum*:

> A dúvida, portanto o pensamento, distingue e ordena o duvidoso, submete o duvidoso a uma ordem, a fim de que o duvidoso deixe de sê-lo e se torne indubitável. O pensamento é portanto um processo absurdo. Duvida para deixar de duvidar, e transforma, nessa tentativa, o duvidoso em dúvida. O processo é absurdo em dois aspectos: é absurdo porque a meta do pensamento é acabar consigo mesmo, e é absurdo porque o pensamento pretende alcançar essa meta pela transformação de tudo em dúvida. O pensamento em sua absurdidade é comparável à sede que pretende matar-se bebendo o mar: porque é absurdo querer beber o mar, e porque com cada gota bebida a sede aumenta. Quanto mais progride o pensamento, tanto mais evidente se torna a sua absurdidade dupla, tanto mais evidente se torna ser o pensamento a expulsão do paraíso.[16]

De fato, estamos sendo expulsos do paraíso e da própria identidade toda vez que distinguimos e duvidamos – por isso a esquizofrenia presente. Isso fica claro em alemão, se *zweifeln*, duvidar, conduz ao *verzweifeln*, isto é, ao desesperar. Persiste a dúvida dilacerante. Mas sobra um verso: bem-sucedido. Esse filosófico verso remete à epígrafe do nosso livro: um verso bem-sucedido "significa um enriquecimento da língua, mas de forma nenhuma um empobrecimento do inarticulável. A língua se expandiu, mas o caos não diminuiu. A poesia aumenta o território do pensável, mas não diminui o território do impensável".[17]

O projeto de decifrar o enigma não se pode comprometer com a pretensão de desfazê-lo. O projeto de preencher o vazio não se pode comprometer com a pretensão de acabar com ele. O gesto de dizer ou escrever sugere o movimento de tentar encher com uma jarra cheia d'água, do alto da cabeça, pequena caneca no chão: se o fazemos com bastante cuidado, até acertamos a caneca, que todavia transborda muito antes de ser preenchida – a palavra, como a água, revela-se simultaneamente pletórica e insuficiente.

A esfinge enganou Édipo, que supôs haver resolvido a charada sem atentar na charada da sua identidade; a esfinge da pedagogia nos vem enganando, deixando-nos presos no beco da resposta certa. A citação de Flusser – "a poesia aumenta o território do pensável, mas não diminui o território do impensável" – condensa as poéticas que se prezem: o enigma se protege quando e somente quando o caos não se encolhe e a língua se articula ao mesmo tempo.

Mas o verso precisa se transformar em *conversação*. A conversação realiza o projeto lançado pelo verso para dentro da língua, mas o exaure, aparentemente desfazendo o mistério. Com o progresso da conversação desaparece o mistério poético e prevalece o clima prosaico. A conversação consolida o pensamento, torna-o sólido – mas dependeu da poesia para constituir-se. O que é preciso é lembrar disso.

Reconhecer o lugar da poesia e da conversação permite-nos superar os intelectualismos arrogantes e os antiintelectualismos desesperados, deixando fluir a conversação ocidental em clima mais humilde. Continua-se tecendo a teia da conversação ocidental, mas sem pretender captar dentro dela a rocha do inarticulável – cabe à teia apenas revestir a rocha. Reconhecer o lugar da poesia e da conversação permite ao intelecto reconhecer-se não como um instrumento para dominar o caos, mas sim como aquele canto de louvor ao nunca dominável – como um canto de louvor ao de tudo diferente.[18]

Canta-se na língua, manancial do qual os ritos e os mitos brotam; a língua é a festa-mestre. A língua é adoração e oração ritual; adorando o inarticulável, quando ingênuo, e orando sobre o inarticulável, quando crítico, deixa-se o intelecto próximo ao inarticulado. Essa oração é estética, como já se procurou mostrar, e pode ser também científica. Na concepção de Flusser, a atividade científica, ponto culminante da nossa civilização, passaria a ser uma atividade religiosa, como oração consciente de si. Não mais se esforçaria por explicar e antever a realidade, como no passado, nem se arvoraria em disciplina auto-suficiente na busca da consistência interna perfeita, como no presente: se tornaria esforço estético, tentando compor oração perfeita em louvor do inarticulado.

De fato, é uma festa filosófica que se antevê – mas não se pode vê-la. Sem otimismo desmotivado, o filósofo percebe que abundam sintomas de intensificação do mergulho para dentro da *conversa-fiada*, isto é, para o desenvolvimento de um dogmatismo oportunista. Nefasta combinação entre dogmatismo e pragmatismo, espalhando-se sob o nome de neoliberalismo, acelera a decadência da conversação ocidental, se age ao mesmo tempo como soporífero e entorpecente.

"A dança da conversação ocidental em redor do significado perdido", como ele diz, realiza-se em círculos progressivamente menores: estaríamos conversando sempre mais, mas sobre sempre menos, circunstância de que a rede virtual, a *world wide web*, é claro sintoma: quanto mais informação e democratização da informação, menos reflexão. Estaríamos "conversando" entre aspas porque não mais o fazemos, se optamos antes pela fofoca ou pela polêmica: deixamos o nosso lugar de críticos para ocupar a tribuna do propagandista, do panfletário, do militante sem causa e sem rabo (nunca o enxerga), mas com retórica.

Porque "ainda não aprendemos a ter relações amorosas, a respirar o pólen da vida, a despojar a morte de seu traje de culpas e de dívidas", porque precisamos sair à rua para respirar o "ar de homens que vivem e não o da teoria dos homens numa sociedade melhor", e porque, enfim, "o aberto continua aí, pulsação de astros e enguias, anel de Moebius de uma figura do mundo em que a conciliação é possível, em que anverso e reverso deixarão de se desgarrar, em que o homem poderá ocupar o seu posto nessa jubilosa dança que alguma vez chamaremos realidade", como anuncia, de seu observatório, a prosa de Julio Cortázar, impõe-se um sacrifício na festa-mestre.[19]

Os sacrifícios sempre foram parte integrante das festas; nas antigas festas juninas do subúrbio, sacrificava-se um grande balão de papel fino, feito com esmero e carinho, à noite escura e ao vento traiçoeiro. O intelecto deve se sacrificar em prol de intelecto diminuído, sem receber compensação por isso. A disposição para este sacrifício não encontra, como seria de se esperar, multidão de adeptos. No entanto, essa atitude absurda se impõe.

Impõe-se reduzir-se para ser, ou: para retomar-se. A suma sanidade, a superação da dúvida da dúvida, é a aceitação do horizonte de dúvida. O que se sacrifica aqui? A meta da conversação ocidental, perseguida por três mil anos: tornar pensável o impensável, para desse modo eliminá-lo.

Vilém Flusser resiste ao apocalipse intelectualizante e às reificações totalitárias, participando da festa e promovendo o sacrifício: "Continuemos a grande aventura que é o pensamento, mas sacrifiquemos a loucura orgulhosa de querer dominar o de tudo diferente com o nosso pensamento".[20]

Obras de Vilém Flusser

Língua e realidade. São Paulo: Herder, 1963.
A história do Diabo. São Paulo: Livraria Martins Editora, 1965.
    Die Geschichte des Teufels. Göttingen: European Photography, 1993 (versão alemã).
    Pribek dabla. Praga: GemaArte. osvu, 1997 (versão tcheca).
Da religiosidade. São Paulo: Comissão Estadual de Cultura, 1967.
La force du quotidien. Paris: Mame, 1972.
Le monde codifié. Paris: Institut de l'Environment, 1972.
Natural:mente: vários acessos ao significado da natureza. São Paulo: Duas Cidades, 1978.
    Vogelflüge: Essays zu Natur und Kultur. Munique: Carl Hanser Verlag, 2000 (versão alemã).
Pós-história: vinte instantâneos e um modo de usar. São Paulo: Duas Cidades, 1983.
Für eine Philosophie der Fotografie. Göttingen: European Photography, 1983 (1997, 8ª edição).
    Towards a Philosophy of Photography. Göttingen: European Photography, 1984 (versão inglesa publicada na Alemanha).
    Filosofia da caixa-preta. São Paulo: Hucitec, 1985; Rio de Janeiro, Relume-Dumará, 2002 (versões brasileiras).
    Per una filosofia della fotografia. Torino: Agorá, 1987 (versão italiana).
    For fotografiets filosofi. Horten: Preus Fotomuseum, 1987 (versão norueguesa).
    En filosofi för fotografin. Göteborg: Bokförlaget Korpen, 1988 (versão sueca).
    Bir fotograf felsefesine dogru. Istambul: Agac, 1990. Ankara: Med-Campus, 1994 (versões turcas).
    Hacia una filosofía de la fotografía. Cidade do México: Editorial Trillas, 1990 (versão mexicana).

A fotográfia filozófiája. Budapeste: Tartóshullám, 1990 (versão húngara).
Za filosofii fotografie. Praga: Hynek, 1994 (versão tcheca).
Towards a Philosophy of Photography. Taipei: Yuan-Liou Publishing, 1994 (versão chinesa: título em inglês; texto em chinês).
Pour une philosophie de la photographie. Saulxures: Circé, 1996 (versão francesa).
Ensaio sobre a fotografia: para uma filosofia da técnica. Lisboa: Relógio D'Água, 1998 (versão portuguesa).
Towards a Philosophy of Photography. Tóquio: Keiso Shobo, 1999 (versão japonesa: título em inglês; texto em japonês).
Towards the Philosophy of Photography. Londres: Reaktion Books, 2000 (versão inglesa).
Ins Universum der technischen Bilder. Göttingen: European Photography, 1985.
Vampyroteuthis Infernalis: eine Abhandlung samt Befund des Institut Scientifique de Recherche Paranaturaliste. Com Louis Bec. Göttingen: Immatriz, 1987.
Angenommen: eine Szenefolge. Göttingen: Immatrix, 1989; European Photography, 2000.
Nachgeschichten: Essays, Vortrage, Glossen. Düsseldorf: Bollmann Verlag, 1990.
Gesten: Versuch einer Phänomenologie. Düsseldorf: Bollmann Verlag, 1991.
Los gestos: fenomenología y comunicación. Versión de Claudio Gancho. Barcelona: Herder, 1994.
Les gestes. Texte établi par Marc Partouche. Paris: D'Arts, 1999.
Bodenlos: eine philosophische Autobiographie. Düsseldorf: Bollmann Verlag, 1992.
Ende der Geschichte, Ende der Stadt? Munique: Gebundene Ausgabe, 1992.
Krise der Linearität. Berna: Benteli Verlag, 1992.
Die Schrift: hat Schreiben Zukunft? Frankfurt: Fischer Taschenbuch Verlag, 1992.
Az írás. Budapeste: Tartóshullám-Balassi Publishing House, 1997 (versão húngara).
Dinge und Undinge: phenomenologische Skizzen. Munique: Carl Hanser Verlag, 1993.
Choses et non-choses: esquisses phenomenologiques. Nimes: J. Chambon, 1996 (versão francesa).
Lob der Oberflächlichkeit: für eine Phänomenologie der Medien. Düsseldorf: Bollmann Verlag, 1993.
Nachgeschichte: eine korrigierte Geschichtsschreibung. Düsseldorf: Bollmann Verlag, 1993.
Von Stand der Dinge: eine leine philosophie des Design. Göttingen: Steidl Verlag, 1993.
The shape of things: a philosophy of design. Translated by Anthony Mathews. Londres: Reaktion Books, 1999 (versão inglesa).
Brasilien oder die Suche nach dem neuen Menschen: Für eine Phänomenologie der Unterentwicklung. Bensheim: Bollmann Verlag, 1994.
Fenomenologia do brasileiro: em busca de um novo homem. Rio de Janeiro: Eduerj, 1998 (versão brasileira).

Vom Sujekt zum Projekt: Menschwerdung. Düsseldorf: Bollmann Verlag, 1994.

Von der Freiheit des Migranten: Einsprache gegen den Nationalismus. Bensheim: Bollmann Verlag, 1994.

Von der Freiheit des Migranten: Einsprache gegen den Nationalismus. Berlim: Philo Verlag, 2000.

Die Revolution der Bilder: Der Flusser-Reader. Düsseldorf: Bollmann Verlag, 1995.

Jude Sein: Essays, Briefe, Fiktionen. Mannheim: Bollmann Verlag, 1995.

Jude Sein: Essays, Briefe, Fiktionen. Berlim: Philo Verlag, 2000.

Kommunikologie. Mannheim: Bollmann Verlag, 1996.

Zwiegespräche: Interviews 1967-1991. European Photography, 1996.

Az ágy. Budapeste: Kijárat Publishing House, 1997.

Ficções filosóficas. São Paulo: Edusp, 1998.

A dúvida. Rio de Janeiro: Relume-Dumará, 1999.

Briefe an Alex Bloch. Göttingen: European Photography, 2000.

Writings. Edited by Andreas Ströhl. Translated by Erik Eisel. Minneapolis: University of Minnesota Press, 2002.

Sobre Vilém Flusser

BATLIÈKOVÁ, Eva. *Vilém Flusser Jako Filozof Jazyka*. Brno (República Tcheca): tese de Ph.D., 2001.

GULDIN, Rainer. *Philosophieren zwischen den Sprachen*: Vilém Flussers Phänomenologie der Bodenlosigkeit. Manuscrito ainda inédito.

JÄGER, Gottfried (org.). *Fotografie denken*: über Vilém Flussers Philosophie der Medienmoderne. Bielefeld: Kerber Verlag, 2001.

JAIME, Jorge. *História da filosofia no Brasil*: volume 3. Petrópolis: Vozes, 2000.

KRAUSE, Gustavo Bernardo (org.). *Literatura e sistemas culturais*. Rio de Janeiro: Eduerj, 1998.

_____ & MENDES, Ricardo (orgs.). *Vilém Flusser no Brasil*. Rio de Janeiro: Relume-Dumará, 2000.

LADUSANS, Stanislavs. *Rumos da filosofia atual no Brasil*: em auto-retratos. São Paulo: Loyola, 1976.

MENDES, Ricardo. *Vilém Flusser: uma história do diabo: um projeto de ação cultural sobre a obra do filósofo Vilém Flusser*. Dissertação de Mestrado em Ciências da Informação na Escola de Comunicações e Artes da Edusp. São Paulo: Edusp, 2001; versão em papel e anexo em CD-ROM.

NESWALD, Elisabeth. *Medien-Theologie: Das Werk Vilem Flussers*. Köln: Böhlau Verlag, 1998.

RAPSCH, Volker (ed.). *Überflusser: Die Fest-Schrift zum 70, von Vilém Flusser*. Düsseldorf: Bollmann Verlag, 1990.

NOTAS

PRÓLOGO

[1] COMPAGNON, Antoine, *O demônio da teoria*, p. 262.
[2] NUNES, Benedito, *No tempo do niilismo*, p. 83.
[3] Ibid., p. 193.
[4] NUNES, Benedito, *Hermenêutica e poesia*, p. 18.
[5] Idem, *No tempo do niilismo*, p. 131.
[6] Em NUNES, Benedito, *Hermenêutica e poesia*, p. 161.
[7] *Revista Scripta* nº 6, Belo Horizonte, PUC-MG, 2000.
[8] Em COSTA LIMA, Luiz, *Limites da voz: Kafka*, p. 13.
[9] *Folha de S.Paulo*, São Paulo, 13/2/1999.
[10] *O Diário*, Ribeirão Preto, São Paulo, 26/8/1966.
[11] Conferir EDDINGTON, A. S., *The nature of the physical world*, citado por REDHEAD, Michael. *Da física à metafísica*.
[12] WITTGENSTEIN, Ludwig, *O livro azul*, p. 85.
[13] COMPAGNON, Antoine, *O demônio da teoria*, p. 87.
[14] Ibid., p. 59.
[15] COSTA LIMA, Luiz, *Mímesis: desafio ao pensamento*, pp. 15-7.
[16] Em RAPSCH, Volker (ed.), *Überflusser*, p. 53. No caso deste e dos demais textos em língua estrangeira, o esforço de tradução é meu, mas ajudado por alguns amigos especiais, citados nos agradecimentos: o crédito pelas soluções felizes é deles, o débito pelos equívo-

cos que tenham permanecido é meu. No caso dos textos de Vilém Flusser, graças à gentileza de Edith e Dinah Flusser e ao apoio da Faperj e da UERJ, pude consultar, em março de 2000, na ilha de Barbados, sua correspondência e manuscritos, em diferentes versões e línguas. Pesquisando os arquivos, senti a mesma sensação que Rainer Guldin resumiu em carta de 4/8/2000: *"Flusser's textual universe is an enormous spider's web, a mirror labyrinth. Thousands of texts, some in four languages and a dozen different versions"*. Flusser desejava que a língua para a qual retraduzia seu próprio texto modificasse o pensamento, o que faz as versões do mesmo texto diferirem significativamente, merecendo estudo comparativo mais minucioso do que meu próprio conhecimento permitiria. Remeto a Rainer Guldin, em Lugano, na Suíça, que publicará em breve tese precisamente a esse respeito, com o título de *Philosophieren zwischen den Sprachen: Vilém Flussers Phänomenologie der Bodenlosigkeit*.

[17] FLUSSER, Vilém, *Ficções filosóficas*, p. 7.

[18] Carta que recebi, datada de 9/10/2000.

[19] Entrevista concedida para a revista *Escrita*, Rio de Janeiro, PUC-RJ, em 1996.

[20] ISER, Wolfgang, *O ato da leitura* – v. I, p. 132.

[21] Ibid., v. II, p. 39.

[22] *Folha de S.Paulo*, São Paulo, 29/1/2000.

[23] Em MAKARYK, Irena (ed.), *Encyclopedia of contemporary literary theory*, p. VII. (??)

[24] CULLER, Jonathan, *Sobre a desconstrução*, p. 24.

[25] FLUSSER, Vilém, *Da religiosidade*, p. 109.

[26] Carta para Mira Schendel, datada de 27/9/1974.

[27] FLUSSER, Vilém, *Die Schrift*, p. 7.

[28] Idem, *The shape of things*, p. 62.

[29] Em GIL, José, *Diferença e negação na poesia de Fernando Pessoa*, p. 91.

[30] Tivemos a honra de participar do 10º Symposium Vilém Flusser, em outubro de 2001, no Monte Verità, em Ascona, na Suíça, junto com Edith Flusser, Rainer Guldin, Francesca Rigotti, Irmgard Zepf, Nils Röller, Wolfgang Martin, Miklos Peternák, Silvia Wagnermaier e Louis Bec.

1 – HOMEM

[1] Em MENDES, Ricardo, *Vilém Flusser: uma história do diabo*, p. 20.

[2] Ibid., p. 27.

[3] *Jornal da Tarde*, São Paulo, 23/8/1986.

[4] Em MENDES, Ricardo, *Vilém Flusser: uma história do diabo*, p. 31.

⁵ Em Flusser, Villém, *Ficções filosóficas*, p. 17.
⁶ Mensagem de *e-mail*, 9/2/2001.
⁷ Datada de 14/3/1966. *"Non olet"* é uma redução da expressão *"pecunia non olet"* – "o dinheiro não cheira".
⁸ A "maldição do controle", na vida dos professores, encontra-se mais bem desenvolvida no livro *Cola, sombra da escola,* publicado pela Eduerj em 1997 e republicado em 2000, pela editora Rocco, como segunda parte do livro *Educação pelo argumento.*
⁹ Em MENDES, Ricardo, *Vilém Flusser: uma história do diabo,* pp. 52-3.
¹⁰ Ibid., p. 17.
¹¹ Em LADUSANS, Stanislavs, *Rumos da filosofia atual no Brasil,* p. 497.
¹² Ibid., p. 498.
¹³ Datada de 2/9/1964.
¹⁴ Em MENDES, Ricardo, *Vilém Flusser: uma história do diabo,* versão em CD.
¹⁵ Martin Pawley, em Vilém Flusser. *The shape of things,* p. 14.
¹⁶ Em entrevista a Ferreira Gullar, *Jornal do Brasil,* Rio de Janeiro, 12/1/1957.
¹⁷ NAVES, Rodrigo, *Goeldi,* p. 21.
¹⁸ *Diário de São Paulo,* São Paulo, 18/7/1954.
¹⁹ *Jornal do Brasil,* Rio de Janeiro, 11/1/1997.
²⁰ *O Estado de S. Paulo,* São Paulo, 29/9/1990.
²¹ LIMA BARRETO, Afonso Henriques de, *Triste fim de Policarpo Quaresma,* p. 207.
²² *O Estado de S. Paulo,* São Paulo, 14/12/1991.
²³ GULLAR, Ferreira, *Muitas vozes,* p. 48.
²⁴ ORTEGA Y GASSET, José, *Ideas sobre el teatro y la novela,* p. 130.
²⁵ *O Estado de S. Paulo,* São Paulo, 26/5/1962.
²⁶ *Revista Cenobio,* Milão, junho de 1999.
²⁷ Em LADUSANS, Stanislavs, *Rumos da filosofia atual no Brasil,* p. 495.
²⁸ FLUSSER, Vilém, *A história do Diabo,* p. 154.
²⁹ FLUSSER, Vilém, *Natural:mente,* p. 47.
³⁰ FLUSSER, Vilém, *Vogelflüge*: Essays zu Natur und Kultur, p. 43.
³¹ PESSOA, Fernando, *Livro do desassossego,* p. 113.
³² FLUSSER, Vilém, *Fenomenologia do brasileiro,* p. 65.
³³ Carta para Dora Ferreira da Silva, datada de 3/4/1975.
³⁴ Conferência pronunciada no Simpósio Flusser, em Puchheim, Alemanha, em março de 1999.
³⁵ *O Estado de S. Paulo,* São Paulo, 19/8/1967.
³⁶ Em BARBOSA, João Alexandre, *Entrelivros,* p. 35.
³⁷ Mensagem de *e-mail*, março de 2000.

2 – CETICISMO

[1] ANDRADE, Carlos Drummond de, *Reunião*, p. 268.
[2] FLUSSER, Vilém, *Ficções filosóficas*, p. 87.
[3] ASIMOV, Isaac, *Eu, robô*, p. 238.
[4] KEMPF, Hervè, *La révolution biolithique*, p. 9.
[5] Em KRAUSE, Gustavo Bernardo & MENDES, Ricardo (orgs.), *Vilém Flusser no Brasil*, p. 140.
[6] ANDRADE, Carlos Drummond de, *Reunião*, p. 167.
[7] PRADO Jr., Bento, *Alguns ensaios*, p. 250.
[8] TABUCCHI, Antonio, *Mulher de Porto Pim*, p. 87.
[9] ASIMOV, Isaac, *Eu, robô*, p. 80.
[10] Ibid., p. 79.
[11] PRADO Jr., Bento, *Alguns ensaios*, p. 72.
[12] Em LESSA, Renato, *Veneno pirrônico*, p. 14.
[13] Ibid., p. 18.
[14] Ibid., p. 238.
[15] Ibid., p. 41.
[16] VERDAN, André, *O ceticismo filosófico*, p. 20.
[17] Em LESSA, Renato, *Veneno pirrônico*, p. 106.
[18] Ibid., p. 58.
[19] VERDAN, André, *O ceticismo filosófico*, p. 52.
[20] Em JAPIASSU, Hilton & MARCONDES, Danilo, *Dicionário básico de filosofia*, p. 184.
[21] MURALT, André de, *A metafísica do fenômeno*, p. 140.
[22] DESCARTES, René, *Discurso do método*, p. 99.
[23] Em VERDAN, André, *O ceticismo filosófico*, p. 98.
[24] Ibid., p. 106.
[25] Em COSTA LIMA, Luiz (org.), *Teoria da literatura em suas fontes*: v. I, p. 46.
[26] COSTA LIMA, Luiz, *Mímesis: desafio ao pensamento*, pp. 101-14.
[27] Em VERDAN, André, *O ceticismo filosófico*, p. 127.
[28] NUNES, Benedito, *Hermenêutica e poesia*, p. 134.

3 – FENÔMENO

[1] Em MAKARYK, Irena (ed.), *Encyclopedia of contemporary literary theory*, p. 140.
[2] Em KELKEL, Arion & SCHÉRER, René, *Husserl*, p. 13.

[3] Em MAKARYK, Irena (ed.), *Encyclopedia of contemporary literary theory*, p. 140.
[4] Em KELKEL, Arion & SCHÉRER, René, *Husserl*, p. 33.
[5] KLINTOWITZ, Jacob, *Intimidade*, p. 84.
[6] Carta de 7/9/2000.
[7] FLUSSER, Vilém, "On Edmund Husserl".
[8] MORA, José Ferrater, *Dicionário de filosofia*, p. 294.
[9] CULLER, Jonathan, *Teoria literária: uma introdução*, p. 70.
[10] Em COSTA LIMA, Luiz (org.), *Teoria da literatura em suas fontes:* v. II, p. 54.
[11] Em MAKARYK, Irena (ed.), *Encyclopedia of contemporary literary theory*, p. 328.
[12] COSTA LIMA, Luiz (org.), *Teoria da literatura em suas fontes:* v. I, p. 78.
[13] NUNES, Benedito, *No tempo do niilismo*, p. 7.
[14] Em ROSENFELD, Anatol, *Texto/contexto II*, p. 111.
[15] *O Estado de S. Paulo*, São Paulo, 25/6/1966.
[16] LISPECTOR, Clarice, *Perto do coração selvagem*, p. 101.
[17] Em GMEINER, Conceição Neves, *A morada do ser*, p. 26.
[18] COSTA LIMA, Luiz, *Mímesis:* desafio ao pensamento, p. 174.
[19] PESSOA, Fernando, *A educação do estóico*, p. 22.
[20] Em GMEINER, Conceição Neves, *A morada do ser*, p. 57.
[21] Ibid.,, p. 139.
[22] Em MAKARYK, Irena (ed.), *Encyclopedia of contemporary literary theory*, p. 90.
[23] Ibid., p. 91.
[24] NUNES, Benedito, *Hermenêutica e poesia*, p. 77.
[25] Em DARTIGUES, André, *O que é a fenomenologia?*, p. 33.
[26] Entrevista a *O Globo*, Rio de Janeiro, 18/9/1999.
[27] BEAUNE, Jean-Claude (org.), *Phénoménologie et psychanalyse*, p. 8.
[28] DARTIGUES, André, *O que é a fenomenologia?*, p. 52.
[29] Em LYOTARD, Jean-François, *A fenomenologia*, p. 64.
[30] Em GIL, José, *Diferença e negação na poesia de Fernando Pessoa*, p. 24.
[31] Ibid., p. 89.
[32] ORTEGA Y GASSET, José, *Ideas sobre el teatro y la novela*, p. 129 .
[33] DARTIGUES, André, *O que é a fenomenologia?*, p. 88.
[34] EINSTEIN, Albert, *A teoria da relatividade especial e geral*, p. 56.
[35] Em DARTIGUES, André, *O que é a fenomenologia?*, p. 98.
[36] Em NOVAES, Adauto (org.), *O olhar*, p. 64.
[37] COSTA LIMA, Luiz, *Mímesis:* desafio ao pensamento, pp. 161, 328.

38 Em SYLVESTER, David, *A brutalidade do fato: entrevistas com Francis Bacon*, p. 146.
39 EAGLETON, Terry, *Teoria da literatura*, p. 63.
40 Em CASSIN, Bárbara, *Aristóteles e o* logos, p. 14.
41 LYOTARD, Jean-François, *A fenomenologia*, p. 112.
42 Ibid., p. 11.
43 Ibid., p. 41.
44 FLUSSER, Vilém, *The shape of things*, p. 06.

4 – SUSPENSÃO

1 FLUSSER, Vilém, *Natural:mente*, p. 25.
2 Ibid., p. 17.
3 Em KAKU, Michio, *Hiperespaço*, p. 123.
4 FLUSSER, Vilém, *Natural:mente*, p. 23.
5 Em PERKINS, David, *English romantic writers*, p. 452.
6 Em COSTA LIMA, Luiz, *Mímesis: desafio ao pensamento*, p. 31.
7 FLUSSER, Vilém, "Esperando por Kafka", p. 963.
8 Idem, *Da religiosidade*, p. 68.
9 COSTA LIMA, Luiz, *Mímesis: desafio ao pensamento*, p. 63.
10 *O Estado de S. Paulo*, São Paulo, 28/10/1961.
11 PELLEGRINO, Hélio, *A burrice do demônio*, p. 9.
12 KAFKA, Franz, *Erzählungen*, p. 57.
13 Idem, *A metamorfose*, p. 7. A tradução mais precisa talvez fosse "*metamorfoseado num animal repugnante*", porque *Ungeziefer* é dicionarizado como "animais rasteiros, nocivos, informes", mas o termo consagrado "inseto", na tradução de Modesto Carone, pelo menos é melhor do que dizer "*barata gigantesca*".
14 Em KRAUSE, Gustavo Bernardo & MENDES, Ricardo (orgs.), *Vilém Flusser no Brasil*, p. 34.
15 Ibid., p. 235.
16 FLUSSER, Vilém, *Da religiosidade*, p. 123.
17 Carta datada de 16/3/1980.
18 Em MENDES, Ricardo, *Vilém Flusser: uma história do diabo*, p. 73.
19 Carta a José Carlos Ismael, datada de 12/1/1990.
20 LEVI, Primo, *É isto um homem?*, p. 108.
21 Em KRAUSE, Gustavo Bernardo & MENDES, Ricardo (orgs.), *Vilém Flusser no Brasil*, p. 48.

²² ISER, Wolfgang, *O ato da leitura*, v. I, p. 132.
²³ Idem, v. II, p. 50.
²⁴ Ibid., v. II, p. 89.
²⁵ Em KRAUSE, Gustavo Bernardo & MENDES, Ricardo (orgs.), *Vilém Flusser no Brasil*, p. 32.

5 – IRONIA

¹ Em LAMBOTTE, Marie-Claude, *Estética da melancolia*, p. 51.
² COMPAGNON, Antoine, *O demônio da teoria*, p. 262, 25.
³ Em NUNES, Benedito, *No tempo do niilismo*, p. 65.
⁴ Ibid., p. 138.
⁵ FLUSSER, Vilém, "Ironia", *Folha de S.Paulo*, São Paulo, 26/2/1972.
⁶ Idem, *Da religiosidade*, p. 88.
⁷ Idem, *A história do Diabo*: 15.
⁸ Ibid., *A história do Diabo*, p. 17.
⁹ Ibid., *A história do Diabo*, p. 19.
¹⁰ SAVATER, Fernando, *Criaturas del aire*, p. 61.
¹¹ HANSEN, João Adolfo, *A ficção da literatura em* Grande sertão: veredas, p. 93.
¹² Em GAY, Peter, *Um judeu sem Deus*, p. 60.
¹³ Ibid., p. 52, 71.
¹⁴ DURAS, Marguerite, *A doença da morte*, p. 52.
¹⁵ FLUSSER, Vilém, *A história do Diabo*, p. 75.
¹⁶ Ibid., p. 79.
¹⁷ Ibid., p. 81.
¹⁸ Discurso pronunciado na Universidade de Sarajevo, em 11/9/1993.
¹⁹ FLUSSER, Vilém, *A história do Diabo*, p. 105.
²⁰ Ibid., p. 110.
²¹ Em PENROSE, Roger. *O grande, o pequeno e a mente humana*, p. 123.
²² FLUSSER, Vilém, *A história do Diabo*, p. 169.
²³ Ibid., *A história do Diabo*, p. 175.
²⁴ CRICHTON, Michael, *Linha do tempo*, p. 11.
²⁵ FLUSSER, Vilém, *A história do Diabo*, p. 181.
²⁶ Ibid., p. 196.
²⁷ Ibid., p. 199.

²⁸ Ibid., p. 202.
²⁹ Ibid., p. 205.
³⁰ ORTEGA Y GASSET, José, *A rebelião das massas*, p. 144.
³¹ Idem, *Ideas sobre el teatro y la novela*, p. 21.
³² FLUSSER, Vilém, "Unicórnios", *Folha de S.Paulo,* São Paulo, 24/3/1972.
³³ ORTEGA Y GASSET, José, *O que é a filosofia?*, p. 109.
³⁴ FLUSSER, Vilém, *Língua e realidade*, p. 142.
³⁵ Idem, *Natural:mente*, p. 123.
³⁶ Idem, *Os gestos*, manuscrito inédito – versão em português de: *Gesten*, p. 177.
³⁷ FLUSSER, Vilém, *Pós-história*, p. 11.
³⁸ ROSENFELD, Anatol, *Texto/contexto II*, p. 165.
³⁹ LEVI, Primo, *É isto um homem?*, p. 7.
⁴⁰ Ibid., p. 119.
⁴¹ SCHLINK, Bernhard, *O leitor*, p. 155.
⁴² Ibid., p. 169.
⁴³ Ibid., p. 179.
⁴⁴ FLUSSER, Vilém, *Pós-história*, p. 15.
⁴⁵ Em KRAUSE, Gustavo Bernardo & MENDES, Ricardo (orgs.), *Vilém Flusser no Brasil*, p. 39.
⁴⁶ FLUSSER, Vilém, *Pós-história*, p. 167.
⁴⁷ Em KRAUSE, Gustavo Bernardo & MENDES, Ricardo (orgs.), *Vilém Flusser no Brasil*, p. 49.
⁴⁸ LYOTARD, Jean-François, *A condição pós-moderna*, p. 17.
⁴⁹ Ibid., p. 112.
⁵⁰ Ibid., p. 118.
⁵¹ Em KRAUSE, Gustavo Bernardo & MENDES, Ricardo (orgs.), *Vilém Flusser no Brasil*, p. 52.
⁵² Em SYLVESTER, David, *A brutalidade do fato*, p. 30.
⁵³ No seu sítio virtual.
⁵⁴ Em KRAUSE, Gustavo Bernardo & MENDES, Ricardo (orgs.), *Vilém Flusser no Brasil*, p. 126.

6 – NEBLINA

¹ Em SYLVESTER, David, *A brutalidade do fato*, p. 41.
² FLUSSER, Vilém, *Ficções filosóficas*, p. 29.
³ CORTÁZAR, Julio, *Final do jogo*, p. 121.
⁴ Carta para Dora Ferreira da Silva, datada de 9/6/1981.

[5] Em KRAUSE, Gustavo Bernardo & MENDES, Ricardo (orgs.), *Vilém Flusser no Brasil*, p. 112.

[6] FLUSSER, Vilém, *Vampyroteuthis Infernalis*, manuscrito inédito – versão em português de: *Vampyroteuthis Infernalis*, p. 1.

[7] Ibid., p. 4.

[8] Ibid., p. 6.

[9] Ibid., p. 19.

[10] Ibid., p. 25.

[11] Ibid., p. 26.

[12] Ibid., p. 27.

[13] Ibid., p. 48.

[14] Ibid., p. 31.

[15] Ibid., p. 52.

[16] Ibid., p. 55.

[17] CORTÁZAR, Julio, *Prosa do observatório*, p. 27.

[18] Ibid., p. 49.

[19] Ibid., p. 55.

[20] FLUSSER, Vilém, *Suponhamos,* manuscrito inédito – versão em português de: *Angenommen: eine Szenefolge*, p. 2.

[21] GOMBRICH, Ernst Hans, *Arte e ilusão*, p. 6.

[22] Em CASSIN, Bárbara, *Aristóteles e o* logos, p. 210.

[23] Em GIANNETTI, Claudia (ed), *Arte en la era electrónica*, p. 17.

[24] GOMBRICH, Ernst Hans, *Arte e ilusão*, pp. 39, 54, 90.

[25] Ibid., p. 122.

[26] Ibid., p. 199.

[27] Em ROTZER, Florian (ed.), *Cyberspace*, p. 67.

[28] Em GIANNETTI, Claudia (ed.), *Arte en la era electrónica*, p. 18.

[29] Em PARENTE, André, *O virtual e o hipertextual*, p. 16.

[30] Ibid., p. 18.

[31] Entrevista ao *Estado de S. Paulo,* São Paulo, 1999.

[32] PARENTE, André, *O virtual e o hipertextual*, p. 22.

[33] Entrevista ao *Jornal do Brasil,* Rio de Janeiro, 1/1/2000.

[34] Em FLUSSER, Vilém, *Elogio da superficialidade,* manuscrito inédito – versão em português de: *Lob der Oberfächlichkeit*, p. 94.

[35] COSTA LIMA, Luiz, *Mímesis: desafio ao pensamento*, p. 130.

[36] *O Estado de S.Paulo*, São Paulo, 6/6/1964.

[37] *O Estado de S.Paulo*, São Paulo, 27/6/1964.
[38] FLUSSER, Vilém, *A história do Diabo*, p. 14.
[39] *O Estado de S.Paulo*, São Paulo, 3/4/1965.
[40] RÓNAI, Paulo, *Como aprendi o português*, p. 43.
[41] Ibid., p. 45.
[42] ORTEGA Y GASSET, José, *O que é a filosofia?*, p. 51.
[43] Ibid., p. 97.
[44] Idem, *Meditaciones del Quijote*, p. 226.
[45] GUIMARÃES ROSA, João, *Grande sertão: veredas*, p. 119.
[46] FLUSSER, Vilém, *Os gestos*, p. 117.
[47] Idem, *Pós-história*, p. 66.
[48] Idem, *Elogio da superficialidade*, p. 11.
[49] Ibid., p. 24.
[50] Ibid., p. 26.
[51] Ibid., p. 34.
[52] Idem, *Natural:mente*, p. 127.
[53] Ibid., *Natural:mente*, p. 133.
[54] Idem, *Choses et non-choses*, p. 10.

7 – FUNCIONÁRIO

[1] ORTEGA Y GASSET, José, *A rebelião das massas*, p. 147.
[2] Ibid., p. 12.
[3] FLUSSER, Vilém, *Da religiosidade*, p. 72.
[4] Em KRAUSE, Gustavo Bernardo (org.), *Literatura e sistemas culturais*, p. 9.
[5] Ibid., p. 10.
[6] Ibid., p. 13.
[7] ROSENFELD, Anatol, *Texto/contexto II*, p. 134-8.
[8] Ibid., p. 152.
[9] Em KRAUSE, Gustavo Bernardo (org.), *Literatura e sistemas culturais*, p. 17.
[10] Artigo publicado na revista virtual *Íris E-Zine*, 1982.
[11] Artigo publicado na revista virtual *Íris E-Zine*, 1983.
[12] FLUSSER, Vilém, *The shape of things*, p. 20.
[13] Ibid., p. 31.

[14] Ibid., p. 68.
[15] BARTHES, Roland, *A câmara clara*, p. 15, 22.
[16] SONTAG, Susan, *Contra a interpretação*, p. 15.
[17] Ibid., p. 23.
[18] Em SYLVESTER, David, *Magritte*, p. 77.
[19] Idem, *A brutalidade do fato*, p. 65.
[20] Em COSTA LIMA, Luiz, *Limites da voz: Kafka*, p. 92.
[21] Ibid., p. 3.
[22] Ibid., p. 12.
[23] Ibid., p. 24.
[24] Ibid., p. 80.

8 – Pós

[1] FLUSSER, Vilém, *Os gestos*, p. 107.
[2] SEIDENBERG, Roderick, *Posthistoric man*, p. 1.
[3] Ibid., p. 2.
[4] FLUSSER, Vilém, *Filosofia da caixa-preta*, p. 54.
[5] Ibid.,, p. 73.
[6] ASIMOV, Isaac, *Eu, robô*, p. 7.
[7] Ibid.,, p. 244.
[8] CRICHTON, Michael, *Linha do tempo*, p. 148.
[9] Ibid., p. 559.
[10] FLUSSER, Vilém, *Filosofia da caixa-preta*, p. 79.

9 – Língua

[1] WITTGENSTEIN, Ludwig, *Tratactus logico-philosophicus*, p. 280.
[2] Ibid., p. 225.
[3] Ibid, p. 105.
[4] FOSTER, Hal, *The return of the Real*, p. 148.
[5] COSTA LIMA, Luiz, *Limites da voz: Kafka*, p. 48.
[6] WITTGENSTEIN, Ludwig, *Tratactus logico-philosophicus*, p. 135.

[7] Ibid., p. 161.
[8] Ibid., p. 245.
[9] Ibid., p. 247.
[10] WITTGENSTEIN, Ludwig, *Investigações filosóficas*, p. 12.
[11] Ibid., p. 158.
[12] Ibid., p. 287.
[13] Ibid., p. 113.
[14] Ibid., p. 173.
[15] FLUSSER, Vilém, *The shape of things*, p. 176.
[16] WITTGENSTEIN, Ludwig, *Investigações filosóficas*, p. 1287.
[17] LISPECTOR, Clarice, *Perto do coração selvagem*, p. 1101.
[18] MERLEAU-PONTY, Maurice, *Signos*, p. 194.
[19] Ibid., p. 176.
[20] Em MERLEAU-PONTY, Maurice, *O elogio da filosofia*, p. 176.
[21] Idem, *Signos*, p. 263.
[22] FLUSSER, Vilém, *Língua e realidade*, p. 159.
[23] PRADO Jr., Bento, *Alguns ensaios*, p. 224.
[24] FLUSSER, Vilém, *Língua e realidade*, p. 229.
[25] Ibid., p. 15.
[26] MORA, José Ferrater, *Dicionário de filosofia*, p. 513.
[27] FLUSSER, Vilém, *Língua e realidade*, p. 19.
[28] Ibid., p. 25.
[29] Ibid., p. 30.
[30] KAWABATA, Yasunari, *Beleza e tristeza*, p. 154.
[31] FLUSSER, Vilém, *Língua e realidade*, p. 83.
[32] Ibid., p. 128.
[33] Ibid., p. 210.
[34] FLUSSER, Vilém. *Língua e realidade*: 229.

10 – POESIA

[1] GULLAR, Ferreira, *Muitas vozes*, p. 23.
[2] ISER, Wolfgang, *O fictício e o imaginário*, p. 9.
[3] SAVATER, Fernando, *Criaturas del aire*, p. 13 .
[4] PESSOA, Fernando, *Obra poética*, p. 164.

⁵ WITTGENSTEIN, Ludwig, *Investigações filosóficas*, p. 139.
⁶ PESSOA, Fernando. *Livro do desassossego*: § 260.
⁷ Em NOVAES, Adauto (org.). *O olhar*: 333.
⁸ Em GIL, José. *Fernando Pessoa ou a metafísica das sensações*, p. 22.
⁹ Ibid., p. 58.
¹⁰ Ibid., p. 94.
¹¹ Ibid., p. 128.
¹² Ibid., p. 186.
¹³ TABUCCHI, Antonio, *Os três últimos dias de Fernando Pessoa*, p. 28.
¹⁴ Em GIL, José, *Fernando Pessoa ou a metafísica das sensações*, p. 247.
¹⁵ PESSOA, Fernando, *Livro do desassossego*, p. 217.
¹⁶ Ibid., p. 264.
¹⁷ TABUCCHI, Antonio, *Os três últimos dias de Fernando Pessoa*, p. 61.
¹⁸ Em KRAUSE, Gustavo Bernardo & MENDES, Ricardo (orgs.), *Vilém Flusser no Brasil*, p. 187.
¹⁹ Em palestra proferida na 18ª Bienal Internacional de São Paulo.
²⁰ COSTA LIMA, Luiz, *Mímesis: desafio ao pensamento*, p. 242.
²¹ Ibid., p. 261.
²² Em KRAUSE, Gustavo Bernardo & MENDES, Ricardo (orgs.), *Vilém Flusser no Brasil*, p. 37.
²³ GUIMARÃES ROSA, João, *Magma*, p. 74.
²⁴ FLUSSER, Vilém, *Da religiosidade*, p. 100.
²⁵ SILVA, Abel, *Só uma palavra me devora*, p. 34.
²⁶ RILKE, Rainer Maria, *Histórias do bom Deus*, p. 11.
²⁷ Ibid., p. 19.
²⁸ Ibid., p. 86.
²⁹ Ibid., p. 31.
³⁰ Ibid., p. 40.
³¹ Ibid., p. 43.
³² Ibid., p. 59.
³³ Ibid., p. 64.
³⁴ Ibid., p. 69.
³⁵ *O Estado de S. Paulo*, São Paulo, 9/10/1965.
³⁶ EINSTEIN, Albert, *A teoria da relatividade especial e geral*, p. 49.

11 – PRECE

[1] Em PRADO Jr, Bento, *Alguns ensaios*, p. 247.
[2] FLUSSER, Vilém, "Do espelho", *O Estado de S. Paulo*, São Paulo, 1966.
[3] Em SYLVESTER, David, *A brutalidade do fato*, p. 133.
[4] Em FERREIRA DA SILVA, Dora, *Poesia reunida*, p. 410.
[5] FLUSSER, Vilém, *Bodenlos*, p. 165.
[6] Em FERREIRA DA SILVA, Dora, *Poesia reunida*, p. 422.
[7] Ibid., p. 39.
[8] Ibid., p. 418.
[9] Em entrevista a Fábio Weintraub (que a chamou de "andarilha do limiar"), na revista virtual *Azougue*, em maio de 1999.
[10] FLUSSER, Vilém, *Bodenlos*, p. 164.
[11] FERREIRA DA SILVA, Dora, *Poesia reunida*, p. 319.
[12] Ibid., p. 158.
[13] Ibid., p. 65.
[14] Carta de Vilém Flusser para Dora Ferreira da Silva, datada de 9/6/1981.
[15] FERREIRA DA SILVA, Dora, *Poesia reunida*, p. 401.
[16] FLUSSER, Vilém, *A história do Diabo*, p. 14.
[17] Em artigo na revista *Comentário*, publicado em 1969.
[18] *O Estado de S. Paulo*, São Paulo, 29/4/1967.
[19] FLUSSER, Vilém, *Bodenlos*, p. 140.
[20] Em COSTA LIMA, Luiz, *Mímesis*: desafio ao pensamento, p. 57.
[21] RIOS, André, *Mediocridade e ironia*, p. 76.
[22] FLUSSER, Vilém, *Bodenlos*, p. 149.
[23] Carta para Meyer-Clason, datada de 27/8/1967.
[24] Artigo publicado na revista *Scripta* da PUC-MG, em 1998.
[25] Carta de Guimarães Rosa a Meyer-Clason, datada de 27/8/1967.
[26] Carta de Guimarães Rosa a Vicente Ferreira da Silva, datada de 21/5/1958.
[27] Em HANSEN, João Adolfo, *A ficção da literatura em* Grande sertão: veredas, p. 77.
[28] Ibid., p. 81.
[29] Ibid., p. 110.
[30] LAJOLO, Marisa, *O que é literatura*, p. 91.
[31] FLUSSER, Vilém, *Bodenlos*, p. 143.
[32] Ibid., p. 145.
[33] Em HANSEN, João Adolfo, *A ficção da literatura em* Grande sertão: veredas, p. 21.

34 Ibid., p. 24.
35 FLUSSER, Vilém, *Bodenlos*, p. 146.
36 FLUSSER, Vilém, "Em louvor do espanto", *O Estado de S. Paulo*, São Paulo, 25/4/1964.
37 Em SYLVESTER, David. *A brutalidade do fato*: 134.
38 VARENNE, Jean-Michel, *O Zen*, p. 15.
39 SARTRE, Jean-Paul, *Entre quatro paredes*, p. 98.
40 LEVI, Primo, *É isto um homem?*, p. 24.
41 ORTEGA Y GASSET, José, *Ideas sobre el teatro y la novela*, p. 39.
42 Em LADUSANS, Stanislavs, *Rumos da filosofia atual no Brasil*, p. 502.
43 FLUSSER, Vilém, *Da religiosidade*, p. 138.
44 GUIMARÃES ROSA, João, *Fita verde no cabelo*, p. ??
45 FLUSSER, Vilém, *Da religiosidade*, p. 139.
46 Em LADUSANS, Stanislavs, *Rumos da filosofia atual no Brasil*, p. 505.
47 Ibid., p. 506.
48 Ibid., p. 496.
49 FLUSSER, Vilém, *Da religiosidade*, p. 13.
50 Em HANSEN, João Adolfo, *A ficção da literatura em* Grande sertão: veredas, p. 37.
51 Ibid., p. 154.

12 – Dúvida

1 FLUSSER, Vilém, "?", *O Estado de S. Paulo*, São Paulo, 22/10/1966.
2 Idem, "Ensino", *Folha de S. Paulo,* São Paulo, 19/2/1972.
3 Idem, *A dúvida*, p. 17.
4 Em NUNES, Benedito, *Hermenêutica e poesia*, p. 44.
5 FLUSSER, Vilém, *A dúvida*, p. 73.
6 COSTA LIMA, Luiz, *Mímesis:* desafio ao pensamento, p. 74.
7 FLUSSER, Vilém, *A dúvida*, p. 76.
8 Ibid., p. 78.
9 Ibid., p. 92.
10 Ibid., p. 36.
11 Ibid., p. 25.
12 COMPAGNON, Antoine, *O demônio da teoria*, p. 262.
13 FLUSSER, Vilémv *A dúvida*, p. 37.

[14] Idem, *Da religiosidade*, p. 9.
[15] Ibid., p. 27.
[16] Ibid., p. 33.
[17] Ibid., p. 68.
[18] Ibid., p. 74.
[19] CORTÁZAR, Julio, *Prosa do observatório*, pp. 69-79.
[20] FLUSSER, Vilém, *A dúvida*, p. 98.

BIBLIOGRAFIA

ANDRADE, Carlos Drummond de. *Reunião*. Rio de Janeiro: José Olympio, 1977.
ASIMOV, Isaac. *Eu, robô*. Rio de Janeiro: Expressão e Cultura, 1972.
BARBOSA, João Alexandre. *Entrelivros*. São Paulo: Ateliê Editorial, 1999.
BARTHES, Roland. *A câmara clara*. Rio de Janeiro: Nova Fronteira, 1984.
BEAUNE, Jean-Claude (org.). *Phénoménologie et psychanalyse*. Paris: Editions Champ Vallon, 1998.
CASSIN, Bárbara. *Aristóteles e o logos*. São Paulo: Loyola, 1999.
COMPAGNON, Antoine. *O demônio da teoria*. Belo Horizonte: EDUFMG, 1999.
CORTÁZAR, Julio. *Final do jogo*. Rio de Janeiro: Expressão e Cultura, 1971.
_____. *Prosa do observatório*. São Paulo: Perspectiva, 1974.
COSTA LIMA, Luiz (org.). *Teoria da literatura em suas fontes:* vol. I. Rio de Janeiro: Francisco Alves, 1983.
_____. (org.). *Teoria da literatura em suas fontes:* vol. II. Rio de Janeiro: Francisco Alves, 1983.
_____. *Limites da voz: Kafka*. Rio de Janeiro: Rocco, 1993.
_____. *Mímesis*: desafio ao pensamento. Rio de Janeiro: Civilização Brasileira, 2000.
CRICHTON, Michael. *Linha do tempo*. Rio de Janeiro: Rocco, 2000.
CULLER, Jonathan. *Sobre a desconstrução*. Rio de Janeiro: Rosa dos Tempos, 1997.
_____. *Teoria literária*: uma introdução. São Paulo: Beca, 1999.
DARTIGUES, André. *O que é a fenomenologia?* São Paulo: Moraes, 1992.
DESCARTES, René. *Discurso do método*. São Paulo: Martins Fontes, 1999.
DURAS, Marguerite. *A doença da morte*. Rio de Janeiro: Taurus, 1984.
EAGLETON, Terry. *Teoria da literatura*. São Paulo: Martins Fontes, s.d.

EDDINGTON, A. S. *The nature of the physical world*. Cambridge: Cambridge University Press, 1928.

EINSTEIN, Albert. *A teoria da relatividade especial e geral*. Rio de Janeiro: Contraponto, 1999.

FERREIRA DA SILVA, Dora. *Poesia reunida*. Rio de Janeiro: Topbooks, 1999.

FOSTER, Hal. *The return of the Real*. Cambridge: The MIT Press, 1999.

GAY, Peter. *Um judeu sem Deus*. Rio de Janeiro: Imago, 1992.

GIANNETTI, Claudia (ed.). *Arte en la era electrónica*. Barcelona: ACC L'Angelot y Goethe Institut Barcelona, 1997.

GIL, José. *Diferença e negação na poesia de Fernando Pessoa*. Rio de Janeiro: Relume Dumará, 2000.

_____. *Fernando Pessoa ou a metafísica das sensações*. Lisboa: Relógio D'Água, s.d.

GMEINER, Conceição Neves. *A morada do ser*. São Paulo: Loyola, 1998.

GOMBRICH, Ernst Hans. *Arte e ilusão*. São Paulo: Martins Fontes, 1995.

GUIMARÃES ROSA, João. *Fita verde no cabelo*. Rio de Janeiro: Nova Fronteira, 1992.

_____. *Grande sertão: veredas*. Rio de Janeiro: José Olympio, 1978.

_____. *Magma*. Rio de Janeiro: Nova Fronteira, 1997.

GULLAR, Ferreira. *Muitas vozes*. Rio de Janeiro: José Olympio, 1999.

HANSEN, João Adolfo. *A ficção da literatura em* Grande sertão: veredas. São Paulo: Hedra, 2000.

ISER, Wolfgang. *O ato da leitura* – vol. I. Rio de Janeiro: Editora 34, 1996.

_____. *O ato da leitura* – vol. II. Rio de Janeiro: Editora 34, 1999.

ISER, Wolfgang. *O fictício e o imaginário*. Rio de Janeiro: EDUERJ, 1996.

JAPIASSU, Hilton & MARCONDES, Danilo. *Dicionário básico de filosofia*. Rio de Janeiro: Jorge Zahar, 1990.

KAFKA, Franz. *A metamorfose*. São Paulo: Brasiliense, 1986.

_____. *Erzählungen*. Gesammelte Werke, Band 4. Frankfurt: Fischer, 1976.

KAKU, Michio. *Hiperespaço*. Rio de Janeiro: Rocco, 2000.

KAWABATA, Yasunari. *Beleza e tristeza*. Rio de Janeiro: Globo, 1988.

KELKEL, Arion & SCHÉRER, René. *Husserl*. Lisboa: Edições 70, 1982.

KEMPF, Hervè. *La révolution biolithique*. Paris: Albin Michel, 1998.

KLINTOWITZ, Jacob. *Intimidade*. São José (SC): Editora Livros do Athanor, 1982.

KRAUSE, Gustavo Bernardo. *Educação pelo argumento*. Rio de Janeiro: Rocco, 2000.

_____. *Cola, sombra da escola*. Rio de Janeiro: EDUERJ, 1997.

KRAUSE, Gustavo Bernardo & MENDES, Ricardo (orgs.). *Vilém Flusser no Brasil*. Rio de Janeiro: Relume-Dumará, 2000

LADUSANS, Stanislavs. *Rumos da filosofia atual no Brasil*. São Paulo: Loyola, 1976.

LAJOLO, Marisa. *O que é literatura*. São Paulo: Brasiliense, 1982.

LAMBOTTE, Marie-Claude. *Estética da melancolia*. Rio de Janeiro: Companhia de Freud, 2000.

LESSA, Renato. *Veneno pirrônico*. Rio de Janeiro: Francisco Alves, 1997.

LEVI, Primo. *É isto um homem?* Rio de Janeiro: Rocco, 1997.

LIMA BARRETO, Afonso Henriques de. *Triste fim de Policarpo Quaresma*. São Paulo: Brasiliense, 1978.

LISPECTOR, Clarice. *Perto do coração selvagem*. Rio de Janeiro: Nova Fronteira, 1980.

LYOTARD, Jean-François. *A condição pós-moderna*. Rio de Janeiro: José Olympio, 1998.

_____. *A fenomenologia*. Lisboa: Edições 70, 1999.

MAKARYK, Irena (ed.). *Encyclopedia of contemporary literary theory*. Toronto: University of Toronto Press, 1994.

MENDES, Ricardo. *Vilém Flusser: uma história do diabo*. São Paulo: EDUSP, 2001.

MERLEAU-PONTY, Maurice. *O elogio da filosofia*. Lisboa: Guimarães, 1986.

_____. *Signos*. São Paulo: Martins Fontes, 1991.

MORA, José Ferrater. *Dicionário de filosofia*. São Paulo: Martins Fontes, 1996.

MURALT, André de. *A metafísica do fenômeno*. São Paulo: Editora 34, 1998.

NAVES, Rodrigo. *Goeldi*. São Paulo: Cosac & Naify, 1999.

NOVAES, Adauto (org.). *O olhar*. São Paulo: Companhia das Letras, 1988.

NUNES, Benedito. *Hermenêutica e poesia*. Belo Horizonte: EDUFMG, 1999.

_____. *No tempo do niilismo*. São Paulo: Ática, 1993.

ORTEGA Y GASSET, José. *A rebelião das massas*. São Paulo: Martins Fontes, 1987.

_____. *Ideas sobre el teatro y la novela*. Madri: Alianza Editorial, 1999.

_____. *Meditaciones del Quijote*. México: Red Editorial Iberoamericana, 1987.

_____. *O que é a filosofia?* Lisboa: Edições Cotovia, 1994.

PARENTE, André. *O virtual e o hipertextual*. Rio de Janeiro: Pazulin, 1999.

PELLEGRINO, Hélio. *A burrice do demônio*. Rio de Janeiro: Rocco, 1988.

PENROSE, Roger. *O grande, o pequeno e a mente humana*. São Paulo: Editora da Unesp, 1998.

PERKINS, David. *English romantic writers*. Nova York: Harcourt Brace Jovanovich, 1967.

PESSOA, Fernando. *A educação do estóico*. Lisboa: Assírio & Alvim, 1999.

_____. *Livro do desassossego*. São Paulo: Companhia das Letras, 1999.

_____. *Obra poética*. Rio de Janeiro: Nova Aguilar, 1999.

PRADO Jr., Bento. *Alguns ensaios*. São Paulo: Max Limonad, 1985.

RAPSCH, Volker (ed.). *Überflusser*. Düsseldorf: Bollmann Verlag, 1990.

REDHEAD, Michael. *Da física à metafísica*. Campinas: Papirus, 1997.

RILKE, Rainer Maria. *Histórias do bom Deus*. Rio de Janeiro: 7Letras, 1998.
RIOS, André. *Mediocridade e ironia*. Rio de Janeiro: Caetés, 2001.
ROBIN, Marie-Monique. *As 100 fotos do século*. Köln: Benedikt Taschen Verlag, 1999.
RÓNAI, Paulo. *Como aprendi o português*. Rio de Janeiro: MEC/INL, 1956.
ROSENFELD, Anatol. *Texto/contexto II*. São Paulo: Perspectiva; Edusp; Edunicamp, 1993.
ROTZER, Florian (ed.). *Cyberspace*. München: Boer Verlag, 1993.
SARTRE, Jean-Paul. *Entre quatro paredes*. São Paulo: Abril Cultural, 1977.
SAVATER, Fernando. *Criaturas del aire*. Barcelona: Ediciones Destino, 1989.
SCHLINK, Bernhard. *O leitor*. Rio de Janeiro: Nova Fronteira, 1998.
SEIDENBERG, Roderick. *Posthistoric man*. Chapel Hill: The University of North Carolina Press, 1950.
SILVA, Abel. *Só uma palavra me devora*. Rio de Janeiro: Record, 2001.
SONTAG, Susan. *Contra a interpretação*. Porto Alegre: L&PM, 1987.
_____. *On photography*. Nova York: Anchor Book, 1990.
SYLVESTER, David. *A brutalidade do fato*: entrevistas com Francis Bacon. São Paulo: Cosac & Naify, 1999.
_____. *Magritte*. Nova York: Harry Abrams, 1992.
TABUCCHI, Antonio. *Mulher de Porto Pim*. Rio de Janeiro: Rocco, 1999.
_____. *Os três últimos dias de Fernando Pessoa*. Rio de Janeiro: Rocco, 1996.
VARENNE, Jean-Michel. *O Zen*. São Paulo: Martins Fontes, 1986.
VERDAN, André. *O ceticismo filosófico*. Florianópolis: EDUFSC, 1998.
WITTGENSTEIN, Ludwig. *Investigações filosóficas*. Petrópolis: Vozes, 1996.
_____. *O livro azul*. Lisboa: Edições 70, 1992.
_____. *Tratactus logico-philosophicus*. São Paulo: EDUSP, 1994.

Este livro, composto na fonte Fairfield
e paginado por Alves e Miranda Editorial,
foi impresso em pólen soft 80g na Imprensa da Fé.
São Paulo, Brasil, no inverno de 2002